영유아 교사를 위한

보육교사론

*머리말

유치원교사 양성대학에서 교사 양성에 힘을 기울여온 지 올해로 23년째 접어든다. 짧다면 짧은 시간이지만 이 시간 동안 저자를 괴롭혔던 질문은 '유능한 교사는 어떤 교사인가?' '유능한 교사를 어떻게 양성할 수 있는가?' 였다. 아직도 그러한 질문에 명확한 답을 찾지 못했지만 아마도 그 이유는 저자가 제기하는 질문은 정답이 없는 질문이기 때문이 아닐까 하는 생각이 든다. 교사양성의 목적과 틀이나 시대적인 요구에 따라 유능한 교사의 정의가 달라지기 때문에 교사가 살고 있는 시대가 요구하는 것을 수용할 수 있고 영유아의 발달을 도모하고 그들의 부모를 만족시킬 수 있되 그러한 측면을 학문적으로 설명할 수 있는 교사가 유능한 교사가 아닐까 한다.

최근 들어 영유아교사에 관한 많은 연구물들이 많이 나오면서 공동저자들과 함께 영유아교사의 중요성이나 역할, 전문적 자질과 능력에 관한 논의를 지속적으로 해왔다. 논의과정 중 중요한 주제는 학회에서 발표하거나 학회지에 게재하기도 하였으나 논의에 그칠 것이 아니라 이러한 역할을 잘 수행할 수 있는 유능한 교사를 양성하는 방법을 모색하여 예비교사들에게 실질적인 도움을 주고자 교재를 쓰고자 하였다.

이 책의 목적은 영유아교사의 역할과 직무를 보다 쉽고 효율적으로 수행할 수 있도록 도움을 주고자 하는 데 있다. 각 장을 순서대로 살펴보면 1~4장에서는 영유아교사를 직업으로 선택하기까지 예비교사가 교사가 되고자 하는 동기, 교육신념과 자아개념, 영유아교사의 직무와 역할 분석을 통해 등 개인적 측면에서 교사로서의 특성을 점검해 보고 교사로서 지켜야 할 윤리, 실제로 영유아교사가 되기 위한 직전교육 등의 내용을 다루었다. 5장은 영유아교사가 실제 교육현장에서 수행해야 하는 교육과정운영과 관련된 내용으로 교수계획과 학급운영, 영유아 관찰 및 평가와 교사의 자기평가 등의 내용으로 구성되었다. 6장과 7장은 영유아교사의 교사로서의 발달과정과 관련된 이론들과 영유아교사의 전문성 발달을 지원할 수 있는 구체적인 방법 등을 제시하고 있으며 8장에서는 영유아교사를 위한 장학의 목적, 유형 및 방법 등을 다루었다. 9장에서는 정서노동자로서의 영유아교사의 어려움과 이를 극복할 수 있는 행복한 교사가 되기 위한 방법을 강조하였고 마지막으로 10장에서는 영유아교사가 교육 · 보육현장이라는 조직에서 유아, 부모 및 동료와 어떻게 관계를 형성하고 유지하는가라는 내용을 다루었다.

한 권의 책으로 영유아교사가 되어가는 과정과 영유아교사로서 발달을 도모하는 방법 등을 모두 다룰 수는 없기 때문에 분명히 영유아교사론에서 다루어져야 하는 내용들이 빠져 있을 수 있다. 이 책에서 놓치고 있는 내용들이 있거나 교사교육과 관련된 더 좋은 아이디어들이 있다면 저자들에게 망설임 없이 알려주었으면 한다. 앞으로 출판될 이 책의 개정판에는 독자들이 보내준 많은 좋은 내용과 아이디어를 포함시키고자 한다.

집필을 시작할 때는 예비영유아교사들에게 도움이 될 수 있도록 많은 내용을 다루고자 하였으나 시간에 쫓겨 계획한 대로 집필하지 못한 부분들이 있어 아쉬움이 있어 이에 대한 새로운 도전을 안고 집필을 끝내게 되었다. 집필하는 과정 동안 개인적으로 공동저자인 이은정선생과 김연미선생에게 너무 많은 부담을 준 것이 아닌가 하는 미안함과 고마움을 전하고 싶다. 마지막으로 기꺼이 출판을 맡아준 파워북 사장님과 편집부 관계자분들께 진심으로 감사드린다.

2014년 2월
쌍문동 연구실에서 임승렬

*차례

Chapter 3

영유아교사의 권리와 윤리

Chapter 4

영유아교사의 직전교육

Chapter 5

영유아교사의 교육과정운영

Chapter 6

영유아교사의 발달

Chapter 7

영유아교사의 전문성발달 지원

Chapter 8

영유아교사의 장학

Chapter 9 영유아교사의 정서

Chapter 10 영유아교사의 조화로운 관계 형성

Chapter 1

예비영유아교사의 개인적 출발

Chapter 1
예비영유아교사의 개인적 출발

1. 영유아교사직의 선택

예비영유아교사가 자신의 교직 선택 동기 및 유인요소를 살펴보는 일은 이미 교직을 결정한 자에게는 더욱 확고한 신념을 갖게 하고, 망설임이 있는 예비영유아교사에게는 새로운 결정을 내리도록 돕는 데 그 의미가 있다. 또한 현대사회의 수많은 직업 중에서 영유아교사직을 선택한 동기는 한 개인에게 갖는 중대함뿐만 아니라 영유아에게 미치는 영향력과 교사의 직무수행에 있어 중요한 요인이 된다는 측면에서 깊이 있게 살펴볼 필요가 있다.

1) 교사가 되고자 하는 동기

동기motivation는 행동을 유발시키며 방향을 제시하고 유지, 강화시키는 내적 상태로(Woolfolk, 2004) 인간의 모든 의도적이고 목표 지향적인 행동의 근원이 된다. 이로 인해 예비영유아교사의 경우, 교직 동기가 분명할수록 뚜렷한 목표설정과 노력을 통해 학교생활 전반의 만족도를 높일 수 있으며(윤갑정 · 우호정, 2012), 교직에 입문한 뒤에도 어떤 동기에 의해 교직을 선택했는지에 따라 교직에 대한 사명감이나 직무를 수행하는 방법, 방향, 태도 등이 달라질 수 있다. 따라서 교직선택 동기는 교직사회화 과정에 영향을 미치는 중요한 요인이라 할 수 있다.

교직선택의 주요 동기에 대하여 논의한 학자 및 연구자들의 견해를 살펴보면 다음과 같다. 로티에(Lortie, 1975)는 교사가 되고자 하는 동기에 대하여 첫째, 사회 공헌형은 국가나 사회에 이바지하고자 교사를 지망한 경우, 둘째, 성격 적성형은 자신의 성격이나 적성에 맞아 교사를 지망한 경우, 셋째, 전직형은 생활의 필요에 의해 교사를 지망한 경우, 넷째, 공리형은 장래성을 고려하여 교사를 선택한 경우, 다섯째, 막연형은 막연하게 특별한 이유 없이 교사를 선택한 경우, 여섯째, 권유형은 주변의 권유를 받아 교사를 선택한 경우, 일곱째, 강제형은 강요를 받아 교사를 선택한 경우로 제시하였다. 휴버만(Huberman, 1993)은 교직 선택 동기를 크게 가르치는 일과 유아와의 상호작용을 포함하는 능동적인 동기와 주위환경으로 인하여 직업을 선택하는 수동적 동기, 경제적인 측면, 근무조건 등을 고려한 물질적 동기로 분류한 바 있다.

그 외에 교직선택 동기와 관련된 연구들(고동섭, 2001 ; 유미림 · 탁수연, 2010 ; Huberman, 1993 ; Johnson, McKeown & Mcewen, 1990)에서는 대부분 가르치는 일에 대한 보람과 유아와 함께하는 즐거움에 따라 교직을 선택하고 있음을 보여 준다. 이는 그림 1-1 에서 살펴볼 수 있다.

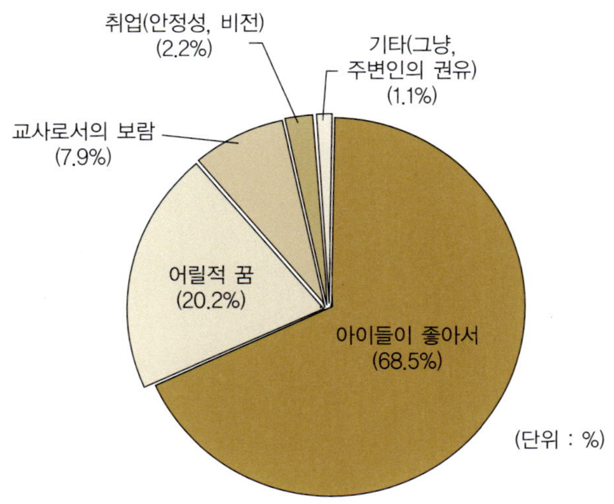

그림 1-1 | 예비영유아교사의 교직선택 동기

출처 : 유미림 · 탁수연(2010). 예비영유아교사의 교직선택 동기와 만족기대의 인식.

남자 예비영유아교사 역시 영유아에 대한 관심과 사랑, 성격 등의 적성을 고려하여 교직을 선택하며, 영유아교사직의 여성화로 인해 자신의 성이 영유아교육 분야에서의 성취에 유리하게 작용할 것으로 기대하는 것으로 나타났다. 이는 다음의 면담 사례에서 살펴볼 수 있다.

중학교 때부터 아이들 보면 웃는 모습이 너무 보기 좋아서 뭔가 알려주고 싶고, 손잡고 다니면서 이것은 무엇이다 알려주고 싶고 그랬어요. 아이들과 이야기하는 것 자체가 되게 좋아요.

출처 : 조경자 · 이현숙(2004). 유아교사가 되려는 남자 대학생에 대한 연구.

남자 전공자에 대한 장점을 생각했어요. 특수성이 높으니까 밥은 안 굶겠구나, 이런 생각으로 처음에 지원하게 되었어요. 부모님께서도 추천해 주셨어요. 특히, 아버지께서 자료를 잔뜩 들고 오셔서 유아교육 쪽으로 가보라고 해서 가게 된 거죠. 학교 선생님들도 괜찮은 생각이라고 다들 그러셨어요.

출처 : 안우청(2013). 남자 유아교육전공자의 삶.

이상에서 살펴본 바와 같이 예비영유아교사들은 대체로 유아와 함께 일하거나 가르치는 일에 보람을 느끼는 등 교직만이 줄 수 있는 특별한 경험에 가치를 두고 있다. 이러한 내재적 동기는 교직을 선택한 교사들이 가르치는 활동과 관련하여 즐거움과 내재적 재미, 성취감, 자아실현의 경험(이지혜, 2009)을 하도록 돕는다. 따라서 예비영유아교사는 교직선택에 대한 자신의 동기를 명확히 살펴볼 필요가 있으며 이는 다음의 활동을 통해 확인할 수 있다.

Activity 1 나의 영유아 교사직 선택의 이유는 무엇인가?

유 형	내재적 동기	외재적 동기	토론하기
나의 선택 이유 내용			
어느 것이 우선인가?			우선이라고 생각하는 곳에 1로 표기

출처 : 이상욱(2006). 21C 유아교사론.

2) 교직생활의 유인요소

사람들이 특정 직업을 선택하는 이유는 시대와 경제 · 사회적 여건의 변화에 따라 차이는 있겠으나 그 직업이 주는 긍정적인 유인요소 때문이다. 예비영유아교사가 미래의 교직생활에 대한 유인요소를 탐색하는 것은 현실과 이상의 거리를 좁힐 수 있고 만족스러운 교직생활을 준비해 나갈 수 있다는 측면에서 매우 중요하다.

교직은 자율적이고 창의적이며, 애타적 동기에서 자기를 희생할 뿐만 아니라 다른 직업에 비해 안정되어 있고 비교적 여가가 많다는 장점을 지니고 있다(곽영우 외, 1997 ; Lortie, 1975). 이러한 교직의 유인요소가 영유아교사직에도 유사하게 적용될 수 있겠으나 영유아교사직만이 갖는 특수성으로 인하여 긍정적인 유인요소로서 모두 받아들여지지 않을 수 있다. 이에 영유아교사직이 갖는 유인요소를 제시하면 다음과 같다.

첫째, 영유아교사는 국가수준의 교육과정인 누리과정과 표준보육과정에 근거하여 수업을 운영하지만 교실에서 가르치는 내용과 방법은 자신의 교실수준과 기관의 운영 프로그램, 지역사회의 특성 등을 고려하여 재구성된다는 측면에서 높은 자율성과 창의성이 발휘될 수 있다. 둘째, 영유아교사는 자신의 흥미, 적성, 포부에 적합한 직무교육이나 승급교육을 통하여 지속적인 자기갱신 및 자아실현을 추구할 수 있다. 셋째, 영유아교사는 애타적 동기에서 미성숙하고 의사소통능력이 발달 중인 영유아를 지도하고자 하므로 교사로서의 과업에 어려움이 따르더라도 유아들과 함께 하는 그 자체에서 만족과 행복감을 얻을 수 있다. 넷째, 영유아교사는 최근 보육에 대한 사회적 중요성이 고조됨에 따라 영유아를 교육하고 돌보는 일에 대한 사회적 공헌도를 높게 인정받고 있다.

이와 같은 특성은 영유아교사직을 선택하고 계속해 나가는 사람들의 희생, 엄격한 직업윤리, 낮은 경제적 보상을 상쇄시킬 수 있는 매력이라 할 수 있으며 이는 실습을 경험한 예비영유아교사들의 목소리를 통해서도 살펴볼 수 있다.

힘들고 숨 막힌 실습 속에서 영아들이 있었기 때문에 잘 버텨온 것 같아요. 영아반에 와서 저는 제가 경험하지 못한 또 다른 세계를 만났어요. 그리고 어린이집에 대한 부정적이었던 예전의 시각을 긍정적으로 바뀌게 해주었고요.

실습의 경험으로 보아 저는 아이들에 대한 사랑 없이는 교사가 될 수 없을 것 같아요. 아이들과 함께 하는 시간이 즐겁다면 전 그걸로 만족해요.

출처 : 천혜정 · 서영숙(2010). 영아반 보육실습 체험에 대한 의미.

2. 영유아교사의 자아개념

자아개념self-concept은 철학, 심리학 등 다양한 분야에서 폭넓게 사용되는 용어로 자신에 대한 외적인 특성, 사회적 능력 · 기술, 타인의 인정에 대한 태도나 느낌에 관련된 총체적인 지식을 의미한다(강영욱, 2011). 이러한 자아개념은 이미 태어날 때부터 자신에게 주어진 선천적인 요인에 의해 형성되는 것이 아니라, 시간과 장소의 변화에 따라 지속적으로 변화해 가며 자신이 중요하게 여기는 사람들에게 지대한 영향을 받는다(황현정, 2005). 특히, 교사의 자아개념은 교사로서 갖게 되는 교육관,

교수학습방법, 교수행동뿐만 아니라 가르치는 영유아의 인격 및 자아개념 형성에 영향을 미친다(김언아, 2001 ; 노길영, 2000 ; 송인섭, 2002)는 측면에서 중요하게 간주될 필요가 있다.

1) 자아노출

나와 타인의 관계 속에서 나의 자아가 어떠한 상태인지를 설명할 때, 개인이 알고 있는 것과 타인이 알고 있는 부분이 같을 수도 있고 다를 수도 있다(박은혜, 2013). 요하리의 창Johari' s window 개념은 나와 타인과의 관계 속에서 나의 자아가 어떤 상태인지를 설명하는 데 유용한 분석틀이다. 이를 제시하면 그림 1-2와 같다.

요하리의 창 이론을 구체적으로 살펴보면 첫째, 공개적 영역은 나와 타인이 서로에 대해 잘 알고 있는 나에 관한 정보를 의미하는 것으로 직업, 가족관계, 생김새 등이 포함된다. 둘째, 맹목의 영역은 정작 자신은 모르지만 타인은 알고 있는 나의 정보를 뜻하는 것으로 독특한 말버릇 또는 성격과 같은 부분이 이에 해당한다. 셋째, 숨겨진 영역은 나는 알고 있지만 다른 사람에게는 알려지지 않은 정보로, 즉 나의 약점이나 비밀과 같은 부분을 뜻한다. 넷째, 미지의 영역은 나도 모르고 다른 사람도 알지 못하는 부분을 의미하는 것으로 심층적인 무의식의 세계와 같은 부분이 이에 해당한다. 즉, 사람은 대인관계를 맺는 동안에 타인이 나에게 보이는 피드백

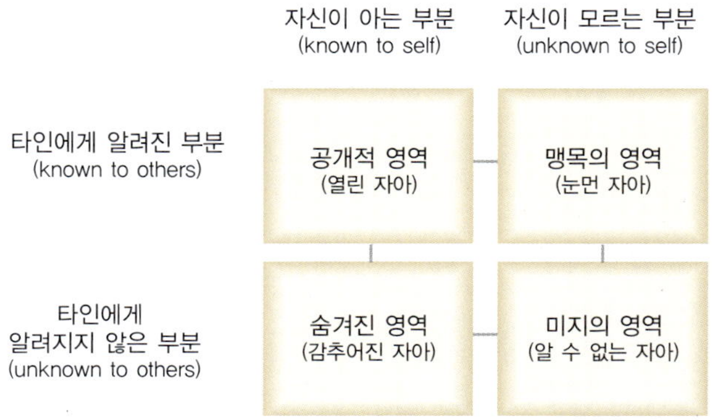

그림 1-2 | 요하리의 창

feedback을 통해 타인이 나를 어떻게 인식하는지에 대해 이해하게 되며 이를 바탕으로 자신을 수용하는 것을 배우게 된다. 이것은 곧 자아정체감의 밑바탕이 된다.

2) 자아존중감

자아존중감self-esteem이란 자신의 능력과 중요성을 평가하고, 개인이 스스로를 얼마나 가치 있는 존재로 생각하는지에 대한 인지적이고 감정적인 태도라 할 수 있다(고정자, 2009 ; 한진원, 2011). 일반적으로 높은 자아존중감은 스트레스의 대처능력, 자신에 대한 신뢰와 성취능력과 관련이 있는 것으로 보고되고 있다(홍계옥 · 강혜원, 2011). 또한 타인과의 대화를 시도하거나 도전적이고 새로운 일을 시작하여야 할 때나, 다른 사람의 영향으로부터 벗어나고자 할 때 요구되는 자신감과 주도성에도 영향을 미치는 것으로 나타났다(Baumeister et al., 2003). 특히, 교사는 자아존중감이 높을수록 적극적이고, 교사 직무에 높은 만족도를 나타낸다(길경숙 · 노수남, 2004)는 측면에서 교사역할을 배워가는 예비영유아교사에게 자아존중감은 더욱 중요한 의미를 지닌다. 다음 Activity 2는 개인의 자아존중감을 평가해 볼 수 있는 활동이다.

Activity 2 자아존중감 체크리스트

1 다음의 각 문항을 읽고, 자신을 잘 나타내는 번호에 ✓ 표시를 한다.

번호	문 항	① 전혀 그렇지 않다	② 대체로 그렇지 않다	③ 보통이다	④ 대체로 그렇다	⑤ 아주 그렇다
1	나는 살아갈 자격이 있는 사람이다.					
2	나는 내 자신을 가치 있는 사람이라고 생각한다.					
3	나는 내가 필요로 하는 것을 매우 중요하게 생각한다.					
4	나는 훌륭하다.					
5	나는 공평하게 남을 대접한다고 생각한다.					

6	나는 내 마음을 믿고 있다.
7	나는 내가 본 것을 보았다고 말할 수 있고, 안 것을 안다고 말할 수 있다.
8	나는 내가 할 수 있는 일이라면 그 일을 끝까지 해낼 수 있는 능력이 있다.
9	나는 살아가면서 만나게 되는 기본적인 어려움을 이겨낼 수 있다.
10	나는 행복해질 수 있는 사람이다.
11	나는 나 자신을 만족스럽게 생각한다.
12	나는 실패할 경우 다시 일어설 수 있다.
13	나는 실수를 했을 경우 곧바로 이를 인정할 수 있다.
14	행복과 성공은 내 마음에 달려 있다고 생각한다.
15	나는 목표가 분명해야 삶이 더욱 향상될 것이라 생각한다.
16	내가 해보고 싶은 일을 한다는 것은 즐거운 일이다.
17	나는 내 잘못을 인정하고 그것을 고치는 데서 더 좋은 기분을 갖게 된다.
18	나의 좋은 점을 의식적으로 지키려고 하는 것은 좋은 일이다.
19	나는 독립심이 강하다.
20	나는 나 자신의 생각을 믿는다.
21	내가 순간적으로 선택한 생각과 행동일지라도 나는 이를 믿는다.
22	나는 내가 나를 책임져야 한다고 생각한다.
23	내가 나의 욕구를 성취하는 것은 나의 책임이다.
24	내가 한 선택과 행동에 대해서 내가 책임을 진다.
25	내가 생활하는 과정에서 나타나는 모든 결과를 내가 책임진다.
26	내가 시간을 어떻게 활용해야 하는가 하는 문제에 대해서도 나에게 책임이 있다.
27	내가 행복해지는 것도, 불행해지는 것도 나의 책임이다.
28	나의 존중감을 높이는 것도 나의 책임이다.
29	내가 옳다고 생각하는 것에 대해서는 나의 생각과 신념, 느낌을 표현할 수 있다.

30	내가 하고 싶은 말이 합리적이라면 나는 그것을 스스럼없이 주장할 수 있다.
31	나는 내가 확신하는 것을 주장할 수 있다.
32	나와 의견을 달리하는 경우에 나는 상대방을 설득할 수 있다.
33	나의 삶을 설계할 수 있는 사람은 나뿐이라고 생각한다.
34	적절하게 내가 세운 계획은 실천하고 또 발전시켜야 한다고 생각한다.
35	나는 내 욕망을 성취하려고 꾸준히 노력한다.
36	나는 내가 하고자 하는 일을 행동으로 옮기는 사람이다.
37	나는 나의 약속을 지키는 사람이다.
38	나는 남들에게 친절하고 공정하게 대하는 사람이다.
39	나는 일관된 도덕성을 가진 사람이다.
40	내가 한 행동에 대해서는 명예를 지킬 수 있다.

출처 : 한인자(2005). 유아교사의 자아존중감과 직무스트레스에 관한 연구.

2 다음의 자아존중감 하위영역에 따라 점수를 환산하여 기록한다(총 점수의 범위는 40-200점까지로 점수가 높을수록 교사의 자아존중감이 높다는 것을 의미한다).

하위영역	문항번호	문항 수	영역별 나의 점수	영역별 동료점수
일반적인 자아개념	1-14	14		
의식적인 삶	15-18	4		
자기 수용	19-21	3		
자기 책임	22-28	7		
자기주장	29-32	4		
목적적인 삶	33-35	3		
개인적인 성실	36-40	5		
계		40		

3) 자아효능감

자아효능감self-efficacy은 개인이 특정 과업에서 요구하는 행동을 성공적으로 수행할 수 있는 능력을 보유하고 있다고 생각하는 개인의 믿음을 의미한다(Bandura, 1997). 이러한 자아효능감은 개인적 측면의 내적 동기부분이자 교사로서 자신의 능력에 대한 믿음으로 학습자의 지도와 직무수행 중 어렵고 힘든 일에 봉착했을 때 문제를 해결하는 데 원동력이 될 뿐만 아니라 해결방안도 제시할 수 있다(이재일, 2010).

자아효능감이 높은 교사의 특징은 훌륭한 교사가 갖추어야 할 덕목과 일치한다(Ashton, 1984). 이로 인해 미래의 교사가 될 예비교사들이 자아효능감과 같은 내면적 특성을 정확하게 이해하는 것은 직전교육의 교육과정 구성이나 나아가 현직교사의 자질 함양을 위한 연수활동의 방향을 정하는 근거가 된다(박성미 · 김정신, 2007).

Activity 3 자아효능감 체크리스트

1 다음의 각 문항을 읽고, 자신을 잘 나타내는 번호에 ✓ 표시를 한다.

번호	내 용	전혀 그렇지 않다 ①	대체로 그렇지 않다 ②	대체로 그렇다 ③	항상 그렇다 ④
1	나는 어려운 상황을 극복할 수 있는 능력이 있다.				
2	나는 위험한 상황에서 잘 대처할 수 없을 것 같아서 불안하다.				
3	나는 계획을 잘 짤 수 있다.				
4	나는 어떤 일의 원인과 결과를 잘 분석해 낼 수 있다.				
5	나는 일을 조직적으로 처리하는 편이다.				
6	어떤 일을 시작할 때 실패할 것 같은 느낌이 들곤 한다.				
7	나는 항상 목표를 세우고 그것에 비추어서 일의 진행상태를 확인한다.				
8	나는 큰 문제가 생기면 불안해져서 아무 것도 할 수가 없다.				

9	나는 주어진 일을 하기 위해 정보를 충분히 활용할 수 있다.
10	나는 내가 할 수 있는 일과 그렇지 않은 일을 판단할 수 있다.
11	어렵거나 도전적인 일에 매달리는 것은 재미있는 일이다.
12	주변 사람들이 나보다 모든 일에서 뛰어난 것 같다.
13	일은 쉬운 것일수록 좋다.
14	어떤 일이 처음에 잘 안되더라도 나는 될 때까지 해본다.
15	나는 위협적인 상황에서는 스트레스를 필요 이상으로 받는다.
16	나는 부담스러운 상황에서는 우울함을 느낀다.
17	만일 일을 선택할 수 있다면 나는 어려운 것보다는 쉬운것을 선택할 것이다
18	어떤 문제에 대한 나의 판단은 대체로 정확하다.
19	나는 어려운 일이 생기면 불안해져서 아무 것도 할 수가 없다.
20	아주 쉬운 일보다는 차라리 어려운 일을 좋아한다.
21	나는 일이 잘못되고 있다고 생각되면 빨리 바로 잡는다.
22	좀 실수를 하더라도 어려운 일을 좋아한다.
23	나는 어려움이 있을 때도 지속적으로 노력한다.
24	나는 무슨 일이든 정확하게 처리한다.

출처 : 김아영(1997). 학구적 실패에 대한 내성의 관련변인 연구.

2 다음의 자아효능감 하위영역에 따라 점수를 환산하여 기록한다.

하위영역	문항번호	문항수	영역별 나의 점수	영역별 동료점수
자신감	2, 6, 8, 12, 15, 16, 19	7		
자기 조절 효능감	3, 4, 5, 7, 9, 10, 13, 14, 18, 21, 23, 24	12		
과제 난이도 선호	1, 11, 17, 20, 22	5		
	계	24		

4) 자기 통제

자신의 행동을 통제하고 조절하는 능력은 인간만이 가지는 본질적인 특징으로(이지혜, 2013) 성공적인 삶과 성취를 위해 필수적이며 결정적인 것이다. 이러한 개인의 자기통제능력은 사건의 원인을 개인의 외부에 두는지 내부에 두는지에 따라 측정된다(Tangency, Baumeister & Boone, 2004). 교사의 통제소재는 개인이 가진 신념과 관련되는데, 내적 통제소재internal local of control는 학생 행동의 결과를 교사 자신의 행동이나 신념에 의한 것이라고 지각하는 것을 말하며 외적 통제소재external local of control는 학생 행동의 결과를 외부의 힘이나 환경에 의한 것으로 지각한다(Rose & Medway, 1981).

교사들을 대상으로 통제소재와 직무만족의 관련성을 연구한 코헨(Kohan, 1989)은 통제소재가 내부에 있는 교사들이 더 직무에 만족하는 것으로 보고하였다. 즉, 통제소재는 교사의 성취나 태도, 노력 등 여러 가지 행위에 영향을 미친다는 측면에서 자신의 통재소재를 살펴보는 일은 향후 성공적인 교직생활을 준비하는 중요한 과정이라 하겠다. 이는 다음의 체크리스트를 통해 확인해 볼 수 있다.

Activity 4 내외통제성 체크리스트

1 다음의 각 문항을 읽고, 자신을 잘 나타내는 번호에 ✓ 표시를 한다.

번호	내 용	전혀 아니다 ①	아니다 ②	그렇다 ③	매우 그렇다 ④
1	내 주변에는 나를 괴롭히는 사람이 많은 편이다.				
2	나는 내 상대방이 내가 원하는 대로 행동할 수 있도록 어떻게든 그 사람을 바꾸려고 하는 편이다.				
3	내 친구들은 나에게 아주 친근감이 있다고 이야기한다.				
4	친구가 잘못했을 때 나는 비평이나 비난을 잘 하는 편이다.				
5	이성친구가 다른 사람과 다정하게 있는 것을 보면 그 즉시 달려가 때려주고 싶다.				
6	나는 다른 사람들의 장점을 보는 편이다.				
7	내 성적이 좋지 않아 기분이 나쁜 이유는 선생님이 제대로 평가를 하지 못하기 때문이다.				
8	나는 걱정을 많이 하는 편이다.				
9	내가 행복하느냐 불행하느냐 하는 것은 마음먹기에 달려 있다고 생각한다.				
10	'가슴이 답답하다', '혈압이 오른다', '손에 땀이 난다' 등과 같이 생리적인 반응을 경험하는 경우, 그 이유가 대부분 다른 사람에게 있다고 생각한다.				
11	상대방의 행동이 잘못되어 지적을 해주었는데, 제대로 받아들이지 않아 기분이 나쁠 때가 자주 있다.				
12	나는 진솔한 친구가 많은 편이다.				
13	친구가 내 행동에 대해 지적해 줄 때 화가 불끈 치밀어 오르는 것을 느낀다.				
14	나는 내 자신이 마음에 들지 않을 때가 많다.				
15	나는 다른 사람들의 말을 잘 들어주는 편이다.				
16	나에게 잘못한 사람이 있으며 그 사람은 혼이 나야 한다고 생각한다.				
17	내 가족 중 한 사람이 내가 원하는 대로 행동하지 않으면 그 즉시 그 행동을 바꾸도록 지적해 준다.				
18	나는 주위 친구들에게 격려의 말을 자주 한다.				
19	내가 화가 나는 이유는 대부분 다른 사람의 행동이 내 마음에 들지 않기 때문이다.				

20	나는 화가 날 때 소리를 지르는 편이다.				
21	나는 집단의 분위기를 좋게 하는 데 기여하는 편이다.				
22	나는 기분이 좋지 않을 때가 자주 있다.				
23	내가 계획한 것이 주위 다른 사람 때문에 실천되지 않는 경우가 많이 있다.				
24	나는 다른 사람과 의견 차이가 있을 경우 차분히 대화를 통해 풀어간다.				
25	돈이 많아 행복할 수 있다.				
26	다른 사람의 행동에 대해 이해하기 어려울 때가 많다.				
27	나는 어떤 문제가 생겼을 때 그것을 극복하기 위해 내가 어떻게 기여할 수 있을지를 우선 생각하는 편이다.				
28	나는 잔소리를 많이 하는 편이라는 이야기를 자주 듣는다.				
29	범죄를 줄이려면 보다 강력한 법이 있어야 한다.				
30	내 주변에는 마음을 터놓고 이야기를 나눌 사람이 많다.				
31	나는 다른 사람에게 강요하는 경향이 높다.				
32	다른 사람을 보고 '왜 저런 행동을 하지?' 라는 생각이 들면서 혈압이 오르는 것을 느낄 때가 자주 있다.				
33	나는 다른 사람들에 비해 행복하다고 생각한다.				
34	말을 듣지 않는 아이는 야단을 맞아야 한다.				
35	나는 주위사람과의 관계를 좋게 하기 위해서 내가 먼저 무엇인가를 시도하는 편이다.				

출처 : 박재황 · 김순업(2004).

2 다음의 내외통제성 하위영역에 따라 점수를 환산하여 기록한다.

하위영역	문항번호	문항 수	영역별 나의 점수	영역별 동료점수
내부통제	3, 6, 9, 12, 15, 18, 21, 24, 27, 30, 33, 35	12		
외부통제	1, 2, 4, 5, 7, 8, 10, 11, 13, 14, 16, 17, 19, 20, 22, 23, 25, 26, 28, 29, 31, 32, 34	23		
계		35		

이를 종합하면 자아개념은 성공적인 교직수행에 직 · 간접인 영향을 미치는 요인임을 보여 준다. 따라서 예비영유아교사가 자신의 자아개념을 다양한 방법으로 인식하고 긍정적인 자아개념을 향상시키는 것은 좋은 교사로서 성장하는 출발점임과 동시에 바람직한 교직관 형성에 있어 중요한 부분임을 시사한다.

3. 영유아교사의 교육적 신념

1) 교육신념의 의미와 영향

《교육학 용어사전》(1984)에 의하면 신념이란 판단, 주장, 의견 따위를 진리라고 생각하는 마음의 상태를 의미한다. 개인은 자신의 행동을 결정하는 과정에서 신념을 기초자료로 사용하게 되며(Bauch, 1984), 특히 교사가 자신의 신념을 교육현장에 적용할 때 이를 교육신념이라 정의할 수 있다(성은영, 2008).

교육신념이란 교수행위자가 가지고 있는 가치, 지식, 덕목 등을 교육장면에서 교수수혜자에게 자연스럽게 표현하는 개인적 지향성이라고 할 수 있다. 이러한 교사의 개인적 지향성은 교사 개개인의 교육철학이 되고, 학습자에 대한 태도의 기초가 되어, 교수수혜자인 학습자에게 아무런 여과과정 없이 직 · 간접으로 영향을 미치게 된다(임명희 · 한석실, 2006). 따라서 교육신념은 교사의 판단, 계획 및 실행에 지대한 영향을 미치게 되며, 교사가 자신의 신념을 교육현장에 적용하는 것을 의미한다(박은혜, 2013). 특히, 전문적이고 복잡한 의사결정상황에서 교사의 행동은 우연히 일어나는 것이 아니라 신념이 투영된 결과 나타나는 것이므로(김수영, 1992), 교사들이 지닌 신념이 다른 경우 추구하는 목표와 행동이 달라지고 그 결과 유아들에게 요구하는 반응 또한 달라진다. 그러므로 예비교사가 향후 효과적으로 교수를 수행하기 위해서는 먼저 바람직한 교육신념을 형성하고, 교사 스스로 자신의 교육신념에 대한 이해가 이루어져야 한다.

교사의 신념은 교사가 가지고 있는 이론적인 틀에 따라 달라지는데, **표 1-1**은 유아교육의 대표적인 이론인 성숙주의, 행동주의, 상호작용주의 관점에서 보는 교육신념을 정리한 것이다.

표 1-1 | 성숙주의, 행동주의, 상호작용주의 교육신념 특징

특 징	성숙주의	행동주의	상호작용주의
교육목적	사회정서발달과 인성발달	학문적 기초 형성	인지발달
아동관	유전적 시간표에 따라 정해진 순서대로 발달하는 수동적인 존재	환경에 의해 영향을 받는 수동적 존재	환경과의 자발적인 상호작용을 통해 발달하는 능동적인 존재
발달관	인간 고유의 생득적 성향의 자연적 계발	외재적 환경의 조작 및 반응을 통한 경험	통합적 과정
동기화	유전적 성숙에 의한 내적 자극	환경의 외적 자극	환경과 유아의 내적 자극
학습관	성숙준비도와 학습동기와의 조화	환경에 의한 동기화	개인과 외적 환경과의 상호작용
교수방법	풍부한 학습환경 조성	직접적인 교수	풍부한 학습환경 조성
교사의 역할	간접적 안내자, 격려자, 발달에 대한 지식자	교수, 학습활동의 준비자	교수활동 계획자, 관찰자, 모델링
학습 제시방법	성숙수준에 도달할 때 제시	가장 단순한 내용 순차적으로 제시	경험을 위한 지식의 구성
실수를 보는 관점	정신적, 신체적 미성숙에 의함	자극이 부적절하게 제시됨	성인의 지식과 질적으로 다른 것으로 인식
학습 결과	제시되지 않음	반복, 모방 및 연습	실수를 통한 내적 지시의 구성

출처 : 성은영(2008). 예비유아교사의 교육신념 특성 및 교수수행과정에서의 어려움 탐색.

교육신념은 피터, 네이스워스와 요키(Peters, Neisworth & Yawkey, 1985)가 개발한 교사신념 측정도구Beliefs Test Inventory 문항으로 알아볼 수 있다. 이들이 개발한 교육신념은 교육신념의 유형을 성숙주의, 행동주의, 상호작용주의를 나타내는 10개씩의 문항으로 구성되어 있다.

Activity 5 교육신념 체크리스트

1 다음의 각 문항을 읽고, 자신의 생각과 가장 가까운 곳에 ✓ 표시를 한다.

번호	문항	① 전혀 그렇지 않다	② 대체로 그렇지 않다	③ 보통이다	④ 대체로 그렇다	⑤ 아주 그렇다
1	언어교육은 특별한 훈련 프로그램을 통하여 이루어지기보다는 일상적으로 연속되는 활동을 통하여 이루어진다.					
2	교수활동에서 언어 사용은 적게 하며 항상 유아의 준비도 수준에 맞추어 사용한다.					
3	유아가 무엇을 했는지의 결과에도 관심을 갖지만 어떻게 작업하고 놀이하는지의 과정에 더 관심을 둔다.					
4	유아의 행동이나 대답을 성인 수준에서 수용할 수 있는 반응으로 수정해 준다.					
5	유아가 문제를 해결하는 상황에서 꼭 필요한 때만 도와주거나 정보를 제공한다.					
6	유아가 탐구하도록 격려하지만 유아의 능력수준 이상으로 성취하기를 강요하지 않는다.					
7	유아의 활동 그 자체의 흥미에 의해서 보상이 되므로 선별적인 칭찬, 특권, 상으로 따로 보상하지 않아도 된다.					
8	유아의 정서적인 문제해결의 한 방법으로 극놀이를 적극적으로 권장한다.					
9	유아들이 쓰는 어휘를 사용하며 유아의 언어수준에 맞춘다.					
10	유아의 활동에 있어서 결과나 과제완성에 관심을 갖는다.					
11	유아에게 지식이나 정보를 주로 강의나 설명으로 직접 가르친다.					
12	그날의 주요활동은 주로 자유놀이를 통해서 이루어지도록 한다.					
13	정해진 방법보다는 유아 자신의 방식대로 자료나 시설을 사용할 수 있도록 허락한다.					

14	유아의 대답이나 반응이 옳은 것이 아니어도 받아들인다.					
15	하루일과 구성 시 유아의 자발적인 선택에 따라 일과를 구성한다.					
16	선별적인 칭찬, 관심, 표창, 상품 등으로 보상하여 행동을 강화한다.					
17	유아에게 의심, 불확실, 애매모호한 느낌을 주는 상황을 만들지 않는다.					
18	특별히 제작된 자료, 게임, 지도를 통해 언어와 개념을 가르친다.					
19	교사는 일과 동안 유아들이 협동하고 단체작업을 할 기회를 제공한다.					
20	유아가 원한다면 어떠한 정보자료나 경험도 활용할 수 있도록 허락한다.					
21	유아가 과업 및 활동을 주도한다.					
22	유아가 어떤 활동이나 과제를 미완성으로 남겨놓는 것을 허락한다.					
23	자료는 정해진 방법대로만 사용하게 한다.					
24	유아에게 성인수준의 어휘를 말하고 또 유아로 하여금 성인이 사용하는 어휘를 사용하도록 요구한다.					
25	활동의 결과에 관심을 두며 유아의 능력을 성인의 표준수준에 맞추려고 한다.					
26	교사의 환경구성계획에 유아도 동참할 수 있도록 격려한다.					
27	유아 스스로 실험하고 탐색하고 문제를 해결하는 상황을 가르친다.					
28	교사는 유아의 수준에 적절한 활동을 모색해 내고 안내한다.					
29	스스로 실수를 즉시 교정하도록 만들어진 '특별한 활동', 게임기구 등을 사용하게 하여 유아의 행동을 수정한다.					
30	유아 자신의 흥미에 따라 자료를 제공해 주어야 하지만 우선 자료는 유아의 발달수준에 적합해야 한다.					

2 다음의 교육신념 하위영역에 따라 점수를 환산하여 기록한다.

하위영역	문항번호	문항 수	영역별 나의 점수
성숙주의	2, 6, 8, 12, 15, 19, 21, 26, 28, 30	10	
행동주의	4, 10, 11, 16, 17, 18, 23, 24, 25, 29	10	
상호작용주의	1, 3, 5, 7, 9, 13, 14, 20, 22, 27	10	
	계	30	

2) 영유아교사가 자신의 신념을 바라보는 방법

예비교사가 자신의 신념을 바라보는 여러 가지 방법 중 이 장에서는 자서전 쓰기와 역할 놀이를 소개하고자 한다.

(1) 자서전 쓰기

자신이 살아온 생애를 기록하는 생애사는 교사들이 가지고 있는 신념이나 지식을 드러내고, 구성하며, 재해석하는 연구의 방법으로 활용될 수도 있지만 같은 목적을 가진 교수방법의 하나로 사용될 수도 있다. 예비교사로서 지금까지 지내왔던 자신의 경험을 써보는 것을 통해 얻게 되는 가치를 살펴보면 다음과 같다(Knowledge & Holt-Renolds, 1991).

- 자서전은 그것을 쓰는 교사들로 하여금 자신의 교육, 학습, 교사의 역할에 대한 관점을 기록하도록 도와준다. 이것은 교사가 되기 이전에 학급에서 수많은 시간을 보내며 관찰했던 교육현장이 현재의 자신에게 어떠한 영향을 미치는지 비추어 반추해 보게 하는 역할을 한다.
- 자서전 쓰기는 그것이 하나의 글로 남겨질 때 교사들의 요구나 관점을 보는 창문이 되어 다른 사람과 대화를 이루어 갈 수 있는 상호작용의 도구가 되어 준

다. 자서전은 한 개인이 세상을 바라보는 관점을 형성해 온 과정을 설명하는 1인칭에서, 이를 함께 놓고 논의할 수 있는 2인칭, 즉 대화의 장으로 변해 가면서 반성적으로 분석해 볼 수 있는 여지가 더 많아진다.

- 교사들은 자서전을 쓰면서 자신의 학습과 경험을 학습자들의 그것과 연결하는 동시에 전문가로서의 성장과 발달에 대한 인식을 하게 된다. 자서전 쓰기를 통하여 교사들은 특정한 맥락 속에 한정되어 있는 자신의 실천 행위에 대해 연구할 수 있도록 도와준다.

자서전 쓰기는 특정한 형식을 띠고 있는 것이 아니기 때문에 여러 가지 방식으로 이루어질 수 있다(박은혜, 2013). 나와 관련된 모든 일을 어떠한 형식 없이 쓰는 것은 어렵기 때문에 자신의 생애에서 특별한 사건이나 주제를 중심으로 범위를 결정하고 자서전을 작성할 수 있다.

- 자신의 생애에 의미 있는 일, 사건이나 자신의 생애에 영향을 미친 사람들
- 자신의 생애에 영향을 미친 책, 영화
- 자신이 논의하고자 하는 교육적 주제와 관련된 사건

다음은 자서전 쓰기의 사례이다.

Case 자서전 쓰기 사례

〈행복한 우리 가족〉

나는 OO에서 태어나 지금까지 21년이라는 시간 동안 같은 동네에서 살고 있다. 아버지께서 방앗간을 운영하시고 어머니는 집에서 우리 딸 셋을 항상 기쁘게 맞아주셨다. 나는 셋째 딸 중에 방앗간 집 셋째 딸이라는 별명을 얻고 지냈다. 나와 여섯 살 터울인 첫째 언니는 나를 너무 잘 챙겨주었고, 세 살 터울인 둘째 언니와는 옥신각신 다투며 재미나게 살았다.

〈유치원 졸업식〉

나는 유치원을 둘째 언니와 다니기 위해 조금 빨리 들어갔다고 한다. 다섯 살에 유치원을 들어간 나는 천사 같은 선생님을 만났다. 지금도 유치원 생활 사진에 있는 선생님을 보면 너무나 따뜻하고 나 때문에 선생님이 머리를 자르게 되었던 추억도 고스란히 생각이 난다. 나는 유치원에서 내 멋대로만 행동하는 말썽꾸러기 대장이었던 것 같다. 유치원에서는 막내라서 그런지 항상 내 뜻대로 되지 않으면 무조건 울기만 했던 기억이 난다. 졸업식 날 선생님과 헤어지기 싫어서 투정부렸던 것도 생각이 난다. 나의 길었던 유치원 생활은 천사 선생님 때문에 너무나 행복했다.

〈꼭두각시 연극〉

우리 동네는 시골이라서 작은 초등학교가 있었다. 한 학년마다 1반씩 대게 스무 명 정도가 있었다. 6년이라는 시간을 한 아이들과 항상 함께 하는 것이었다. 1학년 때 나는 키가 커서 맨 뒷자리에 앉게 되었다. 그때는 선생님께 잘 보이고 싶어서 앞에 앉고 싶었었던 생각이 난다. 여자선생님이셨는데, 굉장히 꼼꼼하시고 한명 한명에게 너무나 자상하셨다. 2학년 때 장기자랑에서 나는 갑돌이와 갑순이라는 연극에서 갑순이를 맡았었다. 부모님들도 와서 모두 관람하기 때문에 얼마나 떨렸는지 그때 기분이 아직도 실감 난다. 초등학교 저학년 시절도 유치원 생활과 같이 선생님들과 학생 사이의 교감이 굉장히 잘 이루어졌었다. 개개인에게 다 신경 써주시고 우리는 한 가족과 같은 분위기로 지낼 수 있었다. 고학년 때에는 5학년 때 내가 회장에 선출되어서 학급회의를 이끌어 가기도 했다. 회의를 이끌어 가면서 내가 대중 앞에서 발표를 해보고 친구들의 의견을 수렴하여 내가 결정을 내리기도 하며, 이때의 떨리는 회의가 지금의 나의 꿈에 많은 도움을 주고 있다는 생각이 든다. 6학년 때는 고양시 동시암송대회에 우리 학교 대표로 나갔는데, 동시 100편을 외우고 나가야 하는 상황에서 꾀를 피워 많이 외우지 못하는 바람에 대회 당일날 내가 뽑았던 쪽지에 내가 아는 동시가 나오지 않아 펑펑 울었던 기억이 난다. 우리 학교에서는 학급반 아이들이 많지 않아서 임원을 할 수 있는 기회가 많아 나를 더 단련시켜 주었다. 초등학교 시절을 생각하면 입가에 미소가 흐른다.

〈중학교 졸업식날 친구와 함께〉

중학교에 들어가서 정말 좋은 친구 한 명을 만났다. 그 친구와 함께 매일 붙어 다니며 놀기만 했었다. 그러다 사정이 생겨서 나는 집에서 많이 먼 학교로 전학을 가게 되었다. 외톨이가 된 나에게 처음 담임을 맡으셨던 선생님은 더욱 신경 써주시고 장난도 많이 걸어주셔서 친하게 되었다. 나도 제법 새로운 친구들이 생기고 학교에 잘 적응해 나갔다. 3학년 때 1학년 담임선생님께서 또 나의 담임선생님이 되셨다. 키도 많이 작으시고 예쁜 선생님이어서 인기도 많았다. 나도 선생님이 너무나 좋았다. 선생님께서 우리에게 아이스크림도 사주시고 고등학교 때문에 개인면담을 하게 되면 일일이 다 신경 써주시는 선생님 모습에 너무나 감동했었다. 내가 고등학교 때 결혼을 하셨는데, 선생님께서 초대해 주셔서 결혼식에도 다녀왔다. 너무 아름다웠다.

〈고등학교 입학〉

고등학교에 입학하여 담임선생님과 면담하는 시간에 선생님께서 장래희망이 무엇이냐고 물으셨을 때 나는 솔직히 딱히 생각나는 것이 없어서 그냥 어린이집선생님이 되고 싶다고 말을 했다. 그런데 참 신기하게도 선생님께서 친언니가 유치원교사인데, 선생님께서 잘 알고 계시다며 나에게 굉장히 많은 것을 가르쳐 주시고 많은 이야기들도 해주셨다. 교사라는 직업에 있어서 제일 쉽게 보이지만 제일 어렵다고 말씀하셨다. 아직 미성숙한 인간을 가르친다는 것은 절대 쉽지 않기 때문에 항상 노력하는 자세를 잃지 말라고 말씀하셨다. 그때 나는 이 유아교사라는 직업에 매력을 느꼈다. 아이들을 정말 너무나 좋아하고 피아노에도 관심이 있었기 때문에 나는 선생님의 말씀을 듣고 나의 진로를 확실히 아이들을 보듬어주는 선생님으로 정하게 되었다.

〈선생님과 함께 찍은 사진〉

나에게 정말 소중한 선생님이 한 분 계시다. 고등학교 때 담임을 맡으시진 않았었지만 정말 신경 많이 써주시고 학생과의 친밀감이 굉장히 좋으셨다. 선생님은 나와 다른 동네에 사시지만 매일 아침 우리 동네에 들러서 나를 태우고 학교에 가셨다. 아침마다 항상 좋은 말씀 많이 해주시고 유머감각도 있으셔서 너무나 즐겁게 학교에 갈 수 있었다. 이 선생님은 우리 학교에서 인기가 제일 많은 선생님이었다. 우리가 잘못했을 때는 정말 무섭지만 항상 우리를 배려해 주시고 정말 가족처럼 생각해 주셨다. 졸업한 지 4년이 넘었지만 선생님과 아직도 개인 미니홈피를 통해 연락을 이어가고 있다. 선생님은 자신의 이익만 생각하지 않으시고 항상 헌신적인 모습을 우리에게 보여 주셨다.

〈대학생활과 현재〉

고등학교를 졸업하고 나는 대학교에 아동복지과를 지망하여 원하던 과에 입학하게 되었다. 친구들과 대학생활도 즐겁게 하며 공부도 열심히 하고 있다. 대학교 1학년 시절 기관에 탐방을 나갔었는데, 기존에 내가 가지고 있던 어린이집과 보육교사의 이미지와는 정반대라는 것을 알 수 있었다. 지금 겪고 있는 실습과정에서는 이론과는 다르게 어떤 교사로서의 노하우를 배울 수 있었고 정말 많은 것을 느끼게 해주는 것 같다. 나는 계속 성장해 가고 변화하는 유아들에 맞추기 위해 배움의 자세를 유지할 것이다. 이제 나는 졸업을 하고 내가 그토록 원하던 유아교사가 될 것이다. 나는 강한 책임감을 가지고 임할 것이며, 진심으로 아이들을 대하는 선생님이고 싶다. 오늘에 안주하지 않고 내일을 위해 열심히 노력하는 교사가 될 것이다.

(2) 역할놀이

각 개인들은 누구나 사람들과 상황 및 대상들에 관련하여 독특한 행동양식을 가지고 있는데, 사람들은 이와 같은 행동양식을 '역할' 이라 부른다. 역할이란 '감정과 말, 행동의 일정한 형태의 계열로 다른 사람과의 관계에서 나타나는 독특하고 습관화된 행동양식' 이라 할 수 있다(Cherster & Fox, 1996).

역할놀이role play는 원래 정신적 질환자의 치료를 위한 심리극으로 고안되어 심리적 치료법으로 활용되었으며, 수업모형으로서 샤프텔과 샤프텔(Shaftel & Shaftel, 1982)에 의해 처음으로 개발되었다. 이들은 학생들에게 '인간의 존엄성', '정의감',

'애정' 등의 민주적 개념들을 일상생활에서 어떻게 실천할 수 있는가를 가르치기 위해서 이 모형을 이용하였다. 샤프텔과 샤프텔(1982)은 역할놀이를 문제해결, 비판적 사고 및 상호작용을 통한 경험transactional experience을 가능하게 하는 것으로, 교육과정에서 내용영역을 탐색하는 하나의 도구라고 하였으며, 역할놀이의 성격을 다음과 같이 설명하였다.

첫째, 역할놀이는 문제해결과정으로서 문제해결을 위한 사고를 촉진시킨다. 둘째, 역할놀이는 교사의 강요나 강제에 의해서가 아니라 학생들이 자발적으로 참여하는 것이라 하였다. 셋째, 역할놀이는 상호 간의 의사소통과정이다. 넷째, 자신을 다른 사람의 입장에 놓고 다른 사람의 견해를 경험하며 다른 사람의 견해를 통해서 어떤 사물이나 상황을 보게 함으로써 자기중심주의를 극복할 수 있게 도와준다. 다섯째, 역할놀이는 자신을 다른 사람의 입장에 놓음으로써 다른 사람의 위치에 있는 듯한 느낌을 가지는 감정 이입적인 과정이다. 여섯째, 역할놀이를 통해 개개인은 많은 역할을 직접 · 간접으로 수행함으로써 실제 생활에서 경험할 새로운 역할을 잘 수행할 수 있는 기능을 습득할 수 있다.

이 외에도 워샘(Wortham, 1984)은 역할놀이가 극화놀이dramatic play의 한 종류라고 하였으며, 월시(Walsh, 1980)는 역할놀이가 극화놀이와 함께 극화활동에 포함된다고 하였다.

여러 학자들의 의견을 종합해 보면 역할놀이는 어떠한 문제상황을 기술하고 그에 따른 행동을 한 다음 그 결과를 토론하는 과정을 거치는 방법으로 예비교사들이 실제 경험해 보지 못한 행동을 역할극 안에서 실현해 보면서 행동을 통하여 문제를 다루는 것이라 할 수 있다. 따라서 예비교사들은 역할놀이를 통해 가상상황에서 하나의 역할을 수행해 봄으로써 다른 사람의 생각이나 느낌을 경험하고 사고 · 판단능력과 갈등상황에 대처하는 능력을 향상시킬 수 있다.

샤프텔과 샤프텔(1982)이 제시한 역할놀이 수업모형의 절차는 다음과 같다.

1단계는 집단의 분위기 조성단계이다. 분위기 조성이란 집단 내에서 어떤 문제를 규명하거나 선정하는 것에서부터 시작하며, 문제에 대해 해석하거나 문제점을 탐색하는 과정이다. 2단계는 역할놀이 참가자 선정의 단계로, 이 단계에서는 배역과 관련하여 그들이 어떤 사람이고, 어떻게 느끼고, 어떤 행동을 할지 등의 역할을 분석하며 역할 연기자를 선정한다. 3단계는 무대설치 및 역할놀이 준비단계로, 교사가 학생들에게 역할들을 다시 설명하고, 문제상황 속의 구체적인 문제를 파악한다.

4단계는 관찰자 준비단계이다. 역할놀이에서 무엇을 바라볼 것인가를 설정하고, 관찰과제를 분담하게 된다. 5단계는 역할놀이의 실현단계로 역할놀이를 시작하고 역할놀이를 유지한다. 6단계는 역할놀이에 대한 토론과 평가가 이루어지는 단계로서 역할놀이 행동을 검토하고, 중요한 초점에 대한 토론이 이루어진다. 7단계는 재시연하기 단계로, 수정된 역할놀이를 하고, 다음 단계 또는 행동에 대한 대안을 제안할 수 있다. 마지막 8단계는 경험을 공유하고 일반화 단계로서 문제상황을 실제 경험과 현실문제에 관련시키고, 행동들의 일반 원칙을 탐색하는 단계이다. 다음 그림 1-3은 역할놀이 수업모형의 절차이다.

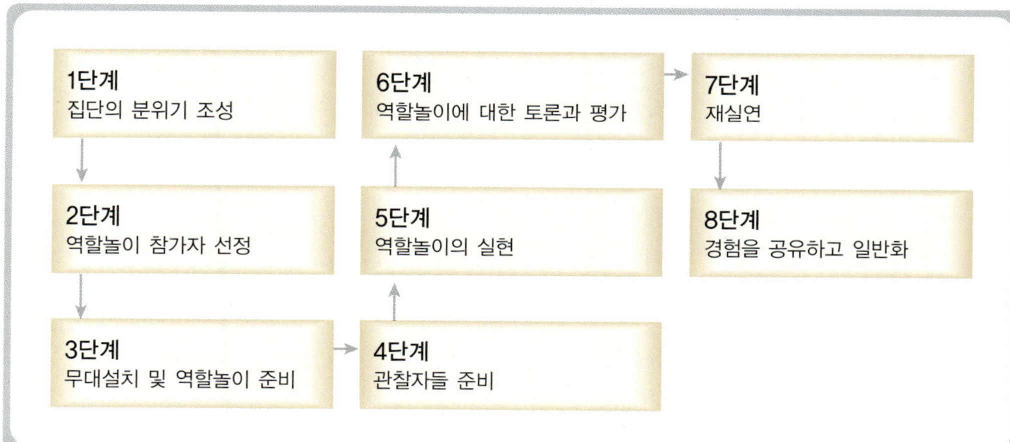

그림 1-3 | 역할놀이 수업모형 절차

다음은 역할놀이 방법을 적용한 실제 사례이다.

Case 역할놀이 사례

중학교 2학년 한 학급을 대상으로 도덕 교과 내용 중 민주사회와 인간존중 단원에서 인간존중사상 부분을 재구성하여 실제 수업에 역할놀이 모형을 적용하였다. 연구결과 역할놀이는 학생들의 참여와 흥미를 유발시켰으며, 능동적인 학습태도를 가지게 하였다. 또한 학생들은 행동경험을 통해 그 역할에 대한 이해와 공감으로 학생들의 실천의지 함양에 도움을 주었으며, 인간존중교육뿐만 아니라 도덕과 목표를 효과적으로 달성할 수 있었다. 역할놀이 적용 절차는 다음과 같은 8단계로 진행되었다.

단 계	내 용
1단계 집단의 분위기 조성	• 동서양의 옛 사상가들이 오늘날 학교에서 이슈가 되고 있는 '왕따 문제'를 해결하는 방안으로 상황 설정 • 교사는 사상가들의 특징과 인물사진을 함께 제시하고 유명한 에피소드나 간단한 예화를 소개하여 흥미를 유발함 • '친구와 사이좋게 지내는 방법'이라는 가상 역할극 설정 • 인간존중에 대한 동서양 성인들의 사상 탐색 • 동서양 사상가들이 주장하는 내용의 공통점을 탐색
2단계 역할놀이 참가자 선정	• 역할놀이에 적합한 외모나 목소리를 가진 학생들에게 교사가 참여를 권유(공자, 석가, 예수, 소크라테스, 수운, 해설자, 친구 1) • 인물에 대한 탐색(해설자 : 역할극의 상황을 제시해 주는 사람/사상가 및 친구 1 : 같은반 친구들) • 역할을 학생 스스로 결정하도록 하며 억지로 어떤 역할을 떠맡지 않도록 함
3단계 무대설치 및 역할놀이 준비	• 학생들은 자신의 역할에 알맞은 의상과 소품 준비 • 학생들과 함께 각 성현들에 알맞은 소품과 의상을 함께 만듦
4단계 관찰자 준비	• 학생들에게 사전에 학습지 제공 • 관찰자의 태도도 함께 수행평가에 반영
5단계 역할놀이의 실현	• 연기하는 학생들에게 정신적으로 안정감을 주도록 협조하도록 함 • 학생들이 대본의 의미를 이해하고 스스로 내면화시켜 연기할 수 있도록 학생들을 격려 • 단순히 사상가의 역할을 재연하는 것보다는 역할놀이를 통해 학생들이 여러 각도로 생각할 수 있는 기회를 제공해 주어야 함 • 학생들이 역할놀이를 시연할 때 역할놀이의 주제를 벗어나지 않도록 인식시켜야 함
6단계 역할놀이에 대한 토론과 평가	• 역할놀이를 보고 난 후 각 모둠별로 역할놀이에서 제시한 주제를 가지고 토의 • 역할놀이를 통해 학생들이 다양한 생각을 지닐 수 있도록 역할놀이 마지막 부분에 적절한 질문을 제시 • 질문은 역할놀이를 보면서 생각해 볼 수 있도록 실연 전에 설명
7단계 재실연	수업시간상 발표 형식으로 학습지로 대체
8단계 경험을 공유하고 일반화	• 학습지를 사용하여 '인간존중이란? 무엇인가'에 관한 비유적 표현에 대한 이유를 작성하게 함 • 일상생활에서 인간존중을 실천하기 위한 방안을 학습지에 적어보고 발표하여 경험을 공유

출처 : 조수정(2007). 역할놀이 모형 구안을 적용한 인권교육.

조이스와 웨일(Joyce & Weil, 1992)은 역할놀이의 직접적 효과를 개인의 가치와 행동의 분석, 개인 간 및 개인적인 문제해결을 위한 전략개발, 타인에 대한 감정이입능력의 개발을 들며, 간접적 효과로는 사회적 문제와 가치에 대한 정보의 획득과 개인의 견해를 편안하게 표현하게 되는 것을 들고 있다. 즉, 역할놀이를 통해 하나의 상황에서 다양한 경험을 체험할 수 있으며, 이러한 경험을 통해 자신의 가치와 의견을 보다 분명히 깨닫게 되고, 인간이 어떻게 다른 사람의 행동에 영향을 미치는지를 보다 잘 이해할 수 있도록 한다.

그림 1-4는 역할놀이의 효과를 정리한 것이다.

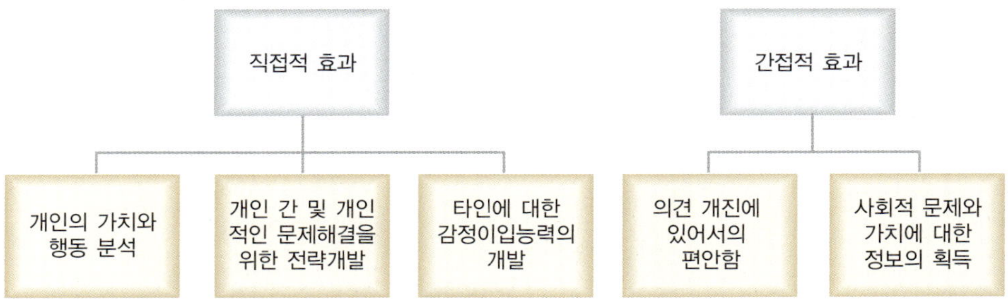

그림 1-4 | 역할놀이의 효과

이를 종합하면 역할놀이란 학생들로 하여금 어떤 상황에서 특정 역할을 구체적으로 경험해 보게 함으로써 바람직한 인간관계나 가치의 문제를 보다 깊이 이해시키는 기법이라 할 수 있다. 따라서 예비교사들은 역할놀이를 통해 자신의 가치와 신념에 대해 깨닫게 되고, 다른 사람들과 어떻게 상호작용해야 하는지에 대해서도 배울 수 있다. 이러한 역할놀이의 수업절차는 10장 영유아교사의 조화로운 관계형성을 위한 갈등의 사례들에서 구체적으로 적용해 보도록 한다.

Chapter 2

영유아교사직의 이해

Chapter 2
영유아교사직의 이해

1. 교직에 대해 이해하기

교사가 학생을 가르치는 직업이나 직무는 교직으로 지칭되며, 교직에서 교사가 성공적으로 직무를 수행하기 위해서는 교직의 특성을 바르게 인식할 필요가 있다. 따라서 예비영유아교사는 교직과 다른 직업과의 차이를 알아보고 교직을 바라보는 다양한 관점을 통하여 영유아교사직의 특성을 바르게 이해할 수 있어야 한다.

1) 교직의 특성

교직에서 가르치는 일은 단지 지식을 가르치는 데만 있는 것이 아니라 인간의 전인적 성장과 발달을 직·간접적으로 안내하고 이끌어 가는 매우 복합적인 것이다(김영옥 외, 2011). 이러한 교직의 특성을 살펴보면 다음과 같다(박의수, 2006).

첫째, 교직은 인간을 대상으로 인간의 조화적 발전을 돕는 활동이다. 칸트는 "인간은 교육을 필요로 하는 유일한 존재이며, 교육에 의하여 비로소 인간다운 인간이 된다"고 하였다. 따라서 교사는 자신이 먼저 스스로 참된 인간이 되어야 한다. 이는 교직이 미성숙한 인간을 대상으로 하므로 교사의 인격 및 가치관과 태도가 그대로 교육에 영향을 주기 때문이다.

둘째, 교직은 주로 인간의 정신적 측면의 발달, 즉 지(知)·정(情)·의(意)의 조화된 발달을 돕는 활동이다. 물론 신체적 측면을 포함하기는 하지만, 주된 관심은 정신적 측면에 집중되어 감정의 교류가 중요한 작용을 하게 된다. 이는 인간과 인간 사이의 상호작용을 의미하며 '나와 너'의 참된 인격적 만남, 영혼과 영혼의 만남을 통하여 참된 의미의 인간교육이 이루어져야 한다.

셋째, 교직은 교육기관의 운영 주체가 개인이든 공적 기관이든 관계없이 본질적으로 공적 활동이다. 이는 학습자가 누구든 하나의 독립된 인격체이며, 동시에 사회와 국가, 나아가 인류의 일원이기 때문이다. 교사는 학생 개개인을 인격체로 존중하며, 공동체의 일원으로서 사회와 인류의 평화와 행복에 이바지할 수 있는 자율적 인간으로 성장시켜야 한다.

2) 전문직으로서의 교직

교직은 법학, 의학, 신학과 같이 일반적으로 사회에서 전문직으로 인정하고 판단하는 직업으로서의 특성이 요구된다. 이형행과 권영성(2010)에 따르면 교직은 ❶ 사회적 봉사기능, ❷ 고도의 지적 기술, ❸ 장기간의 교육, ❹ 엄격한 표준, ❺ 자율적 행사에 따른 책임, ❻ 전문직 단체, ❼ 직업윤리를 가진다고 하였다.

그러나 이와 같은 특수성이 반드시 교직 그 자체의 특수성을 말해 준다고 하기는 어렵다. 어떤 직종의 경우에도 직종의 이름을 바꾸어서 상기의 특수성을 주장한다고 해도 논리적으로 하등 이상할 것이 없다(한국교원교육학회, 2007)는 측면에서이다. 따라서 교직에 해당하는 특수성을 제시할 수 있어야 하는데, 교직이 전문직으로 가능하기 위해 갖추어야 할 요건에 대해 미국교육협회NEA : National Education Association는 다음과 같이 제시하고 있다.

- 지적 성격을 가진 특수한 기술과 훈련 및 경험을 통해 획득
- 단체 결성
- 목적과 절차에서 통일된 보조
- 양성기준을 정해 자격 검증
- 윤리강령 채택
- 광범위한 개인적 자주성
- 개인적 이익보다는 봉사와 사회복지 우선

- 구성원의 복지 증진
- 정부에 대한 의견 제출
- 대중에 대한 정보 제공과 신뢰감 확보
- 유관 직업과의 협조

이상에서 살펴본 바와 같이, 하나의 직업이 전문직으로 인정받기 위해서는 위에 열거한 조건들을 충분히 갖추는 것도 필요하겠으나 이보다 더 중요한 것은 그 직업에 종사하는 사람들의 직업적 소명의식과 가르치는 일에 대한 책임의식이 수반되어야 한다는 사실이 간과되지 않아야 한다.

Activity 1

영유아교사직을 다른 전문직들과 비교해 보고, 영유아교사직의 전문성에 대해 자신의 생각을 기록해 보자.

비교항목	영유아교사	초등교사	의 사
수업연한			
자격시험			
전공구분			
기여도			
급여수준			
사회적 대우			
윤리기준			
전문단체			
기타			
총평			

출처 : 이상욱(2006). 21C 유아교사론을 재구성.

3) 교직의 다양한 관점

교직관이란 교직이라는 직업의 본질을 어떻게 보느냐 하는 문제이며 교직이라는 직업 내지 교원이라는 직무의 성격을 어떻게 파악하느냐 하는 것과 관련되어 있는 개념으로 교원의 사회적 지위의 향상이나 교권의 확립과 신장을 위해서도 중대한 의의를 갖는다(김종철 외, 1994). 이러한 교직관은 사회문화적 환경과 시대적 흐름에 영향을 받으며 다음과 같이 나타나게 되었다.

(1) 성직관

성직관은 교직을 성직으로 바라보는 관점으로, 교사는 성직자와 같이 소명의식을 가지고 정열과 성의를 다하며 헌신과 사랑, 봉사정신, 높은 도덕적 · 윤리적 행동규범을 갖추어야 한다(한국교원교육학회, 2007). 이러한 성직관의 본래적 의미가 교직의 직업적 속성보다는 교육행위의 본질인 교사와 학생 간의 인격적 만남을 바탕으로 한 윤리적 측면에 기초하고 있기 때문에 더욱 강조되어야 할 관점이라고 볼 수 있다(김진한, 2012).

반면 성직관이 교직의 숭고함을 강조한다는 점에서 교직의 도덕적 위상을 높이기는 하지만, 현대사회의 관점에서 볼 때, 지나친 개인적 희생과 헌신을 요구하며 전문성을 소홀히 여길 수 있다는 측면에서 교직활동의 지속적 발전에 어려움을 줄 수 있다(조평호, 2003 ; 홍은숙, 2011). 따라서 그것을 뒷받침할 수 있는 외재적 제도의 필요성이 요구된다.

(2) 노동직관

노동직으로서의 교직관은 교직도 다른 직업과 같이 노동을 하고 이에 해당하는 대가를 받는 것으로 교사를 교육노동자로서 보는 관점이다. 교사는 교직과 관련 있는 전문적 지식을 제공하고 학생지도, 교재교구 제작, 수업활동 등에 따른 신체적 노동을 제공한 대가로 재화를 획득한다(김영옥 외, 2011). 이러한 교직관을 가진 교원은 교원에 대한 외적 보상이 충분히 주어질 때 교직의 본래적인 목적이 잘 실현될 수 있다고 믿는다(홍은숙, 2011 ; 김영옥, 2011).

그러나 노동직관은 교직을 노동의 성격과 동일시함으로써 교직의 특수성을 너무 약화시켜버릴 수 있다는 데 주의할 필요가 있다. 이에 대해 강기수(2003)는 생산자의 상품논리가 정신사업인 교육사업에 지나치게 단순화되어 도입되므로 자기 직업에 대한 자기 긍정의식이나 자긍심 등이 상실될 우려가 있으며 교원의 윤리성 또한 약화될 가능성이 있다고 하였다.

(3) 전문직관

오늘날 교직이 전문직이라는 관점은 가장 광범위하게 받아들여지고 있다. 전문직관은 교직을 의사, 변호사와 같이 고도의 전문적인 지식을 바탕으로 자율성을 최대한 보장받는 직업으로 보는 입장이다(문혁준 외, 2011). 교직의 전문성에 대한 논의는 다른 전문직에 비해 비교적 늦게 인정되었는데, 그 이유는 다양한 능력을 가진 사람들이 교직을 수행해 왔고 그 특성을 인정받기가 어려웠기 때문이다. 그러나 1966년 유네스코UNESCO와 국제노동기구ILO의 교원의 지위에 대한 권고에서 '교원은 자신의 교직의 지위가 자신에게 달려 있다는 점을 인식하고 모든 전문적인 직무 수행에서 가능한 최고의 수준에 이르도록 노력해야 한다' 고 구체적이고 명확하게 제시되면서(김영옥 외, 2011), 교직의 전문성이 보다 강조되고 있다.

(4) 공직관

공직관은 교직을 공직으로 보며 교사를 국민에 대한 봉사자로 규정하는 근대적 교직관이다(윤정일 · 허영, 2002 ; 황기우, 2005). 이러한 공직관은 교직이 미래의 국가와 민족의 발전에 지대한 영향을 주는 인간의 교육을 실천하는 것으로 학생의 잠재적 가능성을 발전시켜 사회발전에 기여하는 인적 자원으로 키워 내는 매우 중요한 책무를 담당하고 있다고 보는 관점이다(김영옥 외, 2011 ; 송기창 외, 2009). 따라서 교직은 고도의 사회적 책무성과 보람을 느낄 수 있는 매우 소중하고 의미 있는 직업이라 할 수 있다.

이상에서 살펴본 바와 같이, 교직관은 교사로서 어떠한 측면에 가치를 더 두느냐에 따라 구분된다. 그러나 어느 한 교직관이 현 시대의 주류적 관점이라고 단정 짓기는 어려우며, 이 네 가지 관점이 상호보완적이라는 특성을 지니고 있음을 이해하여야 한다. 앞서 제시한 교직관을 정리하면 표 2-1과 같다.

표 2-1 | 교직관에 따른 교원지위의 특성

교직관	교사지위 유형	교직의 본질	교사지위의 명칭	교사지위기능
성직	인격자	인격성(윤리성)	스승(선생)	본질적 지위
전문직	전문가	전문성(자율성)	교육자(교사)	
노동직	근로자	근로성	교육근로자 (교육노동자)	수단적 지위
공직	공직자	공공성	교원(공무원)	

출처 : 박은혜 외(2010). 유치원교사를 위한 교직실무.

2. 영유아교사직 이해하기

최근에 영유아에 대한 보호와 교육의 문제는 더 이상 한 가정에 국한되는 문제가 아니라, 사회적 지원과 책임의 영역이라는 인식이 보편적이다. 따라서 영유아교사에게는 가정의 양육책임을 대신하여 교육과 보육을 담당하고 가정양육 지원에 관한 사회복지 차원에서의 역할수행이 강조되고 있다. 이와 같은 현대사회의 변화에 따라 영유아교사직의 특성을 가르침과 돌봄, 사회적 복지서비스 차원에서 제시하면 다음과 같다.

1) 가르침과 돌봄

교직의 기본적인 특성은 가르치는 일이지만 영유아교사직은 이러한 가르치는 일에 대한 전문성과 더불어 돌봄이라는 특성을 분리하여 이해하기 어렵다. 영유아기는 발달의 모든 부분이 미성숙하고 발달속도 또한 어느 시기보다 빠르며 성인의 돌봄이 절대적으로 필요하기 때문이다. 최근 OECD는 유아교육과 보육의 질 향상사업의 결과 보고서인 Starting Strong Ⅲ(2012)에서 세계 많은 나라가 영유아기의 교육과 보호를 모두 중시하고 있으며, 교육을 강조하고 있으면서도 지나치게 교육에 몰입하는 나라의 경우 복지와 양육의 개념을 보다 많이 포함시킬 것을 권고하고 있다(이미정, 2013). 이는 영유아기의 특성상, 돌봄의 중요성이 간과되지 않아야 함을 시사하는 것이라 할 수 있다.

돌봄에 대하여 나딩스(Naddings, 1984)는 사람과 동 · 식물, 사람이 만든 사물과 제도에 대한 돌봄 혹은 배려가 곧 배움이라고 말하며 교사가 되었을 때, 매우 특별한 그리고 보다 전문화된 돌봄의 관계 속으로 들어간다고 하였다. 또한 돌봄caring의 윤리를 강조하면서 학생의 생각을 경청하는 것은 교육학적으로 분명히 중요하며 보살핌을 실현하는 것은 전문성이 요구되는 매우 중요한 과정(Naddings, 2012)임을 시사하였다.

이러한 보살핌 이론의 견지에서 돌봄은 교사의 유능함을 의미하는 것으로 보살핌을 수행하기 위해서는 교사에게 더욱 풍부하고 폭넓은 교육이 강조되어야 한다. 그러나 돌봄이라는 특성은 그릇된 사회문화적 편견으로 인해 그동안 그 의미가 평가절하되어 왔다. 특히, 영아보육을 하는 교사들은 영아보육의 특성상 먹이고 씻기고 잠재우는 등의 보살핌이 절대적이다 보니 자신의 역할에 대한 전문성을 인식하지 못한다(안선희 · 김지은 2010)고 보고되고 있다. 따라서 일반인과 교사 자신의 인식 부족으로 인하여 돌봄의 전문성이 훼손되어서는 안 되며 이를 위해서는 전문성이 있는 돌봄을 위한 영유아교사들의 노력과 교사로서의 정체성을 확립하는 일이 필요하다고 하겠다.

2) 사회복지서비스

최근 우리나라는 저출산문제와 취약계층, 장애, 다문화 등과 같은 사회적 문제에 대한 해결방안으로서 사회복지 차원에서의 교육과 보육서비스가 강조되고 있다. 교육 · 보육서비스는 단기적으로는 영유아교육기관이 부모의 경제활동이 가능하도록 도와 그들의 육아부담을 덜어주며 가족의 복지에 기여한다. 장기적으로는 모든 아동들에게 삶의 출발선을 동등하게 하는 기회의 평등을 제공하여 아동 빈곤감소와 범죄예방을 통해 사회통합과 사회응집력을 확대하는 등 다양한 긍정적 외부효과를 발생시킨다(Friendly, 1997 ; Vandell & Wolfe, 2000). 이와 같이 궁극적으로 사회복지서비스는 아동의 건강하고 건전한 발달, 부모의 일 · 가정 양립을 추구한다. 따라서 양질의 교육 · 보육서비스를 제공하기 위해서는 영유아교사가 서비스의 실제 내용과 질을 결정하는 가장 중요한 행위자라는 측면에서 전문적 자질이 요구된다.

3. 영유아교사의 자질

학자와 연구자들은 교사의 중요한 자질로 수업기술, 인성적 태도, 정서 등 다양한 요소를 들고 있으나, 시대적 · 사회적 분위기나 요구에 따라 좋은 교사로서의 자질을 보는 관점은 유동적이다. 즉, 시대나 사회적 요구를 읽어내지 않고서는 '좋은 교사' 혹은 '훌륭한 교사'의 모습을 그려낼 수 없음을 뜻한다. 그렇다면 실제로 교육현장을 살아가는 영유아교사들은 어떠한 자질을 갖춘 교사를 좋은 교사라고 인식하는지 살펴보면 표 2-2와 같다.

표 2-2 | 영유아교사가 인식한 좋은 교사의 특성

구 분	영유아교사	좋은 교사의 특성
인간적 특성	0세 교사	영아를 엄마처럼 사랑해주기, 신체적 · 정서적으로 건강하기, 부모의 마음 이해하기, 영아의 새로운 시도를 격려하는 마음 갖기
	1세 교사	영아를 이해하고 허용하기, 항상 즐거움과 행복감 느끼기, 부모와 신뢰감을 형성하기
	2세 교사	인내심 갖기, 부드러운 언행을 보이기, 적극적인 모습 보이기, 편안한 복장을 하기, 부모와 안정적인 관계 형성하기
	3세 교사	항상 잘 웃고 재미를 느끼기, 원장과 긍정적 관계 형성하기, 책임감 갖기
	4세 교사	긍정적인 마음 갖기, 동료교사와 협력하기
	5세 교사	열린 마음 갖기, 단정한 복장하기, 성취감 느끼기, 유아와 공감대 형성하기
전문적 특성	0세 교사	기초적인 양육기술 알고 영아 돌보기, 영아의 안전 및 건강관리 잘하기, 영아의 월령에 따라 적절한 신체 움직임 및 탐색 활동하기, 영아의 발달 관찰 및 확인하기
	1세 교사	영아와 지속적으로 의사소통하기, 부모와 영아발달에 대해 지속적으로 의사소통하기, 관찰을 통해 민감한 대처능력 가지기, 영아보육에 대한 지식 가지기
	2세 교사	기본생활습관 지도 잘하기, 영아의 심리적 안전 돕기, 부모와 영아의 발달에 대해 상담하기, 영아의 발달단계에 따른 전문적 지식 가지기
	3세 교사	바른 모델링 보이기, 유아와 언어적 상호작용 잘하기, 유아의 독립성 키워주기
	4세 교사	유아의 사회성 길러주기, 다양한 활동지도 및 융통성 갖기, 유아의 인지적 욕구 채워주기, 교사역할 숙지하기
	5세 교사	수업을 효과적으로 계획하고 운영하기, 유아의 창의성 및 인지적 사고능력 길러주기, 초등학교와 연계한 부모상담 잘하기, 성 교육과 관련한 안전교육하기, 평가를 기초로 반성하기, 확실한 교육관 갖기

출처 : 백승선(2010). "좋은 교사"의 특성에 대한 보육교사의 인식.

이상과 같이 '좋은 교사' 로서의 자질은 영유아에 대한 사랑, 건강, 대인관계 등과 같은 개인적 자질과 영유아발달 지식, 건강과 안전에 대한 지식, 교육 · 보육과정 및 교수방법에 대한 지식 등과 같은 전문적인 자질로 나뉜다. 즉, 좋은 영유아교사란 개인적 자질과 전문적 자질을 모두 갖춘 교사라 할 수 있으며 이를 구체적으로 살펴보면 다음과 같다.

1) 개인적 자질

최근 영유아교사에 대한 여러 연구가 시사하는 점은 교사가 지니고 있는 교육적 기술과 더불어 교사의 개인적 자질과 같은 심리적 변인이 교육현장에서 중요한 역할을 한다는 것이다. 따라서 영유아교사의 개인적 자질은 교육 · 보육의 질을 가늠할 수 있는 척도로서 중요하게 인식될 필요가 있다.

❶ 영유아에 대한 관심과 사랑

영유아교사는 모든 영유아를 귀하게 여기는 마음이 있어야 한다. 영유아교사에게 영유아에 대한 관심과 애정이 없다면 하루 종일 영유아와 생활하는 것은 불가능하다. 부모와 분리되어 집단생활을 하는 영유아에게 부모를 대신하여 사랑과 관심을 기울이는 태도는 무엇보다 중요하다(조성연, 2013).

> 경력이 적든 많든 교사는 첫째로 아이들을 사랑하는 마음이 많아야 합니다. 저는 아이를 사랑하는 마음이 최우선이라고 생각합니다. 잘 가르치고 일처리 잘해도 간혹 아이들을 사랑하지 않는 것 같은 교사가 있어요. 아이를 보는 눈빛과 말 한마디에 사랑과 애정이 담겨 있어야 해요. 이런 마음이 없으면 선생님도 힘들고 아이들도 힘들고 서로 힘들어질 거예요.
>
> 권혜진(2013). 현장에서 요구되는 보육교사 자질에 대한 시설장의 소리.

❷ 신체적 · 정신적 건강

교사는 끊임없이 머리로 생각하고 몸을 움직이며 장시간 영유아와 상호작용하므로 신체적 · 정신적 건강이 필수적으로 요구된다. '건강한 육체에 건강한 정신이 깃든다' 라는 말이 있듯이 신체적으로 건강한 교사는 영유아의 요구에 민감하게 반응할 뿐만 아니라 정신적으로 안정되어 아이들과 주위 사람들을 안정감 있게 대할 수 있게 된다. 영아반 교사의 경우, 체력적인 소모가 많으므로 영아들과 즐겁게 생활하기 위해서는 교사의 건강을 먼저 관리하는 것이 중요하다(백승선, 2010). 따라서 영유아교사의 신체적 · 정신적 건강은 영유아의 정서적 안정감과 자기조절능력, 밝고 긍정적인 사고방식과 같은 태도와 성격 형성에 영향을 미치며 건강모델이 된다는 측면에서 매우 중요하게 인식되어야 한다.

마음은 열정적이나 체력이 뒷받침되지 못하면 한계에 부딪힐 상황이 오기 때문에 자기 건강관리도 교사의 자질 중 하나인 것 같다.

이경하 · 석은조(2010). 예비교사와 현직교사가 생각하는 좋은 유아교사의 자질.

아이들하고 있을 때 감정을 통제하기가 가장 어려운 경우는 친구를 때리는 행동을 하는 아이를 매번 이해시키고 타일러 보지만, 계속 반복할 때. 어떤 땐 제가 보지 않는 곳에서 친구를 때리기도 하고…, 그때 너무 화가 나요. 제 감정을 억누르고 10까지 숫자를 세봅니다.

고재욱(2012). 보육과 감정노동 해소에 관한 연구.

❸ 원만한 인성과 의사소통능력

영유아교사는 다양한 사람과 더불어 살아갈 수 있는 원만한 인성이 필요하다. 그 이유는 교사는 영유아뿐만 아니라 그들의 부모와 가족, 동료 교사 등과 다양한 인간관계를 맺으며 일하게 되기 때문이다. 유치원과 어린이집이라는 조직 속에서 다른 사람들과 원만한 인간관계를 맺고 유지하기 위해서는 무엇보다 효율적인 의사소통능력이 요구되는데, 이는 나와 타인의 다른 점을 인정하는 열린 마음에서 출발하는 것으로 영유아교사는 다른 사람을 배려하고 수용하는 성숙한 자세를 지녀야 한다. 이와 같이 다른 사람에게 우호적이며 협력하는 교사의 모습은 사회성이 발달해 가고 있는 영유아에게 긍정적인 영향을 끼치게 된다(서영숙 외, 2013).

아무래도 유아교사는 사람을 대하는 직업이죠. 유아와 그 부모 그리고 동료관계도 그렇고요. 그렇다 보니 혼자서 뭘 잘하는 것도 중요하지만 어울리고 상대를 배려하는 마음과 고운 마음씨… 이런 게 정말 중요하다는 걸 점점 더 많이 느낍니다.

권혜진(2013). 현장에서 요구되는 보육교사 자질에 대한 시설장의 소회.

❹ 성실성과 인내심

영유아교사는 영유아의 모델로서 모든 일에 성실하게 임하는 삶의 태도를 보여주어야 하며 아직 숙련되지 못한 활동에 대해 인내하고 지켜봄으로써 영유아가 성취감을 느낄 수 있도록 지지하여야 한다. 특히, 영아는 발달특성상 신체, 언어, 인지, 사회, 정서의 모든 면에서 아직 미숙하므로 교사는 영유아의 모든 행동을 끈기있게 지도해 나갈 수 있는 능력이 필요하다.

> 인내가 필요해요. 영아들은 이유 없이 우는 경우가 많기 때문에 그걸 참아낼 수 있는 인내가 필요해요. 그래서 성격 급한 사람들은 조금 어려울 것 같아요. 저도 성격이 많이 급한 편인데, 이래선 안 되겠구나 하는 생각이 들어요. 성격이 급한 사람들도 영아반 하면서 인내심 있는 성격으로 바뀔 수 있을 것 같아요.
>
> 안선희 · 김지은(2010). 영아보육교사의 자질 및 역할과 전문성에 관한 심층사례 연구.

2) 전문적 자질

전문적 자질은 영유아를 교육하고 보호해야 하는 영유아교사로서의 역할수행에 직접적인 영향을 미칠 수 있는 자질이다. 때로는 이러한 전문성을 갖춘 교사가 명전문 의사에 비유되는데, 명 전문교사란 교육의 대상인 학습자의 상태를 잘 아는 사람이며, 교육적 필요와 처방을 적절하게 내릴 수 있는 사람(한국교원교육학회, 2007)으로서 표현되기도 한다. 따라서 우리의 교육 현실에서 전문성을 갖추지 못한 영유아교사가 배출된다면 얼마나 큰 폐해가 발생할지 예견할 수 있으며 이로 인해 왜 전문성을 지닌 교사를 양성해야 하는지를 이해할 수 있다.

양옥승(2002)은 영유아교사에게 요구되는 지식, 기술, 태도와 관련 전문적 능력으로 다음 8가지를 제시하였다.

❶ 전문적인 지식

교사는 유아의 일상생활과 삶의 질을 높이기 위해 지금까지 연구되어 온 유아교육에 대한 체계화된 여러 이론과 임상적인 경험들로부터 실천적 지식을 이끌어 내고 이를 유아교육현장에 적용할 수 있는 전문적 지식이 필요하다.

❷ 개별화와 융통성

교사는 유아의 개별적인 특성을 이해하고 유아의 자유의지, 특히 흥미, 요구, 관심을 존중할 수 있는 능력과 태도를 갖추어야 한다. 아울러 교사는 미리 규정된 정형화된 틀을 지양하고 상황과 주어진 제반 조건에 따라 교육과정과 교수방법을 탄력적으로 운용할 수 있는 융통성을 갖추어야 한다.

❸ 보살핌과 협력

교사는 유아를 돌보는 자세만이 아니라 가정과의 연계를 위해 부모들과 협력적인 관계를 가질 수 있어야 한다. 유아는 교사가 가족과 파트너십을 가지고 관계할 때 가정과 기관 양쪽의 지원을 받으며 전인적으로 성장, 발달할 수 있기 때문이다.

❹ 개방성과 의사소통능력

유아의 발달은 가족의 발달과 상호의존적인 관계 속에서 이루어진다는 관점에서 약화되어 있는 가족 지원서비스를 의사소통을 통해 강화할 수 있도록 가족과 지역사회에 개방적이어야 한다. 또한 교사는 가족 간의 갈등적인 상황을 줄이고 가족의 발달과 복지를 이끄는 데도 큰 역할을 할 수 있다.

❺ 의사결정능력

교사가 유아의 발달뿐 아니라 사회문화적으로도 적절한 교육을 할 수 있기 위해서는 미시적, 거시적인 사회 생태에 대한 이해와 어린이를 둘러싼 사회의 경제적·문화적인 특성을 파악하는 능력이 필요하다.

❻ 현장성과 정보기술의 이해

교사는 유아의 전인적인 성장과 발달을 촉진할 수 있도록 소속 영유아교육기관에 대한 지속적인 현장연구action research를 통해 교육의 실제적, 실천 가능성을 높여야 한다. 또한 교육 및 사회현상에 대한 이해와 더불어 지식 정보화 사회에 걸맞게 정보통신기술에 대한 이해를 바탕으로 교수·학습과정을 분석, 개발, 평가할 수 있어야 한다.

❼ 지속적인 자기갱신

교사는 현직교육이나 자신의 교육활동을 스스로 평가하는 자기평가의 과정을 통해 교육전문가로서의 정체성과 전문성을 신장시키고 사회적 책무성을 수행할 수 있어야 한다.

❽ 삶에 대한 비전

영유아교육은 유아의 일상생활과 삶의 질을 향상시키는 과정이므로 삶에 대한 비전을 가지는 것은 교사의 전문적 능력에 속한다.

다음의 사례를 통해 교사에게 전문적 자질이 요구되는 이유와 중요성을 이해할 수 있다.

> 발달지식이 중요한 것 같아요. 만 2세 같은 경우에는 흔히 알고 있는 발달지식만으로도 보육이나 교육을 하거든요. 그런데 만 1세 반만 하더라도 어려운 점이 많이 있어요. (중략) 실습 때 해봤다 하더라도 처음에는 익숙하지 않아요. 학교에서 그런 걸 배우지도 않고요. 그러니까 발달지식이 많이 필요한 것 같아요.
>
> 가끔 저희들끼리 우스갯소리로 내가 이렇게 하려고 4년 공부한 것 아니다. '이런 건 누구나 할 수 있어'라고 말하긴 하지만, 아주 모르는 사람이 놀이를 할 때랑은 다르죠. 발달수준을 아니까 보이는 것이 다르죠. 스스로 전문가라고 생각하지만 부족해서 노력하는 과정에 있어요. 그리고 외부에서 질문하면 보육교사는 전문직이라고 말할 수 있을 것 같아요.
>
> 안선희 · 김지은(2010). 영아보육교사의 자질 및 역할과 전문성에 관한 심층사례 연구

3) 멘터로서의 자질

오늘날 멘터는 가이드, 스승, 후원, 좋은 아버지와 같은 복합적 의미로 사용되기도 한다. 김진한(2012)은 교사는 위대한 멘터의 능력을 갖추기 위해 노력하는 학습자라고 말하며 지혜롭고 인간적이며, 철학자이고 동시에 심리학자이며, 실천자로서의 모습을 제시하였다. 이러한 멘터로서의 교사의 특성은 영유아교사의 자질에 대한 새로운 시사점이 될 수 있다는 측면에서 주목해야 할 필요가 있다.

❶ 휴머니스트로서의 교사

멘터의 인간관계기술은 가장 인간적인 특성들을 고루 갖춘 인격자적인 자질을 의

미한다고 볼 수 있다. 멘터의 친절하고 상냥하고 참을성 있는 모습은 학생들에게 친밀감을 주며 학생과 인간적인 관계를 형성하기에 충분한 특성이며, 열정적이고 감정적인 이입을 할 수 있는 풍부한 감성은 학생들에게 관심과 사랑을 표현할 수 있는 정적 특성이다. 동시에 정직하고 자신감 있는 모습은 학생들에게 인간적인 신뢰를 줄 수 있는 심리적 장점이라고 볼 수 있다.

❷ 지혜로운 교수자로서의 교사

멘터는 살아 있는 지혜를 가르치는 자다. 멘터는 선각자이며 선험자이기에 지식의 상대적인 가치와 지혜의 절대적인 가치를 충분히 내용으로 인식하고 있다. 그는 이미 사람의 의미와 관련된 지혜를 충분히 터득했으며 그것은 단순한 지식에 비해 너무나 가치 있는 것임을 잘 알고 있다. 지식의 전달자인 사람과 멘터가 구별되는 것은 멘터는 삶의 의미와 관련한 가치를 스스로 깨달았으며 이를 가르침의 가장 중요한 내용으로 한다는 점이다.

❸ 사람의 방향을 제시하는 철학자로서의 교사

멘터는 삶의 선각자로서 삶에 대한 방향을 제시하고 이를 위한 자극적인 경험을 할 수 있도록 조언하고, 지도하며, 가르치고, 영감을 부어주며, 도전을 주고, 교정해주며, 모범이 되는 경험 있는 사람을 의미한다. 멘터는 멘티인 학습자에게 끊임없이 삶에 대한 새로운 방향과 도전의식을 제시하는 조타수다. 가르치는 자는 무엇을 위해 살아야 하는가를 분명하게 제시하는 삶의 방향에 대한 가치 판단의 철학자이어야 한다.

❹ 사랑을 나누는 실천자로서의 교사

사랑은 모든 것을 융화시키고 하나로 결집시키는 힘이 있다. 사랑은 무엇이든 담을 수 있는 그릇과 같다. 멘터는 지혜의 가르침을 사랑이라는 그릇에 담아 전달하는 사람의 전달자이며 사랑의 실천자다. 멘터의 가르침의 도구적 기제가 사랑이다. 학생을 아끼고 바르게 지도하고 싶은 마음, 교사의 철학과 사상, 인생관, 학생에게 꼭 해주고 싶은 이야기는 형식에 담겨지는 내용이다. 이러한 내용은 사랑이라는 그릇에 담기지 않으면 학생에게 전달되기도 전에 다 없어지고 말거나 전달되더라도 금방 없어지고 만다.

❺ 사범(師範)으로서의 교사

가르침은 단순히 언어를 통한 말로써 이루어지는 것이 아니다. 위대한 역사적 멘터는 행함의 가르침을 가장 잘 보여 준 멘티의 사범들이었다. 소크라테스Socrates는 목숨을 버리면서까지 행함으로써 가르침을 보여 주었다. 만약 소크라테스가 죽음의 독배 앞에서 죽음을 택하지 않고 도망을 쳤더라면 소크라테스의 가르침은 허사가 되었을지도 모른다. 예수Jesus도 일생의 삶과 죽음을 통해 행함으로써의 가르침을 가장 완벽하게 보여 주었다. 예수는 평소 가르쳐왔던 사랑을 죽음의 순간에도 실천함으로써 인류의 스승이 되었다고 볼 수 있다. 사람은 말로써 가르치는 것이 아니라 행함으로써 가르칠 수 있는 것이다.

❻ 예언자로서의 교사

가르침의 현장에서 자기충족적 예언self-fulfilling prophecy이 갖는 효과는 예언자의 신뢰에 따라 차이가 있다. 긍정적 예언과 부정적 예언의 효과는 예언자의 선택에 따라 정반대의 효과로 나타난다. 훌륭한 멘터는 멘티의 좋은 점을 찾아내기 위해 노력하며 멘티의 재능을 긍정적으로 예언하는 예언자다. 멘티의 좋은 점을 찾아내 칭찬과 격려를 아끼지 않는 멘터는 멘티의 희망과 용기, 그리고 인생의 길을 인도하는 선구자요, 길잡이다. 멘터에게는 작은 정성일지라도 멘티인 학습자들의 입장에서는 인생을 결정하는 결정적인 계기가 될 수 있다.

❼ 고매한 인격자로서의 교사

가르치는 자에게는 독특한 인격의 향기가 있다. 가르치는 자의 개성과 성품에 따라 냄새와 색깔이 다르다. 고매한 인격과 바르고 건강한 삶, 원만한 성품, 밝고 유머가 있는 자세, 뛰어난 학식, 고상한 취미 등이 어우러져 나는 향기는 멘티에게는 신선한 자극과 유익한 표본이 된다. 가르치는 자의 향기는 숨길 수가 없으며, 자신의 인격의 질적 수준에 따라 종류와 질을 달리한다. 고매한 인격은 아무리 숨기려 해도 향기로서 배우는 자를 감동시킨다. 인격의 향기로 가르치는 멘터는 진정한 가르침의 표본이다.

❽ 심리학자로서의 교사

가르치는 자와 배우는 자의 생각은 다르다. 학습자의 의도와 생각을 이해하고 가르치는 것과 그렇지 못한 경우는 결과가 달리 나타난다. 가르칠 상대를 이해하는 것은 심리학적인 이해를 의미한다. 상대의 편에서 생각하면서 상대의 의도와 행동이 이해된다. 지혜로운 멘터는 멘티의 의도와 행동을 이해하는 심리학자여야 한다.

이상과 같이 영유아교사에게 요구되는 자질은 매우 다양하나 대체로 교사로서의 바람직한 태도와 가치관을 가지고 있으면서도, 교직수행에 필요한 전문적인 지식 및 이해, 그리고 기술 등을 고루 갖춘 건전한 인품, 정신과 신체를 갖춘 사람(박선해, 2012)임을 알 수 있다.

4. 영유아교사의 역할과 직무

영유아교사가 어떠한 일을 하고 있는지 역할과 직무를 자세히 살펴보는 일은 직전 및 현직의 영유아교사들이 역할과 직무의 핵심과 본질을 명확히 인식하여 자신의 권한이나 책임을 수행하도록 하는 데 도움이 된다. 이를 위해서는 영유아들이 연령과 개인에 따라 큰 차이를 나타낸다는 점을 고려하여 영아교사와 유아교사의 역할과 직무수행의 특성을 세분화하여 살펴보는 것이 보다 바람직하다고 하겠다.

1) 영유아교사의 역할

(1) 영아교사의 역할

0–2세 영아들은 발달특성상 성인의 보호와 돌봄을 절대적으로 필요로 하며 최근에는 영아보육에 대한 사회적 · 문화적 요구 및 기대에 어우러져 전문적인 영아교사의 역할이 요구되고 있는 추세이다. 이에 따라 영아교사에게 기대되는 역할을 제시하면 다음과 같다(심영희, 2013 ; 이숙 외, 2011 ; 이순형 외, 2013 ; 조성연 외, 2013).

첫째, 영아교사는 영아기가 정서발달과 신체발달의 가장 중요한 시기라는 점을 인식해야 한다. 교사는 부모를 대신하여 영아와 안정된 애착을 형성하도록 노력하면서 급속한 성장과 발달을 돕기 위해 상호작용해야 한다. 이와 같은 정서적 안정감과 교사와의 안정된 애착 형성은 영아기 이후의 신뢰감, 자신감, 자아존중감 형성에 매우 중요하다. 따라서 교사는 영아의 다양한 요구를 신속하게 파악하여 민감하게 반응하고 신체 접촉을 자주하여 편안함과 안정감을 느낄 수 있도록 해야 한다.

둘째, 영아교사는 영아기가 발달상의 개인차가 뚜렷한 시기라는 점을 고려하여 개개인의 발달 속도와 기질 등에 따라 최대한 개별화된 운영을 하는 것이 바람직하다. 따라서 하루 일과 계획에 영아를 맞추려 하기보다는 영아의 개별적인 발달 속도와 기질 등을 반영하여 운영하는 것이 바람직하다.

셋째, 영아교사는 영아가 많은 것을 배울 수 있는 능력이 있다는 것을 인식하고 가정과 같은 안정된 분위기와 효과적인 물리적 환경을 조성해 줌으로써 영아 스스로 학습경험을 선택할 수 있는 기회를 제공하여야 한다. 또한 영아가 일찍부터 배워야 하는 것 중의 하나는 안전에 관한 행동지침과 다른 사람을 공격하거나 방해하지 않도록 최소한의 규칙을 인식하도록 하는 것이다. 이때 교사는 애정 어린 제재를 통해 영아의 자아가 손상받지 않으면서 다른 사람을 바르게 대하는 태도를 배울 수 있도록 하는 것이 바람직하다.

넷째, 영아교사는 영아의 언어능력이 미숙하여 의사표현에 한계가 있음을 인식하고 부모와 원활하고 긴밀한 의사소통을 해야 한다. 특히, 영아의 문제행동을 지도할 때는 부모와 교사 간에 충분한 의사소통을 통해 일관되고 협력적인 노력이 이루어져야 한다. 또한 영아는 언어능력이 미숙하지만 언어발달이 급속히 이루어지기 시작하는 시기라는 측면에서 영아의 발성을 경청하고 확장시켜 언어발달을 촉진시켜야 한다.

이와 같은 영아교사의 역할을 영아기발달에 기초하여 접근해야 할 주요 역할로 제시하면 그림 2-1과 같다.

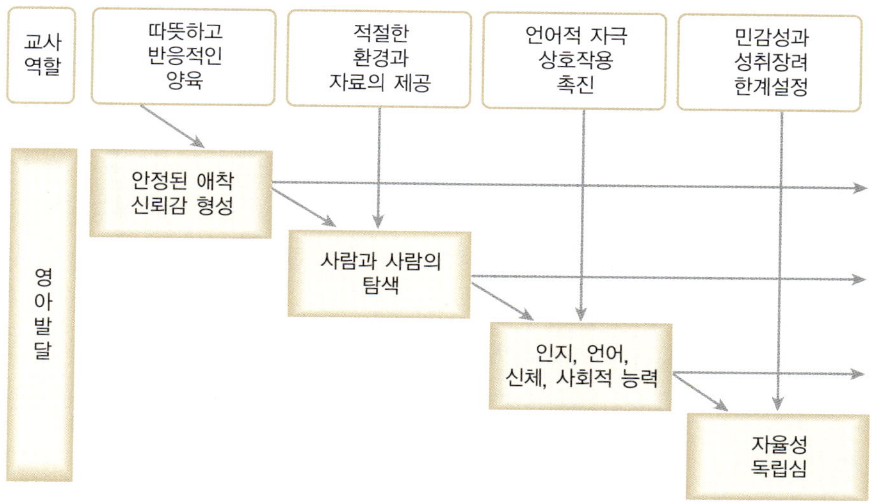

그림 2-1 | 영아기발달과 교사의 역할 관계

출처 : 이은해 외(1995). 어린이집 영아반 운영의 실제.

(2) 유아교사의 역할

유아교사의 역할은 유아의 신체적 · 사회적 · 정서적 · 지적 발달을 촉진하는 활동을 계획하고 유아가 자신의 흥미와 관심에 따라 활동하도록 이끌 수 있어야 한다. 유아교사에게 기대되는 역할을 대표적인 학자들의 견해를 통해 살펴보면 다음과 같다.

캐츠(Katz, 1970)는 유아를 지도하는 유아교사의 역할을 모성적 모형maternal model, 치료적 모형therapeutic model, 교수적 모형instructional model으로 구분하였다(임성혜 외, 2013 재인용).

- 모성적 모형maternal model은 유아를 안전하게 보호하고 신체적 · 심리적 욕구를 충족시켜 주는 양육자의 역할을 함으로써 유아에게 심리적인 안정감과 신체적인 편안함을 제공해 줄 수 있어야 한다고 보는 입장이다.
- 치료적 모형therapeutic model은 유아들이 자신의 감정을 표현하도록 돕고, 긴장을 풀어주며, 내적 갈등을 해결하도록 돕는 데 중점을 두는 역할이다. 교사가 갖는 치료적 역할을 두 가지 방향에서 살펴보면, 하나는 유아가 놀이를 통해 자

신의 부정적인 감정을 발산하고 자신을 적절하게 표현하는 방법을 익히며 사회적 규칙을 배우게 됨을 인식하고 이를 적극 지원하는 것이다. 다른 하나는 발달에 따른 정확한 평가와 측정을 통해 부적절한 행동을 감소시키고 적절한 행동을 늘리며, 아동의 원활한 발달을 돕는 자로서의 역할이다.

- 교수적 모형instructional model은 지식과 정보를 전달하고 유아들이 기술을 발달시키도록 하는 역할이다. 즉, 유아의 지적 능력을 길러주고 애정적이고도 반응적이며 긍정적인 상호작용을 하는 역할을 말한다.

사라초(Saracho, 1984)는 유아교육에 있어서 유아교사역할에 대한 규명을 통해 예비교사를 위한 교육과정의 방향을 다음과 같이 제시하였다(조방제, 2003 재인용).

- 진단자의 역할로서 교사는 유아들에게 성공적인 학습경험을 제공하기 위해 유아들의 잠재적인 가능성과 한계를 평가하고 이해하는 것이 필요하다.
- 교육과정 설계자의 역할로서 교사는 지역사회가 중요하다고 여기는 학습뿐만 아니라 유아교육의 이론과 실제에 근거해서 유아의 능력을 고려한 교육과정을 창출해 내어야 한다.
- 교수구성자의 역할로서 교사는 장기 혹은 단기계획과 결과를 체계화함으로써 이용할 수 있는 자원을 고려하고 이러한 자원들을 최대한 활용하여 교육목표와 관련된 교실활동을 조직할 필요가 있다.
- 운영자의 역할로서 교사는 유아들에게 흥미 있는 학습환경을 만들어 내고 학습촉진과 관련된 학습경험을 제공하여야 한다.
- 상담자 및 조언자의 역할로서 교사는 유아들이 바람직한 행동을 습득하고, 타인을 배려하며, 자신의 감정을 조절하는 것을 배울 수 있도록 해줄 책임이 있다. 따라서 교사는 유아와 계속해서 상호작용을 하고 교육뿐만 아니라 보살핌, 정서적 지원 및 안내를 제공하며 사회화 기술을 학습하도록 도와주어야 한다.
- 의사결정역할로서 교사는 유아들을 위한 학습경험을 계획하고 이를 이행할 때, 여러 대안들 중에서 유아, 자료, 활동, 목표에 대한 일련의 결정을 내리게 된다.

이와 같이 유아교사의 역할에 대한 기대는 시대의 변화에 따라 양육대행자에서 교육자, 아동발달연구자 더 나아가 부모와 지역사회와의 교류자로서 그 역할과 책임이 변화되고 있다. 이러한 변화과정을 학자 및 연구자들의 견해를 통해 살펴보면 다음 표 2-3과 같다.

표 2-3 | 유아교사의 역할 유형

학 자	역할 유형	
캐츠 (Katz, 1970)	• 모친모형 • 치료모형	• 수업모형
폴 (Poole, 1979)	• 보호자 • 촉진자 • 교수자 • 실험자 • 교육적 협력자	• 평가자 • 전이자 • 대리적 지지자 • 교육과정계획자
스포텍 (Spodek, 1985)	• 양육역할 • 교수역할	• 인격함양역할
이은화 (1985)	• 환경 제공자 • 관찰자 • 프로그램 계획자	• 연구자 • 부모교육 담당자 • 평가자
시케단츠와 동료들 (Schickedanz et al., 1990)	• 지식전달자 • 계획 · 조직 · 평가자	• 훈육자 • 의사결정자
사라초 (Saracho, 1997)	• 교수조직자 • 교육과정 설계자	• 진단자 • 상담자 및 조언자
유희정 (1997)	• 양육자 • 교수자	• 관계기관과의 관계 형성 및 유지 • 부모 및 지역사회와의 관계 형성 및 유지
오문자 (2001)	• 능동적 지식 구성자 • 문화 형성 주체 • 유능한 의사결정자	• 연구자 • 공동 학습자
김은설 외 (2009)	• 교사 • 대리 양육자 • 상담자/부모교육자	• 사회복지실천가 • 교류자 • 보육서비스 전문가

출처 : 박은혜(2013). 유아교사론을 재구성.

2) 영유아교사의 직무

(1) 직무의 영역과 내용

교사의 직무는 교육을 직업으로 삼고 있는 자의 의무 또는 법적으로 규정된 교사가 꼭 해야 할 일이다(심진구, 1994). 이에 대한 영유아교사의 직무를 법적 근거에서 찾아보면 유치원교사는 교육기본법과 유아교육법 시행령에, 보육교사는 영유아보육법에 명시되어 있다. 최근 유치원교사 및 보육교사를 대상으로 한 김은영 등(2012)의 연구결과에 따르면 영유아교사의 직무는 10개의 직무영역과 35개의 직무구분, 177개의 직무내용을 수행하고 있는 것으로 나타나 실제로 영유아교사가 수행하는 직무가 다양함을 알 수 있다. 이를 구체적으로 살펴보면 표 2-4와 같다.

표 2-4 | 유아교사의 직무

직무영역	직무구분	직무내용
교수학습 준비영역	교육계획	연간, 월간, 주간 교육계획하기 / 일일 교육활동 계획하기
	교재교구준비	교재 교구 제작, 보수, 정리하기
	환경구성	실내 흥미영역 배치하기, 주제에 따라 흥미영역 구성하기, 흥미영역 외 교실 환경(게시판 등) 구성하기, 교실 외(현관, 복도, 계단 등) 환경 구성하기, 실외 흥미영역(바깥놀이터, 텃밭, 동물사육장 포함) 구성하기
	수업준비	수업준비를 위한 정보 검색하기, 교수자료에 대한 정보 얻기, 교수자료 준비 및 점검하기, 개별수준에 따른 수업자료 수정하기
	수업협의	다른 교사와 수업에 관해 협의하기, 학급 내 교사 간 역할 분담하기
	등 · 하원지도	등원 지도하기, 귀가 지도하기
	놀이지도	실내 놀이 계획 지도하기, 실내 놀이 지도하기, 놀이 안전(놀잇감의 안전한 사용 포함) 지도하기, 놀잇감 정리정돈 지도하기, 놀이 평가 지도하기, 실외 놀이 지도하기
	생활지도	인사하기 지도하기, 개인 물건 정리 및 관리 지도하기, 언어사용 지도하기, 차례 지키기 지도하기, 아껴 쓰기 지도하기, 부적응 행동 지도하기, 친사회적 행동 격려하기, 문제상황 개입하기, 급간식 준비 및 정리 지도하기, 식습관 지도하기, 식사 전후 청결 지도하기, 옷 입고 벗기 지도하기, 화장실 사용 지도하기
	상호작용	영유아 간 상호작용 격려하기, 개별 유아의 발달과 수준에 따라 상호작용하기, 유아의 요구에 반응해 주기

교수학습 준비영역	활동운영	일과소개 및 계획하기, 대집단활동 운영하기, 소집단활동 운영하기, 전이 활동하기, 방과 후 과정 특성화 프로그램/특별활동 수업하기, 방과 후 과정 특성화 프로그램/특별활동 수업 보조하기
교수학습 평가	유아평가	표준화 검사하기, 영유아관찰기록하기(일화기록 등), 일일보고서 작성하기, 자유선택활동 놀이 성향 및 흥미영역 평가하기, 영유아 포트폴리오 제작 및 분석하기
	수업(교사) 평가	영유아들과 하루일과 회상하기, 수업에 대한 저널 쓰기, 학습경영록 평가란 기록하기, 교사 간 교육과정 운영 평가하기
	교육 · 보육 평가	교육 · 보육과정 자체 평가하기, 프로그램에 대한 부모 의견 수렴하기, 평가 결과 반영을 위한 계획 세우기
전문성 신장	연수	원내 연수 발표하기(전달연수 포함), 원내 연수 참여하기, 자격연수 · 승급교육 참여하기, 직무연수 · 보수교육 참여하기, 기타 외부 연수 참여하기(외부 수업 참관, 시설 견학 포함), 영유아교육 · 보육 관련 전시회 견학하기
	연구	연구회 활동하기(연구동아리 등), 연구 참여하기(프로젝트 참여, 학술대회 참여 등)
	장학	전공과 관련된 상위 학교 진학하기, 신입교사 오리엔테이션 진행하기, 교육실습생 지도하기, 컨설팅 장학 · 컨설팅 받기, 동료 장학하기, 자기 장학하기
	전문가로서 책무	교사로서의 윤리강령 실천하기, 교사의 법적 권리와 의무 이행하기, 소속 기관의 팀 구성원으로 협동하기, 전문가와 네트워크 구성하기
대인관계 및 사회적 업무	대인관계	경조사 참여하기, 교사 친목행사 참여하기, 상사 업무 보조하기, 손님 및 상사 접대하기
	지역사회와의 관계	지역사회 행사 참여하기, 지역사회 인사들과 네트워크 형성하기, 지역사회를 위한 봉사하기
영유아 보호 관련 업무	건강	전염성 질환 예방하고 대처하기, 교사 건강검진받기, 영유아 시진하기, 영유아 체격 검사하기, 적절한 휴식 취하도록 지도하기, 투약하고 확인 기록하기, 아픈 영유아 간호하기, 식단 확인하기(영유아 특이 체질에 따른 확인), 실내 환기, 온도 · 습도 · 채광 · 조도 조절하기
	청결	씻기기, 기저귀 갈기, 배변 실수 처리하기, 구토 시 오물 처리하기, 교실위생 점검하기, 영유아 개인용품 청결하게 관리하기, 놀잇감 청결 유지하기, 교실 청소하기, 교실 외의 시설 청소하기, 동 · 식물 청결 관리하기, 세탁하기(옷, 이불 등)
	안전	영유아 안전에 관한 교육받기, 원내 안전규칙 세우기, 위험물에 대한 안전 관리하기, 차량 탑승하여 안전 지도하기, 아동학대의 징후가 있는지 살피기, 응급상황 시 역할 분담 계획하기, 응급상황 훈련하기, 응급처치 물품과 기능 익히기, 응급처치하기, 실내시설 안전 점검하기, 실외시설 안전 점검하기

학부모 관련 업무	부모와의 연계	학기 초 학부모 오리엔테이션 하기, 부모-교사 협의회 하기(학부모 운영위원회 포함), 학부모와 수시로 정보 교환하기(전화, 문자메시지, 쪽지, 가정통신, 면대면 등), 학부모 지원 요청하기
	부모상담	면담자료 준비하기, 개별 상담하기, 집단 상담하기, 면담일지 작성하기
	부모교육	수업 참관하기, 부모 참여 수업하기, 학부모 워크숍하기, 부모교육하기
	가족 지원	부모 간의 교류 제공하기, 지역사회 자원에 대한 정보 제공하기, 다양한 방법으로 가족 지원하기
행사관련 업무	행사준비	행사를 위한 정보 수집하기, 행사 계획하기, 행사 관련 유인물 제작 및 발송하기, 행사 관련 물품 준비하기, 행사 관련 프로그램 준비하기, 행사 관련 환경 구성하기
	행사진행	행사 진행하기
	행사 마무리	행사 뒷정리하기, 행사 평가하기
사무 관련 업무	문서 작성 및 관리	교육 · 보육과정 운영 관련 문서 작성 · 관리하기, 교재교구 · 도서와 관련된 문서 작성 · 관리하기, 원아 관련 문서 작성 · 관리하기, 교원 관련 문서 작성 · 관리하기, 안전 관련 문서 작성 · 관리하기, 공문서 처리 · 관리하기, 재무관리와 관련된 문서 작성 · 관리하기, 제 증명서 발급하기, 유인물 제작 및 발송하기
	사무관리	전화 통화하기, 업무포털(전자문서, 통합보육시스템) 확인하기, E-mail 처리하기, 우편물 처리하기, 복사 · 출력하기(계획안, 가정통신문 등), 회계 관련 업무하기
	물품관리	재고 조사하기, 물품 구입계획 수립하기, 물품 구입하기, 물품 정리하기
	운영관리	원아모집 관련 업무하기, 교육 · 보육과정 운영 관련 업무하기(교사협의회 등), 홈페이지 관리하기, 학급 편성하기, 버스 노선 짜기, 공동시설 사용 협의하기, 야간돌봄 원아 관리하기, 당직하기(문단속, 뒷정리), 자원봉사자 관리하기, 기관 평가 관련 업무하기, 잡비 관리하기(교육비 외 예금, 사진값 등 경비)
시설설비 관련	시설관리	실내 · 외 안전점검 의뢰하기, 실내 소독계획 및 의뢰하기, 시설수리 의뢰하기
	기자재 관리	기자재 바른 사용법 익히기, 기자재 설치 · 보수 관리하기, 기자재 검검하기, 기자재 보수하기

출처 : 김은영 외(2013). 유치원과 어린이집 일과운영 및 교사의 직무분석.

(2) 하루일과를 통해 본 영유아교사의 직무

교사는 교육과 보육의 전 과정에서 끊임없이 의사결정을 하고 창의적인 직무를 수행하는 전문가라 할 수 있다. 그러나 영유아교사는 가르치며 돌보는 대상에 따라 역할수행에 차이가 나타나는 바, 영아교사와 유아교사의 직무를 세분화하여 제시할 필요가 있다. 이에 따라 영유아교사의 직무를 하루일과에 따라 제시하면 다음과 같다.

❶ 영아교사의 하루일과에 따른 직무

＊등원 및 맞이하기 등원 시 영아와 영아의 부모를 따뜻하게 맞아주는 것은 매우 중요하며 부모와의 분리불안으로 힘들어하는 영아가 있을 경우, 교사는 유아에게 사랑과 보호를 받고 있다는 확신을 갖게 해주어야 한다. 이를 통해 부모는 보육시설과 교사에 대해 신뢰를 가질 수 있으며 자녀와의 분리에 따른 불안감을 최소화할 수 있다.

＊실내놀이 영아에 따라 개인차가 크기 때문에 집단으로 활동을 이끌기보다는 각 영아의 개별적인 특성이나 욕구를 고려하여 활동을 제안하거나 반응해 준다. 교사는 계획한 활동에 필요한 자료를 점검하고 충분한 흥미영역 공간이 확보되었는지 확인한다. 영아의 요구나 관심을 토대로 활동을 계획하도록 하며, 활동을 실행하는 과정에서는 영아가 피곤하거나 기분이 좋지 않고 다른 활동에 흥미를 보이는 경우는 활동을 바꾸어 줄 수 있는 융통성도 필요하다.

＊실외놀이 실외놀이터의 위험요소를 점검하여 영아들이 안전하게 놀 수 있도록 배려해 준다. 실외놀이를 나가기 전에는 영아의 기저귀 상태를 확인하고 대소변 가리기가 가능한 영아는 화장실을 미리 다녀오게 한다. 실외놀이를 하기 위해서 옷을 입히고 신발을 신겨 주는 과정에서도 '선생님 도움 또는 스스로 겉옷 입어 보기', '내 신발 찾아 꺼내어 보기' 등의 활동을 진행할 수 있다. 실외놀이는 계절이나 날씨, 영아들의 건강상태 등에 따라 시간을 조절하거나 오전, 오후 중에 융통성 있게 실시한다.

＊수유 및 간식과 식사 영아기는 성장과 발달이 급속히 일어나는 시기로 충분하고 적절한 영양을 섭취하기 위해서는 오전, 오후 2회의 간식과 균형 잡힌 점심식사를 제공해 주어야 한다. 3–12개월 영아의 경우, 가정에서 가지고 온 분유 및 이유식을 용기에 담아 이름을 써서 냉장고에 보관하고 영아의 요구와 시간을 고려해 일정한 장소에서 교사가 수유한다. 이유식은 영아의 월령에 따라 적절하게 제공하며, 교사는 준비된 음식을 영아들과 함께 먹으면서 적절히 도와 음식을 먹는 태도에 대한 모델역할을 수행한다. 또한 교사는 수유 및 간식, 식사 후에 영아가 먹은 시간, 식사에 관한 특이사항 등을 기록하여 귀가 시 부모가 참고할 수 있도록 일일보고서 등으로

기록한다.

＊기저귀 갈기 및 배변훈련 기저귀 갈기는 영아에게 반복되는 중요한 일과이다. 기저귀 갈이대는 쉽게 닦고 소독할 수 있는 것을 사용하여 청결하게 관리하도록 한다. 영아에게 기저귀를 가는 것이 즐거운 경험이 되도록 교사는 기저귀 가는 영역에 소리가 나는 모빌을 제공하고 안전거울을 통해 자신의 몸을 볼 수 있도록 해준다. 배변훈련이 가능한 영아의 경우는 단계적이고 점진적인 훈련을 통해 스트레스가 없는 가운데 기저귀를 뗄 수 있도록 지도한다. 그리고 배변 실수를 했을 때, 영아가 부끄럽거나 수치심을 느끼지 않도록 주의하고 배변 이후에는 교사와 영아가 함께 손을 깨끗이 씻으며 기본생활습관을 익히도록 지도한다.

＊낮잠 자기 영아는 신체적 움직임이 많고 늘 분주하게 걷고, 달리고, 오르내리며 놀이를 하느라 피로를 느끼면서도 스스로 조절을 하기 어렵기 때문에 휴식을 위한 낮잠시간이 반드시 필요하다. 교사는 영아가 낮잠을 자거나 깰 때 기분 좋은 상태가 되도록 안아주고 미소 지어 주고 등을 어루만져주며 낮잠시간과 횟수를 일일보고서에 기록하여 부모에게 알려준다.

＊오후 일과 오후에는 오전에 비해 좀 더 개별적이고 자유로우며 영아가 주도하는 놀이를 하면서 편안하게 지내도록 한다. 낮잠 후 영아들은 조용히 혼자 있고 싶어하거나 정적인 놀이를 선택하는 경향이 있다. 교사는 영아의 요구를 수용해서 영아의 놀이에 소극적으로 개입하면서 오전놀이를 반복하거나 약간 확장해 보는 정도로 편안한 오후시간이 되도록 한다.

＊귀가 지도하기 귀가시간은 교사와 부모 간에 영아에 대한 여러 가지 정보와 의견을 나눌 수 있는 중요한 시간이다. 일일보고서를 통해 하루일과 중 수면, 식사와 간식, 배변, 놀이의 내용, 투약 여부 등을 알려주어야 하고, 여기에 덧붙여 부모의 요구를 듣거나 질문에 답해 줄 수 있어야 한다. 또한 일과 중에 있었던 특별한 사건이나 영아의 발달적 변화 등을 알려주어야 한다.

❷ 유아교사의 하루일과에 따른 직무

＊등원 및 맞이하기 놀이실에 들어서는 유아를 반가운 얼굴로 맞이한다. 부모와 간단한 대화를 통해 지난밤에 있었던 특별한 일이나 부모의 질문이나 부탁 등을 듣는다. 유아의 기분, 청결상태 등을 간단히 시진한다.

＊놀이계획 및 실내 자유놀이 유아에게 새로운 놀이나 활동을 소개해 주면서 유아의

흥미를 자극하고 동기를 유발시킨다. 교사는 유아들의 놀이선택을 존중하고 각 흥미영역에서 교사가 계획하고 준비한 활동이나 유아의 자발적인 자유놀이를 진행하며 교사는 유아와 적극적이고 민감한 상호작용을 나눈다. 교사는 유아들의 자유놀이 후 개별, 소집단, 대집단 등의 형태로 유아의 놀이에 대한 계획과 실행에 대하여 평가를 실시한다.

＊전이 정리정돈을 하기 위해 5분전 쯤 미리 예고한 후, 유아들이 놀잇감을 제자리에 정리할 수 있도록 한다. 유아들이 스스로 정리할 수 있도록 놀잇감의 제자리를 그림이나 사진으로 교구장에 정확히 제시한다. 정리정돈도 가능하면 즐거운 활동이 될 수 있도록 분위기를 조성한다. 어린 유아의 경우 화장실에 다녀오는 것을 주기적으로 알려주어 소변 실수를 예방한다.

＊집단활동 유아의 집중시간을 고려하여 적절한 시간을 계획하고 교사가 전체 유아를 볼 수 있는 영역에서 실시한다. 대 · 소집단활동은 이야기 나누기, 게임, 동화 및 언어활동, 음률활동 등이며 교사는 일방적으로 주도하기보다는 유아의 생각을 묻고 유아의 반응에 따라 융통성 있게 전개하는 것이 중요하다.

＊실외 자유놀이 비가 오거나 너무 추운 겨울을 제외하고는 가능한 실외자유놀이를 실시하는 것이 바람직하다. 실외에서도 신체활동, 물 · 모래놀이, 탐구활동 등이 고르게 일어날 수 있도록 하며 다양한 영역을 구성하여 적절한 자료를 제공해 준다. 교사는 실외놀이시간도 자유놀이활동의 연장임을 인식하고 놀이촉진자, 상호작용자로서의 역할을 수행한다.

＊식사 및 간식 교사는 유아들이 감사하는 마음으로 즐겁게 식사할 수 있도록 분위기를 이끌어 준다. 식사시간이나 간식시간을 통해 영양교육, 바람직한 식습관 형성, 기본생활습관 훈련이 이루어지도록 한다.

＊낮잠 및 휴식 연령이 높아질수록 유아들이 낮잠 자기를 싫어하고 힘들어하는 경향이 있는데, 이때 교사는 조용히 누워서 쉬거나 놀이실의 조용한 영역 혹은 독립된 공간에서 잠시 머물도록 하면서 다른 유아를 방해하지 않도록 한다.

＊오후일과 오후일과는 오전에 비해 계획된 새로운 활동을 줄이면서 유아 개인의 흥미를 바탕으로 발달적인 놀이가 편안하게 전개되도록 한다.

이상에서 살펴본 바와 같이, 영유아교사가 수행하는 직무는 실제로 매우 다양하다. 그러나 이것이 직무부담으로 작용해 교사로서의 전문성을 신장시킬 수 있는 기회가 상대적으로 적어질 수 있다(김은영, 2013)는 측면에 유의하여야 한다. 이를 고려하여 교사의 전문성을 높이고 교사가 본연의 업무에 충실하도록 지원하기 위해서는 교사양성과정의 내실화와 더불어 장기적으로는 영아교사와 유아교사의 직무를 세분화하여 각각에 맞는 전문성을 길러나가기 위한 방안이 마련되어야 한다.

Chapter 3

영유아교사의 권리와 윤리

1. 영유아교사의 권리와 의무
2. 영유아교사의 교직윤리
3. 영유아교사의 윤리적 인식을 돕기 위한 방법

Chapter 3
영유아교사의 권리와 윤리

1. 영유아교사의 권리와 의무

1) 교사의 권리

교사의 권리는 전문직으로서 교직에 종사하는 교원들이 그들의 책임과 의무를 수행함에 있어 보장받아야 할 교육활동의 자율성, 신분과 생활의 안정, 사회적 신뢰와 존경 등 제반 조건에 관한 교원의 권리이다(박화윤 · 마지순 · 안라리 · 신순희 · 임경례, 2010 ; 임승렬, 2007). 교권은 교원의 교육권 또는 권리를 줄인 말로 학생을 교육할 법적인 권리와 스승 또는 윤리적 · 사회적 의미에 따른 전문적 · 기술적인 권위의 복합적 의미를 가진다(강인수, 2002).

교권은 좁은 의미와 넓은 의미로 나누어 살펴볼 수 있다. 좁은 의미에서 교사의 권리로 해석하는 교권은 교사가 교육행위를 할 수 있는 기본적인 권리 그 자체를 의미한다. 반면 보다 넓은 의미에서의 교권은 교사의 기본적인 권리뿐만 아니라 교직에 종사하는 교사들이 그들의 책임과 의무를 수행함에 있어서 보장받는 신분과 생활안정, 사회환경 등 제반 조건까지 포함하여 법률로 정한 교사의 신분과 사회적 지위에 관한 교사의 권리와 함께 직업인으로서의 권익을 포함한다(남정걸, 1998 ; 백명희, 1997 ; 이중, 1980 ; 정우현, 1989).

영유아교사의 권리로는 '자율권', '경제적 · 사회적 신분보장을 받을 권리', '근로권', '쟁의권', '단체활동권' 등이 있다(박화윤 외, 2010 ; 임승렬, 2007 ; 위미순, 2005). 이를 자세히 살펴보면 표 3-1과 같다.

표 3-1 | 영유아교사의 권리

구 분	내 용
자율권	영유아교사의 전문성 실현을 위한 가장 기본적이고 본질적인 권리 • 교육과정 결정과 편성권 • 교재의 선택 결정권 • 교육내용과 방법 결정권 • 교육평가권 • 영유아지도권
경제적 · 사회적 신분보장을 받을 권리	• 안정된 생활 기반 위에서 가르치는 일에 전념할 수 있도록 여건을 마련해 주어야 함을 의미 • 교직이라는 신분이 보장되어 교사가 해임이나 불이익을 당하지 않는다는 것을 의미
근로권	근무조건의 개선, 후생복지제도의 확충 등을 통해 영유아교사교육과 보육활동에 전념할 수 있도록 하는 권리
쟁의권	징계처분에 불복하여 쟁송할 수 있는 권리
단체활동권	교사의 권리를 확보하고 교사로서의 직업을 효과적으로 수행하기 위한 단체활동을 할 수 있다는 것을 의미

보육교사는 법적으로 교원의 신분이 아닌, 보육교직원으로서의 신분을 가진다. 보육교사 직무의 성격은 충분히 교원으로서의 역할을 수행하고 있으므로 교원에 준하는 권리와 의무를 지닌다고 해석할 수 있으나 보육교사가 교원으로 대우받을 수 있는 어떠한 교육 관련법의 규정도 없다. 즉, 보육교사의 경우 법적으로 교원이 아닌 일반 근로자의 범주에 속하며, 근로권에 의한 법적 권리를 인정받고 있다. 근로자로서 보육교사의 권리는 표 3-2와 같다.

표 3-2 | 근로자로서의 보육교사의 권리

구 분	내 용
임금수령권	근로자가 노동을 제공하고, 그에 대한 임금을 수령할 권리로서 근로자가 지니는 가장 주된 권리이다.
작업중지권	산업안전보건법에서 정하는 산업재해 발생 가능성이 있는 급박한 위험상황일 경우 근로자는 작업을 중지하고 긴급히 피난할 권리를 가진다. 이 권리는 근로자의 부차적 권리에 속한다.
취업청구권	근로 제공 의무가 있는 근로자가 근로 제공 의사와 능력을 가지고 있음에도 사용자가 취업을 거부하는 경우 근로자가 사용자에게 업무수행을 위한 취업을 청구할 수 있는 권리를 말하는데, 이는 그 인정 여부에 대하여 찬반의 견해가 대립한다. 이 권리는 근로자의 부차적 권리에 속한다.

출처 : 임종률(2012). 노동법.

한편, 유아교육법과 영유아보육법에서는 유치원교사 및 보육교사의 신분과 권리 및 직무에 대하여 다음 표 3-3과 같이 규정하고 있다.

표 3-3 | 영유아교사의 법적 지위에 대한 법률적 규정

법의 종류		법조항의 내용
유치원교사	교육기본법	제14조 (교원) ① 학교교육에서 교원의 전문성은 존중되며, 교원의 경제적 · 사회적 지위는 우대되고 그 신분은 보장된다.
	유아교육법	제20조 (교직원의 구분) ① 유치원에는 교원으로 원장 · 원감 및 교사를 두되, 대통령령으로 정하는 일정 규모 이하의 유치원에는 원감을 두지 아니할 수 있다.
	교육공무원법	제43조 (교권의 존중과 신분보장) ① 교권은 존중되어야 하며, 교원은 그 전문적인 지위나 신분에 영향을 미치는 부당한 간섭을 받지 아니한다. ② 교육공무원은 형의 선고 · 징계처분 또는 이 법에서 정하는 사유에 의하지 아니하고는 그 의사에 반하여 휴직 · 강임 또는 면직을 당하지 아니한다. ③ 교육공무원은 권고에 의하여 사직을 당하지 아니한다.
	교원 지위 향상을 위한 특별법	제2조 (교원에 대한 예우) ① 국가, 지방자치단체, 그 밖의 공공단체는 교원이 사회적으로 존경받고 높은 긍지와 사명감을 가지고 교육활동을 할 수 있는 여건을 조성하도록 노력하여야 한다.

<table>
<tr><td></td><td>교원 지위 향상을 위한 특별법</td><td>② 국가, 지방자치단체, 그 밖의 공공단체는 교원이 학생에 대한 교육과 지도를 할 때 그 권위를 존중받을 수 있도록 특별히 배려하여야 한다.
③ 국가, 지방자치단체, 그 밖의 공공단체는 그가 주관하는 행사 등에서 교원을 우대하여야 하며 교원이 교육활동을 원활하게 수행할 수 있도록 적극 협조하여야 한다.</td></tr>
<tr><td>보육교사</td><td>영유아보육법</td><td>제2조 제5항 (정의) 〈개정 2008. 12. 19, 2011. 6. 7〉
"보육교직원"이란 어린이집 영유아의 보육, 건강관리 및 보호자와의 상담, 그 밖에 어린이집의 관리 · 운영 등의 업무를 담당하는 자로서 어린이집의 원장 및 보육교사와 그 밖의 직원을 말한다.

제17조 (보육교직원의 배치)
① 어린이집에는 보육교직원을 두어야 한다. 〈개정 2011. 6. 7〉
② 보육교직원의 배치기준 등에 필요한 사항은 보건복지부령으로 정한다. 〈개정 2008. 2. 29, 2010. 1. 18, 2011. 6. 7〉

제18조 (보육교직원의 직무) 〈개정 2011. 6. 7〉
① 어린이집의 원장은 어린이집을 총괄하고 보육교사와 그 밖의 직원을 지도 · 감독하며 영유아를 보육한다. 〈개정 2011. 6. 7〉
② 보육교사는 영유아를 보육하고 어린이집의 원장이 불가피한 사유로 직무를 수행할 수 없을 때에는 그 직무를 대행한다. 〈개정 2011. 6. 7〉

제19조 (보육교직원의 임면 등) 〈개정 2011. 6. 7〉
① 특별자치도지사 · 시장 · 군수 · 구청장은 보육교직원의 권익 보장과 근로여건 개선을 위하여 보육교직원의 임면(任免)과 경력 등에 관한 사항을 관리하여야 한다. 〈개정 2011. 6. 7, 2011. 8. 4〉
② 어린이집의 원장은 보건복지부령으로 정하는 바에 따라 보육교직원의 임면에 관한 사항을 특별자치도지사 · 시장 · 군수 · 구청장에게 보고하여야 한다. 〈개정 2008. 2. 29, 2010. 1. 18, 2011. 6. 7, 2011. 8. 4〉</td></tr>
</table>

2) 교사의 의무

교사로서의 권위는 교사의 사회적 책임과 의무를 성실하게 수행하는 것에 의해 뒷받침된다. 교육 관련법에 나타난 교원의 의무를 살펴보면, 교원은 국가에 대하여 교육을 받을 학생의 권리를 보호해야 할 의무와 교원 자신의 권리를 지켜야 할 이중적 책임을 지닌다(임승렬, 2007). 표 3-4는 교원의 의무를 정리한 내용이다.

표 3-4 | 교원의 의무	
구 분	내 용
성실의무	–
직무상의 의무	• 법령준수의 의무 • 복종의무 • 직무전념의무 • 친절공정의무
신분상의 의무	• 비밀엄수의 의무 • 청렴의무 • 품위유지의무 • 영예 등의 제한 • 정치활동금지의무 • 집단행동금지의무
연수의무	–

출처 : 임승렬(2007). 교원의 권리와 의무에 관한 유치원 교원의 인식 수준에 관한 연구.

교원의 신분에 속하지 않는 보육교사는 근로자로서의 의무를 지니며 그 내용은 표 3-5와 같다.

표 3-5 | 근로자로서 보육교사의 의무	
구 분	내 용
근로 제공의무	근로계약에 따라 근로를 제공하여야 할 의무
충실의무	사용자의 이익에 침해되지 아니하도록 근로자가 특정행위를 하거나 혹은 하지 않아야 할 의무 • 경영비밀 유지의무 : 근로자가 근로 제공과 관련하여 알게 된 정보 중 타인에게 알려지면 사용자에게 불이익이 되는 경영상의 비밀을 타인에게 누설하지 않을 의무 • 경업피지의무 : 근로자가 사용자의 이익에 현저히 반하여 경쟁사업체에 취직하거나 경쟁사업체를 경영하지 않을 의무 • 사고대처의무 : 근로자가 근로시간 내외와 관계없이 작업시설 · 설비 · 원료 등의 결함을 발견한 경우에 사용자가 적절한 대책을 강구할 수 있도록 이를 지체 없이 사용자에게 고지하되 고지할 여유가 없을 정도로 사정이 급박하면 고장 · 사고 등을 방지하기 위한 응급조치를 취할 의무 • 명령이행의무 : 근로 제공에 있어 사용자의 지휘 · 명령에 따라야 할 의무 • 직무전념의무 : 근로 제공에 있어 최선을 다하여 자신의 직무에 전념할 의무

출처 : 임종률(2012). 노동법.

이상에서 살펴본 바와 같이 보육교사는 교원으로서의 성격을 가진 역할을 수행함에도 불구하고, 교원의 신분에 속하지 않기 때문에 교원으로서 법적으로 어떠한 보호도 받지 못한다. 보육교사가 어린이집에서 수행하는 역할과 지위는 유치원교사의 업무의 성격과 유사하다는 점에서 볼 때, 보육교사의 권리와 의무 또한 유치원교사와 함께 교원의 테두리 안에서 논의되어야 할 것이다.

2. 영유아교사의 교직윤리

1) 교직윤리의 개념

윤리란 사람이 사회적 관계에 있어서 사람으로서 마땅히 지켜야 하고 행해야 할 도리, 즉 실천적 도덕규범, 객관화된 이성적 의지로서, 개인생활이나 사회생활에서 꼭 지켜야 할 실천도덕으로 생활을 바르게 이끌어 줄 규범을 말한다(김기태 · 조평호, 2006).

교직윤리란 교사들이 교직을 수행하면서 스스로 실천하기를 기대하는 규범이라 할 수 있다. 교직윤리의 중요성을 제시하면 다음과 같다(진병춘, 2000 ; 윤종건, 1996).

첫째, 교직윤리는 교직행동의 비공식적 규범으로, 의무나 강제성이 아닌 능동적이고, 자율적이며 비공식적인 행동규범으로 개인의 양심에 맡겨진 사항이다. 강제성은 없으나 공동체나 사회에 미치는 영향은 지대하다. 둘째, 교직윤리는 교사의 모든 행위, 즉 학생지도, 인간관계, 공직생활의 모든 것과 관련이 있다. 보다 구체적으로 보면 교직윤리는 교육의 목적, 내용, 교수과정, 학생, 학부모들과의 관계, 자기관리의 노력 등 교사의 모든 행위와 관련이 있다는 것이다. 셋째, 교직윤리는 교육의 질을 결정하는 요소로서의 성격을 지닌다. 즉, 우수한 인재의 육성, 풍부한 자질과 탁월한 능력을 소유하는 국민의 육성이 바로 교육의 질인데, 교사의 윤리 확립 여부가 교육의 질을 결정하므로 교사의 윤리관 확립이 새로운 과제로 부각된다는 것이다. 마지막으로 교직윤리는 실천적 행동강령으로서의 특성을 가진다. 교사는 근로자성, 전문성의 두 울타리 속에서 의무와 책임 간의 갈등을 겪으면서 구체적인 실천을 요구받는 직업인이다. 즉, 교사의 윤리에는 근로자성과 전문성 등을 구체적으로 준수해야 할 실천적 행동 강령으로서의 특성이 포함되어 있다.

이상에서 살펴본 바에 의하면, 교직윤리가 중요한 이유는 사실상 교육의 질을 결정하는 가장 근본적인 요소이며, 이는 곧 학생의 인권과 가정의 복지, 그리고 국가와 사회의 발전과 직접적인 연관성을 갖는 것이기 때문이라 하겠다(조형숙, 2012).

2) 윤리강령의 필요성

스스로 의사를 결정하고 자신의 생각을 분명히 표현하는 데 한계가 있는 영유아들을 돌보고 가르치는 교사에게 있어 영유아의 인권을 보호하고 전인적 발달을 위한 교육에 최선을 다하기 위해서는 교사의 강한 윤리의식이 바탕이 되어야 한다(Clark, 1995). 임승렬(2002)은 유아교사에게 필요한 교직윤리의 영역을 교사의 전문성과 직무에 대한 윤리영역, 유아에 대한 윤리영역, 유아의 가정에 대한 윤리영역, 동료 및 기관에 대한 윤리영역 그리고 지역사회 또는 사회에 대한 윤리영역이 필요하다고 하였다.

캐츠(Katz, 1989)는 직업의 특성상 발생할 수 있는 여러 가지 종류의 유혹들을 잘 다룰 수 있는 기준을 세울 수 있도록 도와주는 것이 바로 윤리강령이라 정의하였다. 캐츠(1985)는 유아교사에게 윤리강령이 필요한 이유를 다음과 같이 제시한 바 있다(임승렬, 2002 재인용).

❶ 유아의 상처받기 쉬운 특성과 교사보다 권력이 적기 때문에 교사는 유아가 원하고 필요한 자원이나 특권을 통제할 수 있다. 전문직으로서 교사가 힘이 크면 클수록 권력을 남용하는 것을 내적으로 막을 수 있는 윤리강령은 더욱 중요하다.

❷ 유아교육 대상은 유아, 유아의 부모와 가족, 지역사회 등 다양한 집단으로 이루어진다. 대부분의 유아교사들은 우선적으로 유아에게 충실하고 유아에 대한 책임을 중요하게 생각하지만 부모나 지역사회의 요구도 무시할 수 없다. 윤리강령은 유아교사가 책임의 우선 순위를 어느 집단에 두어야 하는가에 대한 결정을 명료하게 해준다.

❸ 유아교육협회NAEYC의 평가인정기구와 같은 기관에서 교육과정이나 교수활동에 관한 표준을 개발하기 위해 지속적인 노력을 하고 있지만 아직도 훌륭한 교수활동과 유능한 교사에 관해 연구에 기초한 기준이나 준거가 부족하기 때문에 유아교사들은 일시적인 유행을 따르거나 유아들에게 가장 적합한 교육이나

활동을 설명할 수 없다.

④ 유아교사의 역할이 다양하고 때로는 모호하기 때문에 유아와 그들의 가족, 동료교사들이나 기관과의 관계에서 어느 한쪽으로 치우치지 않는 역할을 수행하기 위해서는 윤리강령에 근거하여 결정하는 것이 필요하다. 윤리강령은 교사들이 윤리적 갈등에 직면할 때 도움을 줄 뿐만 아니라 위험을 감수해야 할 때 동료교사들이 지지해 준다는 것을 알게 하며 사회가 전문직으로서의 교직이나 교사에게 무엇을 기대하는지를 전해준다.

3) 영유아교사를 위한 윤리강령

(1) 유치원교사를 위한 윤리강령

우리나라에 유치원 교사만을 위한 윤리강령은 따로 존재하지 않았으나, 2010년 교육과학기술부가 유아교육선진화 기반조성사업의 하나로 운영한 유치원 교원 양성 및 임용체제 개선방안을 위한 TF팀에서 유치원교사 헌장 및 윤리강령을 제정 공포하였다(박은혜 · 김수연 · 김희진 · 김희태 · 박정선 · 이대균 · 이희경 · 조부경 · 조형숙 · 김미석 · 황해익, 2010). 유치원교사 헌장 및 윤리강령의 내용은 다음과 같다.

알아두기

유치원교사 헌장

유아교육은 유아의 삶에 초석이 되며, 우리 사회와 국가의 미래를 결정한다. 우리는 국민의 생애초기 교육을 책임지며 사회로부터 존경받는 교사로서 자신을 연마하고 소명의식을 가지고 유아교육자로서 가야 할 길을 밝힌다.

① 우리는 유아를 사랑하고 개성을 존중하며 전인발달을 지원하고 평화로운 교실문화를 조성한다.
② 우리는 미래지향적이며 질 높은 교육을 계획하고 실천하여 교육자로서의 책임을 다한다.
③ 우리는 가정에 대한 이해와 연대를 강화하여 교육복지 사회 구축에 공헌한다.
④ 우리는 사회의 변화와 요구에 적극 부응하여 유아교육의 혁신과 발전을 위해 노력한다.
⑤ 우리는 교육자로서의 품위를 유지하고 부단한 자기개발을 통해 유아교육 전문가로서의 위상을 갖춘다.

출처 : 박은혜 · 김수연 · 김희진 · 김희태 · 박정선 · 이대균 · 이희경 · 조부경 · 조형숙 · 김미석 · 황해익(2010). "유아교육선진화 기반조성사업 5. 유치원교원 양성 및 임용체제 개선방안"

알아두기

유치원교사 윤리강령

1. 유치원교사와 유아

① 우리는 유아를 사랑하며 유아의 인격을 존중한다.
② 우리는 유아의 개인적 · 가정적 배경에 관계없이 모든 유아를 평등하게 대한다.
③ 우리는 유아의 개성을 존중하며 개인의 흥미와 잠재력에 적합한 교육을 제공한다.
④ 우리는 유아의 전인발달을 지원하는 교육과 환경을 제공한다.
⑤ 우리는 유아의 안녕을 위협하는 가정적 · 사회문화적 · 경제적 상황을 적극적으로 파악하고 유아를 보호하기 위해 노력한다.

2. 유치원교사와 가정

① 우리는 유아를 교육하고 지원하기 위해 가정과 연계하고 협력관계를 구축한다.
② 우리는 교육적 목적으로 수집한 가족 정보에 대해 기밀을 유지하고 가족의 사생활을 보장한다.
③ 우리는 유치원에서 일어난 안전사고나 위험상황에 대해 가족에게 충분히 설명한다.
④ 우리는 가족에게 유치원을 개방하며 필요한 정보를 제공한다.
⑤ 우리는 유치원 운영에 관련된 중요한 의사결정과정에 부모를 참여시킨다.
⑥ 우리는 가족에게 필요한 지역사회 자원에 대한 정보를 구축하고 이를 가족에게 적극 제공한다.

3. 유치원교사와 사회

① 우리는 사회의 흐름을 파악하고 이를 교육에 반영하고자 노력한다.
② 우리는 유아와 관련된 법률과 정책을 이해하고, 이를 개선하기 위한 활동에 적극 참여한다.
③ 우리는 교직 관련 단체와 전문가협회를 통해 교권 확립을 위한 활동에 참여한다.
④ 우리는 유치원교육을 사회에 널리 알려 유아교육의 위상을 높인다.
⑤ 우리는 교직원 간의 상호존중과 협력을 통해 건전한 교직문화를 형성한다.
⑥ 우리는 유치원과 연계하여 지역사회의 생활과 문화 향상에 기여한다.

4. 유치원교사의 책무

① 우리는 교육전문가로서의 직업의식을 갖는다.
② 우리는 건전한 국가관과 확고한 교육관을 가지고 교직에 종사한다.
③ 우리는 유아에게 최적의 교육을 제공하기 위해 열과 성을 다한다.
④ 우리는 건전한 언행과 생활 태도로 유아에게 모범이 되도록 한다.
⑤ 우리는 열린 사고와 개방적 태도를 가지고 전문성 향상에 매진한다.
⑥ 우리는 다양한 분야의 전문가와 교류하고 새로운 지식과 정책을 비판적으로 수용한다.

출처 : 박은혜 · 김수연 · 김희진 · 김희태 · 박정선 · 이대균 · 이희경 · 조부경 · 조형숙 · 김미석 · 황해익(2010).
"유아교육선진화 기반조성사업 5. 유치원교원 양성 및 임용체제 개선방안"

(2) 어린이집 원장 및 보육교사를 위한 윤리강령과 윤리선언

보육은 영유아를 건강하게 양육하고, 안전하게 보호하며, 발달특성에 적합한 교육을 제공하는 복지서비스이며, 보육인은 인간에 대한 존중과 전문 지식을 바탕으로 영유아의 전인적 성장에 영향을 미치는 전문 직업인이다. 그러므로 보육인은 윤리적 의식과 태도를 가지고 사회적 본분에 임해야 한다.

이러한 이유로 어린이집 원장과 보육교사는 스스로 책무성을 발현하여 윤리강령을 제정하였다. 어린이집 원장 · 교사 윤리강령은 직무수행의 규준이 되며, 보육현장에서 발생하는 윤리적 갈등을 해결하고, 생존권, 보호권, 발달권, 참여권 등 영유아의 권리를 보장함으로써 직무상의 윤리적 책임을 다하여 전문 직업인으로서의 위상을 공고히 하고자 하는 목적을 갖고 있다.

더불어 영유아와 그 가정, 동료와 사회의 존엄성을 존중하는 보육의 실천으로 다각적인 신뢰를 구축하고, 영유아의 잠재력을 최대한 발휘시킴으로써 영유아가 긍정적인 자아개념을 형성하고 유능한 사회인으로 성장할 수 있도록 도와, 궁극적으로는 영유아와 그 가정, 동료와 사회의 통합적, 이상적 복지 실현에 기여하고자 한다(한국보육시설연합회, 2011). 어린이집 원장과 교사의 윤리강령은 다음과 같다.

알아두기

어린이집 원장 · 교사 윤리강령

제 I 장 영유아에 대한 윤리

1. 영유아에게 고른 영양과 충분한 휴식을 제공하여, 몸과 마음이 건강한 사람으로 자라도록 돕는다.
2. 성별, 지역, 종교, 인종, 장애 등 어떤 이유에서도 영유아를 차별하지 않고, 공평한 기회를 제공한다.
3. 영유아는 다치기 쉬운 존재임을 인식하여 항상 안전하게 보호한다.
4. 영유아에 대한 정서적 · 언어적 · 신체적 학대를 행하지 않는다.
5. 시설 내외에서의 영유아 학대나 방임을 민감하게 관찰하며, 필요한 경우 관련 기관("아동보호전문기관" 등)에 보고하고 조치를 취한다.
6. 영유아의 인격을 존중하고, 개인의 잠재력과 개성을 인정한다.
7. 개별적 상호작용 속에서 영유아의 요구를 수용하기 위해 노력한다.
8. 영유아의 사회 · 정서 · 인지 · 신체발달을 통합적으로 지원하는 보육 프로그램을 실시한다.
9. 특별한 도움을 필요로 하는 경우, 전문가와 협력하여 영유아의 입장에서 최선의 대안을 찾는다.
10. 보육활동을 계획, 실행, 평가하는 모든 과정에 영유아의 흥미와 의사를 반영한다.
11. 영유아의 개인적 기록과 정보에 대해 비밀을 보장한다.

제Ⅱ장 가정에 대한 윤리

1. 상호 신뢰를 바탕으로 영유아의 가정과 동반자적인 관계를 유지한다.
2. 각 가정의 양육가치와 의사결정을 존중한다.
3. 경제적 수준, 가족형태, 지역, 문화, 관습, 종교, 언어 등 어떤 것에 의해서도 영유아의 가정을 차별대우하지 않는다.
4. 보육활동 및 발달상황에 관한 정보를 정확하게 제공하여 영유아에 대한 가정의 이해를 돕는다. 다문화, 심신장애 등으로 의사소통에 도움이 필요한 경우 문제를 해결할 최선의 방법을 도모한다.
5. 시설 운영 전반에 관한 정보를 공개하여 영유아 가정의 알 권리에 응한다.
6. 보육 프로그램과 주요 의사결정에 영유아의 가정이 참여하도록 안내한다.
7. 필요한 사회적 지원, 전문서비스 등 관련 정보를 제공하여 영유아 가정의 복리 증진을 돕는다.
8. 영유아 가정의 사생활을 보호하고 익명성을 보장한다.

제Ⅲ장 동료에 대한 윤리

〈어린이집 원장〉

1. 최상의 보육서비스 제공에 필요한 인적 · 물적 환경의 조성 및 유지를 위해 노력한다.
2. 보육교사를 신뢰하고 존중하며 전문성과 자율성을 인정한다.
3. 성별, 학연, 지연, 인종, 종교 등에 따라 보육교사를 차별하지 않는다.
4. 업무 관련 의사결정이 필요한 경우, 보육교사의 의견 개진 기회를 보장한다.
5. 보육교사에게 지속적 재교육 등 전문적 역량 제고의 기회를 부여한다.
6. 보육교사에게 적정 수준의 보상(보험, 급여 등)을 안정적으로 제공하며, 복지 증진에 힘쓴다.
7. 보육교사 개인의 기록과 정보에 대한 비밀을 보장한다.

〈보육교사〉

1. 존중과 신뢰를 바탕으로 협력하며, 서로의 전문성과 자율성을 인정한다.
2. 상호 간 역량 계발과 복지 증진에 부합하는 근무환경이 되도록 힘쓴다.
3. 시설장 및 동료와 영유아보육에 대한 신념을 공유한다.
4. 보육교사로서의 전문성 향상을 위해 스스로 노력한다.
5. 시설 내에서 영유아 및 보육교사의 인권과 복지를 위협하는 비윤리적 사태가 발생한 경우, 법률규정이나 윤리기준("한국보육시설연합회 윤리강령위원회" 참조)에 따라 조치를 취한다.

제Ⅳ장 사회에 대한 윤리

1. 공보육에 대한 책임을 인식하고, 항상 질 좋은 보육서비스를 제공한다.
2. 영유아의 안전을 위협하는 환경이나 정책이 발견될 시, 관계기관과 협의하여 개선한다.
3. 공적 책임이 있는 시설로서 재정의 투명성을 유지하고, 부정한 방법으로 사적 이익을 취하지 않는다.
4. 영유아의 권익보호를 위해 관련 정책 결정 및 법률 제정에 적극 참여하며, 사회적으로 이를 널리 알리는 데 앞장선다.
5. 지역사회 실정에 맞는 시설의 책임과 역할을 인지하고, 실천하고자 노력한다.

출처 : 한국보육시설연합회(2011a). 어린이집 원장 · 교사 윤리강령.

한국보육시설연합회에서는 2011년 '보육인 윤리 선언'을 마련하였으며 그 내용은 다음과 같다.

알아두기

보육인 윤리 선언

나는 영유아의 건강한 성장과 발달을 지원하는
보육교사(어린이집 원장)로서, 직무상의 윤리적 책임을 다하여
다음 사항들을 지킬 것을 다짐합니다.

- 나는 내가 영유아에게 지대한 영향을 미치는 존재임을 잊지 않으며, 항상 스스로의 말과 행동에 신중을 기한다.
- 나는 영유아의 인격과 권리를 존중하며, 어떠한 경우에도 영유아에게 해가 되는 일을 하지 않는다.

1. 나는 영유아 가정의 다양성을 이해하고 존중하며, 상호 신뢰하는 동반자적 관계를 유지한다.
1. 나는 동료를 존중하고 지지하며, 서로 협력하여 최상의 보육서비스를 제공하기 위해 노력한다.
1. 나는 보육의 사회적 책임과 역할을 인식하고, 영유아의 권익과 복지를 위한 활동에 앞장선다.
1. 나는 '어린이집 원장·교사 윤리강령'을 직무수행의 도덕적 규준으로 삼아 진심을 다하여 충실히 이행한다.

출처 : 한국보육시설연합회(2011b), 보육인 윤리 선언.

(3) 교육 및 보육실습생의 윤리규정

예비영유아교사가 교사로서의 직무수행을 경험하는 과정에서는 도덕적이고 윤리적인 교직윤리가 적용되어야 한다. 이에 1959년 미국 캘리포니아 주 교육실습생 연합회인 C. S. T. A California Students Teacher's Association는 보육실습생들이 지켜야 할 윤리강령을 제시하였으며 그 내용은 다음과 같다.

알아두기

California Student Teacher's Association 보육실습생 윤리강령

1. 아동에 대한 책임

- 실습생은 가르치는 자와의 관계를 갖는 전문적 실천자이다.
- 실습기관 및 아동에 관한 자료는 모두 그 기밀이 보장되어야 한다.
- 실습생은 자기가 갖는 종교적, 정치적인 견해를 아동에게 강요해서는 안 된다.
- 실습생은 아동에 대해서 신체적, 지적, 심리적, 도덕적으로 모범적이어야 한다.
- 실습생은 아동의 발달을 이해하도록 부단히 노력하지 않으면 안 된다.
- 실습생은 어떠한 아동에게나 편견을 가지고 차별대우를 하여서는 안 된다.

2. 실습기관에 대한 책임

- 실습생은 실습기관에서 인정된 범위에서만 연락교섭과 권한을 가진다.
- 실습생은 자기의 임무, 책임, 특권을 확인한다.
- 법적으로 실습기관의 책임은 원장 및 교사가 담당하게 되어 있으므로 그 통제도 이들이 하게 된다. 실습생은 자기에게 위임된 임무만을 행사한다.
- 실습생으로서 실습상 현장에서 곤란한 점이 생겼을 때에는 먼저 지도교사와 상담한다.

3. 교사양성기관에 대한 책임

- 실습생은 교직에 대한 긍지를 가지고 그의 일원임을 명심해야 한다.
- 실습생은 교직단체에 가입한 회원으로서 긍지를 갖는다. 가입하지 않았어도 이를 지지한다.
- 실습생은 독서가이어야 한다. 항상 교직의 전문사항이나 현대문제에 대하여 시대에 뒤지지 않도록 해야 한다.
- 실습생은 교직의 실제나 자격에 관한 법규적인 영역에 관하여 잘 알아야 할 책임이 있다.

출처 : 임승렬 · 김선희(2006). 보육실습.

3. 영유아교사의 윤리적 인식을 돕기 위한 방법

1) 윤리적 딜레마 경험하기

딜레마란 선택해야 할 길은 두 가지 중 하나로 정해져 있는데, 그 어느 쪽을 선택해도 바람직하지 못한 결과가 나오게 되는 곤란한 상황을 말한다. 교사는 영유아를 교육하며 많은 딜레마 상황을 마주하게 되는데, 교사가 마주하게 되는 딜레마는 바로 교실상황에서 교사가 직면하는 교육적 선택일로의 상황을 의미한다. 교사가 겪는 윤리적 딜레마 사례에 기초하여 교사를 교육하는 방안은 교사가 교육현장에서 경험할 법한 가상적 상황에 대해 자신의 문제가 된 듯 상황을 분석하고 의사결정을 해보는 과정을 통해 보다 중요한 잣대로 세워야 할 가치와 윤리적 기준에 대해 실효성 있게 점검해 볼 수 있는 기회를 줄 수 있다(조형숙, 2009).

캐츠(Katz, 1981)는 유아교사의 경우 윤리강령을 기준으로 하여 교육현장에서 빚어지는 다양한 윤리적 상황에 대해 슬기롭게 판단하고 대처함으로써 유아의 인권을 존중하고 교육적 가치를 지향할 수 있어야 한다는 것을 강조하였다. 또한 스스로 자기권리를 보장받고 의사결정하는 데 한계를 갖고 있는 유아를 담당하는 교사에게는 윤리강령의 제정을 통해 균형 있는 역할수행능력을 수행할 것을 강조해야 한다고 하였다.

그러나 이러한 윤리강령은 제정 자체가 중요한 것이 아니라 실질적으로 교사들에게 전달되어 교사들의 의식 속에 행동의 규준으로 견고하게 자리를 잡을 때 교직의 책무성을 바람직하게 실천할 수 있다(조형숙, 2012). 영유아교사가 직접 마주하게 되는 윤리적 상황에서 윤리강령이 실질적인 가치판단과 행동규준으로서의 역할을 하기 위해서는 윤리강령을 실천적인 내용으로 풀어 현장에서 실천할 수 있도록 교사들에게 이해되고 내면화되는 과정이 필요하다(Kaczmarek, 2001). 즉, 교직윤리교육은 윤리강령에 대한 인식과 함께 윤리적 딜레마 상황을 접하고 이에 대한 토론을 통해 문제해결력을 높이는 방향으로 이루어지는 것이 바람직하다고 할 수 있다.

다음 표 3-6 은 영유아교사의 교직윤리 관련 딜레마내용을 정리한 것이다.

표 3-6 | 영유아교사의 교직윤리 관련 딜레마내용

교직윤리영역	갈등덕목	사례(예시 일부)
유아와의 관계	공정성 vs 개인존중	• 편식하는 아이에게 음식 남기기를 허용할 것인가? 모든 아이들에게 다 먹도록 하는 규칙을 적용할 것인가? • 부적응유아에게 좀 더 많은 시간을 할애할 것인가? 골고루 관심을 배분해 줄 것인가?
가정과의 관계	진실성 vs 조화	• 지나치게 산만한 유아의 문제를 부모에게 있는 그대로 전달할 것인가? 긍정적인 부분 중심으로 전달할 것인가? • 학급을 바꿔달라는 부모의 요구를 들어줄 것인가? 부모를 설득할 것인가?
동료와의 관계	순응 vs 용기	• 지나친 특성화 활동 운영에 대해 원장님께 개선을 요구할 것인가? 그대로 따라갈 것인가? • 우리 반의 독특한 환경구성을 동료와의 관계 때문에 포기할 것인가? 유지할 것인가?
지역사회와의 관계	성실 vs 인내	• 공공기관 협조를 구하기 어려운 상황에서 계획을 포기할 것인가? 계속 시도할 것인가? • 주민 권리에 관한 서명운동에 참여할 것인가? 교사로서 사회적 활동에 대해 중립을 지킬 것인가?

출처 : 조형숙(2012). 유아교사의 교직윤리 관련 딜레마에 나타난 갈등요인.

2) 윤리적 딜레마 적용하기

윤리적 딜레마 해결은 문제가 되는 주요 이슈가 무엇인지 분석하고 윤리강령에 포함된 원리를 찾아 문제해결을 시도하며 평가하는 과정으로 이루어진다. 다음은 문제행동지도와 관련된 윤리적 딜레마와 해결방법에 관한 사례이다.

Case 윤리적 딜레마 사례

최 선생님은 경력 2년차로 만 3세 반의 담임이다. 생일이 늦은 동우는 또래보다 말이 늦은 편이며, 무엇이든 자기 마음대로 하는 경향이 있다. 그런데 최 선생님 반에 신입원아가 들어오고, 동우의 동생이 태어날 예정이라 더욱더 반항적인 행동과 공격적인 행동이 심해졌다. 어머니께 상의를 드렸으나 문제행동을 수정하려니 너무 힘이 들고, 동생이 태어날 예정이라 안쓰러운 마음에 거의 모든 행동을 수용한다고 하는지라 더 이상 의논이 되지 않는다. 동우는 친구들 장난감 뺏기, 때리기, 심지어 담임인 최 선생님에게도 소리를 지르고 종종 때리는 시늉을 하기도 한다. 더구나 바깥놀이를 나가면 이리저리 뛰어다니고 마음대로 못하게 할 경우에는 땅바닥에 드러눕기도 하는 행동을 보여 최 선생님은 야외활동이 두렵기만 하다. 그런데 더 큰 문제는 신입원아도 이 행동을 따라 한다는 것이다. 둘이서 소리를 지르고 교실을 뛰어다니며 덩달아 반의 모든 유아들이 영향을 받아 제대로 활동을 할 수가 없는 분위기가 형성된다. 둘 중에 한 명이라도 결석을 하면 교실이 평화로워진다. 교사로서 모든 유아를 공평하게 아끼고 사랑해야 하지만 마음 한편으로 두 아이 중 한 명이라도 결석하기를 바라는 최 선생님은 교사로서의 자존감에 많은 상처를 입고 있다.

출처 : 허미경(2014). 유아교사의 윤리적 딜레마 해결력 증진 프로그램 개발 및 적용.

(1) 관련된 이슈 분석하기

- 교사나 또래 친구들은 동우와 신입원아를 학급의 짐이 아니라 다른 아이들과 마찬가지로 학급의 소중한 구성원으로 여겨야 한다.
- 동우와 신입원아는 자신의 또래들과 함께 유아교육기관에 다니면서 긍정적인 경험을 할 권리가 있다.
- 동우의 친구들은 동우 때문에 생기는 잠재적인 위험한 상호작용으로부터 자신을 보호하기 어렵기 때문에 성인의 도움이 필요하다.
- 다른 유아들의 부모는 자신의 자녀가 유치원에서 긍정적인 경험을 하고 있으며 부상의 위험에 시달리지 않고 있다는 사실을 알 권리가 있다.
- 교사는 동우의 행동을 부모에게 알리고, 동우의 문제행동을 감소시킬 수 있는 방안을 부모와 함께 모색해야 할 책임이 있다.

- 교사는 학급에 있는 다른 유아들을 보호해야 하는 책임도 있다.

(2) 윤리강령에 포함된 원리 찾기

- 성별, 지역, 종교, 인종, 장애 등 어떤 이유에서도 영유아를 차별하지 않고, 공평한 기회를 제공한다.
- 영유아에 대한 정서적 · 언어적 · 신체적 학대를 행하지 않는다.
- 영유아의 인격을 존중하고, 개인의 잠재력과 개성을 인정한다.
- 개별적 상호작용 속에서 영유아의 요구를 수용하기 위해 노력한다.
- 상호 신뢰를 바탕으로 영유아의 가정과 동반자적인 관계를 유지한다.
- 교육 · 보육활동 및 발달상황에 관한 정보를 정확하게 제공하여 영유아에 대한 가정의 이해를 돕는다.
- 보육 프로그램과 주요 의사결정에 영유아의 가정이 참여하도록 안내한다.

(3) 문제해결을 위한 초기 노력하기

- 교사는 모든 방법을 동원하여 동우와 신입원아가 집단 속에서 잘 지내는 방법을 배울 수 있도록 돕는다.
- 동우에게 말로 표현하도록 격려한다.
- 비공격적인 행동의 모범을 보여 줄 수 있는 유아와 동우를 짝지어 준다.
- 교사는 동우에게 화가 나거나 좌절했을 때 그러한 감정을 적절히 표현하는 방법을 알려 주는 동시에 친구들과 긍정적인 상호작용을 했을 때는 이를 강화하기도 한다.
- 교실 환경과 일과 계획을 바꾸는 등 일련의 변화를 시도한다.
- 교사는 다양한 방법으로 기관장이나 학부모와 의사소통한다.
- 동생이 생기게 될 동우의 상황과 새로운 어린이집에 적응해야 하는 신입원아의 상황에 대해 부모와 자주 상담한다.
- 부모에게 아동발달에 대한 정보를 제공하고 교실 참관을 통하여 다른 만 3세 아이들이 집단생활에서 어떻게 행동하는지를 관찰할 기회를 제공한다.

4) 최종 결정 및 결과평가하기

이상의 모든 노력들이 동우의 행동과 신입원아의 적응을 도울 수 있다면 가장 바람직하다고 할 수 있으나, 그럼에도 불구하고 동우와 동우의 행동을 따라하는 신입원아의 행동이 지속된다면 교사는 어떻게 해야 할까? 교사, 원장, 학부모의 노력이 함께 수반된다면 동우와 신입원아는 어린이집에 계속 다닐 수 있지만, 그렇지 않다면 동우와 신입원아를 위한 적절한 프로그램을 찾을 수 있도록 전문가의 도움을 받기로 한다.

Activity 1 다음의 사례를 읽고 영유아교사의 윤리강령이 어떻게 적용될 수 있는지 토의해보자.

유 선생님은 만 3세 반의 담임으로 경력 4년의 유아교사이다. 유 선생님은 지나치게 편식이 심한 유아 때문에 점심시간이 가장 힘이 든다. 유 선생님 반의 유아들은 유독 밥을 먹는 속도가 느리고 음식을 입 안에 넣은 채 한참을 멍하니 있기도 하는 등의 행동을 보인다. 그중에 유독 수아는 좋아하는 반찬이 나오지 않으면 아예 수저를 들지 않거나 우는 등의 행동을 보인다. 유 선생님은 아주 적은 양을 주면서 서서히 익숙해질 수 있도록 지도하고 있다. 그런데 문제는 수아 부모의 태도이다. 수아의 어머니는 음식 때문에 오히려 스트레스를 받아서 등원을 거부한다며 과일과 김치도 안 먹으니 주지 말라는 등 편식을 부추기는 태도를 취한다. 게다가 본인의 아이는 특별한 부분이 있어 싫어하는 일을 다그치거나 억지로 하게 하면 꼭 탈이 난다며 먹지 않으면 아예 밥을 주지 않아도 된다는 말까지 한다. 유 선생님은 편식지도는 무엇보다 가정과의 연계를 통한 병행지도가 필수적인 활동이라고 생각한다. 그런데 수아의 어머니는 전혀 협조할 의지가 없고, 유 선생님은 점심시간마다 수아가 먹지 않으니 나도 안 먹겠다는 유아들이 줄줄이 나오고 있어 곤욕을 치른다. 식사지도에 있어 영양을 골고루 섭취하는 것도 중요하지만 식사 지도를 통해 바른 예절을 가르치고 싶은 유 선생님은 학부모의 요구를 들어 주어야 할까?

출처 : 허미경(2014). 유아교사의 윤리적 딜레마 해결력 증진 프로그램 개발 및 적용

수아의 이야기는 영유아교육현장에서 아주 쉽게 접할 수 있는 딜레마 상황 중 하나이다. 여러분이 유 교사라면 어떻게 하겠는가? 유 교사가 이 문제를 해결할 수 있는 방안에는 어떤 것이 있는지 보육교사의 윤리강령을 활용하여 생각해 보자.

① 관련된 이슈 분석하기
② 윤리강령에 포함된 원리 찾기
③ 문제해결을 위한 초기 노력
④ 최종 결정
⑤ 결과평가

Chapter 4

영유아교사의 직전교육

Chapter 4
영유아교사의 직전교육

1. 영유아교사의 양성교육과정

영유아교사 양성교육과정은 교사로서의 전문적 지식, 기술, 태도를 습득하는 직전교육pre-education으로 교사의 전문성을 형성하는 데 있어 초석이 되며 영유아교육의 질을 가늠하게 하는 주요한 요인이 된다. 현재 우리나라의 영유아교육을 담당하고 있는 교사는 유치원교사와 보육교사로 이원화되어 양성되고 있으므로 이에 대해 살펴보고자 한다.

1) 양성교육기관 및 자격기준

영유아교사의 양성교육기관은 크게 대학(교)과 교육훈련시설(보육교사교육원)에서 이루어지고 있다. 이를 살펴보면 유치원교사의 양성교육은 2, 3, 4년제 대학교 유아교육과, 아동학과, 아동복지학과가 있으며, 방송통신대학의 유아교육과, 교육대학원의 유아교육전공이 담당한다. 보육교사 양성교육은 아동복지 관련 학과(2, 3, 4년제의 사회복지학과, 사회사업학과, 특수교육학과, 간호학과, 가정관리학과 등)와 1년제 보육교사교육원에서 이루어진다. 이와 같은 양성대학 중에는 유치원교사 또는 보육교사만을 양성하는 경우도 일부 있으나 대부분의 양성대학에서는 유치원교사와 보육교사를 동시에 양성하고 있다(문무경 외, 2010). 이러한 이유로 전문적인 지식과 자질을 갖춘 영유아교사를 양성하기 위해서는 체계화된 공통 양성교육과정이 요구되기도 한다.

현재 유아교사 양성교육기관은 다음과 같은 자격검정요건에 준하여 양성교육과정을 운영하고 있다. 유치원교사의 자격검정은 유아교육법 제22조에 따른 교원자격검정령에 의해 무시험검정 합격기준의 적용을 받으며, 합격 기준은 〔별표 1〕에 명시되어 있다(개정 2013. 3. 23). 최근에는 학교폭력이라는 사회적인 문제를 반영해 '학교폭력에 대한 예방 및 대책'을 유치원교사 양성교육과정에서부터 필수적으로 다루게 하였으며, 교사의 인성과 적성검사를 양성과정 중에 의무적으로 하도록 하였다(육아정책연구소, 2013).

알아두기

교원자격 무시험검정 합격 기준

1. 무시험검정 성적 기준
   ① 전공과목 : 평균 75점 이상
   ② 교직과목 : 평균 80점 이상
2. '학교폭력의 예방 및 대책' 과목 이수
3. 교직 적성 및 인성검사 적격 판정

대상자	전문대학		4년제
	2년제	3년제	
2013. 3. 1 이후 입학자	1회 이상	2회 이상	2회 이상
법령개정 당시 재학생 중 2013. 3. 1 이후 졸업자	권장	1회 이상	1회 이상

출처 : 교육과학기술부(2013). 2013년도 교원자격검정 실무 편람을 재구성.

보육교사의 자격기준은 대통령이 정하고 보건복지부장관이 검정 · 수여한다. 보육교사의 자격검정 역시 무시험검정이며 보건복지부의 위임을 받아 보육진흥원의 보육자격관리사무국에서 심의하고 자격증을 발급하게 된다. 보육교사 2급은 대학 등을 졸업한 자, 보육교사 3급은 보건복지부가 지정한 교육훈련시설에서 교육과정을 수료한 자로 규정하고 있다.

알아두기

보육교사 자격검정기준

제17조(어린이집의 원장 또는 보육교사의 자격의 검정)

① 법 제22조에 따른 어린이집의 원장 또는 보육교사의 자격검정은 시험 없이 별표 1에 따른 어린이집의 원장 또는 보육교사의 자격기준에 따라 서류심사의 방법으로 한다. 〈개정 2011. 12. 8〉

② 보육교사에 대한 자격검정을 한 결과 그 자격검정 대상자가 다음 각 호의 기준에 해당하는 경우에는 각각 합격으로 한다. 〈개정 2011. 12. 8〉

1. 대학 등을 졸업한 사람 또는 이와 같은 수준 이상의 학력이 있다고 인정된 사람 : 별표 4에 따른 보육 관련 교과목을 17과목 이상, 51학점 이상 취득한 경우
2. 교육훈련시설의 교육과정을 수료한 사람 : 별표 5에 따른 교과목을 25과목 이상, 65학점 이상을 취득하고, 각 과목당 평가점수가 70점 이상인 경우
3. 법 제23조 제2항에 따른 승급교육을 받은 사람 : 80시간 이상 교육을 받고 평가시험에서 80점 이상을 받은 경우

③ 제1항 및 제2항에서 규정한 사항 외에 어린이집의 원장 또는 보육교사의 자격검정 절차 등에 관하여 필요한 사항은 보건복지부장관이 정한다. 〈개정 2010. 3. 19, 2011. 12. 8〉

[전문개정 2009. 7. 3]

[제목개정 2011. 12. 8]

[시행일 : 2014. 3. 1] 제17조 제2항 제1호

출처 : 영유아보육법 시행규칙 제17조.

2) 양성교육과정의 이수 기준

유치원교사 양성교육과정의 과목 이수 기준은 전문대학과 대학의 구분 없이 동일한 적용을 받는다. 기본이수과목(7과목 21학점 이상)과 교과영역의 과목(3과목 8학점 이상)을 포함해 50학점을, 교직과목은 교직이론 12학점, 교직소양 6학점, 교육실습 4학점을 포함해 22학점 이상을 이수하도록 하고 있으며 이는 2013년도 이후의 입학자에게 적용되는 기준이다.

최근 보육교사 양성교육과정은 2014년 3월 1일부터 시행되는 영유아교사 2급 자격 취득을 위한 양성교육 개정안에 의해 대학(교)에서 이수해야 할 교과목 및 학점이 기존의 12과목 35학점에서 17과목 51학점 이상으로 상향조정되었으며 '보육교사론'을 필수과목으로 규정하였다. 이는 현재 영유아교사 양성교육과정이 교사의 전문성 확립과 보육현장에서 필요로 하는 이론과 실제를 함께 익히기에 제한점을 가지고 있다는 측면을 고려한 것으로 2014년 1월 1일 이후에 입학한 자부터 적용된다.

이상과 같은 유치원교사와 보육교사의 자격 취득을 위한 학점 이수 기준을 비교하여 제시하면 표 4-1 과 같다.

표 4-1 | 대학(교)의 영유아교사 자격 취득을 위한 교과목 및 학점

유치원 정교사 2급 (2013년도 이후 입학자)				보육교사 2급 (2014년도 이후 입학자)		
구 분		과목명	계	구 분	과목명	계
교직	이론	교육학개론, 교육철학 및 교육사, 교육과정, 교육평가, 교육방법 및 교육공학, 교육심리, 교육사회, 교육행정 및 교육경영, 생활지도 및 상담, 그 밖의 교직이론에 관한 과목	6과목 (12학점 이상)	보육 필수	아동복지(론), 보육학개론, 영아발달, 유아발달, 보육과정, 보육교사론	6과목 (18학점) 필수
	소양	특수교육학 개론, 교직실무, 학교폭력의 예방 및 대책 : 각 2학점 이상	3과목 (6학점 이상)	발달 및 지도	인간행동과 사회환경, 아동관찰 및 행동연구, 아동생활지도, 아동상담(론), 특수아동이해, 장애아지도	1과목 (3학점) 이상 선택
	실습	학교현장실습 : 2학점 이상, 교육봉사활동 : 2학점 이내 포함	2과목 (4학점 이상)	영유아 교육	놀이지도, 언어지도, 아동문학, 아동음악, 아동동작, 아동미술, 아동수학지도, 아동과학지도, 영유아 프로그램 개발과 평가, 영유아교수방법(론)	6과목 (18학점) 이상 선택
전공	교과	교과교육론, 교과교재연구 및 지도법, 논리 및 논술에 관한 교육, 기타 교과교육 영역	3과목 (8학점 이상)	건강 · 영양 및 안전	아동건강교육, 아동간호학, 아동안전관리, 아동영양학, 정신건강(론)	2과목 (6학점) 이상 선택
	일반	유아교육론, 유아교육과정, 영유아발달과 교육, 유아언어교육, 유아사회교육, 유아과학교육, 유아수학교육, 유아미술교육, 유아음악교육, 유아교사론, 유아동작교육, 유아놀이지도, 유아교육	7과목 (21학점 이상)	가족 및 지역사회 협력 등	부모교육(론), 가족복지(론), 가족관계(론), 지역사회복지(론), 보육정책(론), 어린이집 운영과 관리	1과목 (3학점) 이상 선택

	일반	기관운영관리, 아동복지, 유아건강교육, 유아관찰 및 실습, 부모교육			
	기타	기타 전공과목	보육실습	보육실습	1과목 (3학점) 필수
전체		교직 11과목(22학점 이상) 전공 10과목(50학점 이상)	전체	17과목(51학점) 이상	

출처 : 교원자격검정령 시행규칙 제12조 제1항/교원자격검정령 시행규칙 제4조 제3항, 제4항, 제5항/영유아보육법 시행규칙 제12조 제1항 (2012. 8. 17 개정)

반면 보육교사교육원의 양성과정은 교육훈련기간이 1년임에도 불구하고 **표 4-2**와 같이 교과목 및 학점을 25과목(65학점) 이상을 이수하도록 하고 있다. 이러한 보육교사교육원의 양성체제는 교과목을 완전히 습득하고 실습을 통해 이론과 실제를 경험하기에는 절대적으로 시간이 부족하기 때문에 영유아교사의 전문성 저하로 직결된다는 측면(서문희 · 이상헌 · 임유경, 2000)에서 3급 자격기준에 대한 재검토가 요구되고 있다.

표 4-2 | 보육교사 3급 자격증 취득을 위한 교과목 및 학점

영 역	교과목	이수과목(학점)
보육기초	아동복지(론), 보육학개론, 보육과정	3과목(9학점) 필수
발달 및 지도	아동발달(론), 인간행동과 사회환경, 아동생활지도, 아동상담(론), 특수아동지도(특수교육학), 영유아보육의 실제, 방과 후 아동지도	7과목(20학점) 필수
영유아교육	놀이지도, 언어지도, 아동음악과 동작, 아동미술, 아동수 · 과학지도, 교재 · 교구 개발, 영유아교수방법(론)	7과목(17학점) 필수
건강 · 영양 및 안전	아동간호학, 아동안전관리, 아동영양학	2과목(4학점) 이상 선택
가족 및 지역사회협력 등	부모교육(론), 지역사회복지(론), 보육정책(론), 어린이집 운영과 관리, 정보화 교육	5과목(13학점) 필수
보육실습	보육실습(4주, 160시간)	1과목(2학점) 필수
전체	25과목(65학점) 이상	

출처 : 보건복지부(2013). 2013년도 보육사업안내.

3) 양성교육과정의 영역

영유아교사의 교육과정영역은 학자들에 따라 다양하게 제시되고 있는데, 사라초(Saracho, 1988)는 교양교육, 전문교육, 실제적 실습과정으로 구분하였다. 또한 양옥승, 임승렬, 박은혜, 조부경(1997)은 아동에 대한 이해, 교육과정에 대한 이해, 교육 및 사회현상에 대한 이해, 유아교사의 전문성에 대한 이해, 의사소통기술, 연구능력으로 제시한 바 있다. 현재 영유아교사의 양성교육과정은 교양영역, 교직영역, 전공영역으로 나누어 운영되고 있으므로 이에 준하여 살펴보고자 한다.

(1) 교양영역

오늘날 영유아교사는 기성 지식만으로 교사로서의 전문성을 갖출 수 없으며 유아들이 자신의 주변 세계를 다양하게 경험할 수 있도록 지원하기 위해 여러 분야의 광범위한 지식과 소양을 가져야 한다. 이를테면 문학 감상, 의사소통론, 논리학, 윤리학 등과 같은 과목은 일단 보기에 영유아교사의 전문성과 관계가 없는 것같이 보일지는 모르지만, 인간과 가치문제에 대한 감지력을 높인다는 점에서 교양과목이지만 전문성의 기초(심의보, 2009)가 된다. 따라서 예비영유아교사는 전공과목은 물론이고, 교양과목을 통해서도 영유아교사로서의 전문적인 지식을 습득할 뿐만 아니라 교양과목이 여타의 교육과정영역과 통합되어 다양한 사고의 폭을 넓힐 수 있다는 측면을 인식해야 한다.

현재 각 양성교육기관에서 운영하고 있는 교양과목의 종류는 필수로 이수하여야 하는 교양 필수와 자유로이 선택할 수 있는 교양 선택으로 대학(교)에 따라 차이가 있으나 균형 있게 구성하는 것이 바람직하다. 교양과정을 이수함으로써 예비교사가 얻게 되는 능력을 제시하면 다음과 같다(Quisenberry & Patridge, 1993 ; 박은혜, 2013 재인용).

- 책, 신문, 잡지 등 다양한 출판물을 읽고, 분석하며, 종합하여, 평가할 수 있는 능력
- 여러 계층 사람들과 의사소통을 할 수 있는 능력
- 자신의 경험이나 새롭게 배운 정보에 대하여 반성적인 사고를 할 수 있는 능력
- 문학작품을 이해하고 감상할 수 있는 능력

- 건강의 중요성을 인식하고 건강한 생활을 영위할 수 있는 능력
- 수학적 기술을 바르게 사용하고 논리 수학적으로 사고할 수 있는 능력
- 생물, 물리 및 지구과학을 바르게 이해하는 능력
- 인간생활에 영향을 미치는 사회 · 정치적 힘을 바르게 파악하고 이해하는 능력
- 세계 여러 나라의 다양한 문화와 독특한 풍습을 이해하고 존중하는 능력
- 다양한 장르의 예술작품을 이해하고 감상할 수 있는 능력
- 첨단의 기술이나 도구, 매체 등을 이해하고 바르게 사용할 수 있는 능력

(2) 교직영역

교직영역은 교사의 다양한 직무를 원활하게 수행하는 데 필요한 제반능력요소들을 조화롭고 균형 있게 갖추는 데 목적을 둔다(최성욱, 2012). 교직과목은 첫째, 왜why 가르치고 배울 것인가로 이에 대한 방향을 모색하는 것이 교육철학의 영역이다. 둘째, 무엇what을 가르칠 것인가로 이에 대한 이론적 지식을 체계화한 것이 교육과정의 영역이다. 셋째, 어떻게how 가르칠 것인가로 이에 대한 이론적 지식이 교육방법 및 교육공학, 교육심리학의 영역이다(권용은, 2011 ; 성지훈 · 김태인, 2012). 즉, 교직과목은 영유아 교육현장에 필수적인 이론적 지식으로서 교사들의 전문성과 자질을 기르기 위한 선행요건이 된다.

그러나 예비영유아교사의 교직과목과 관련한 연구들(박제일 · 조희성, 2005 ; 이종승, 2011)은 교직과목을 전공과목에 비해 불만족스러워하며 전공과의 연계성을 낮게 인식하는 것으로 나타났다. 이에 대한 방안으로 현재 교육학의 기초 과목들을 전공영역의 특성과 연결시켜(김희수, 2011 ; 정미라, 1994) 교직과목의 의미와 필요성을 예비교사가 올바르게 인식하도록 지도할 것이 제안되고 있다. 그 예로 성지훈 · 김태인(2012)의 연구는 '교육방법 및 교육공학' 수업시간에 '유아교육에서의 교수설계' 라는 주제로 개념도와 반성적 저널을 작성하도록 한 결과, 교직과목과 전공과목의 연계성 강화에 효과가 있음을 보여 주었다. 이는 다음 예비교사들의 저널 쓰기 사례에서 살펴볼 수 있다.

- 그냥 끝날 수 있는 수업인데, 교육공학과 유아교육이 참 연관이 많이 되어 있구나 알게 되었고, 그 연관을 스스로 지어보니 의미가 있었다.
- 교육공학시간에 배운 내용들 중에는 유치원에 효과적으로 적용시킬 수 있는 것들이 많았고, 또 교육공학을 적절하게 사용하면 정말 좋은 교수설계를 할 수 있을 것이라는 생각도 할 수 있었다.
- 유아교육 전공만 하다 보니 연령이 유아에게만 맞춰져서 좁은 시야를 갖게 되는데, 이 점을 보완할 수 있다는 점이 도움이 되었다.

출처 : 성지훈 · 김태인(2012). 유아교육과 교직과목 연계 강화를 위한 개념도/반성적 저널 활용 사례연구.

최근 UNESCO는 2011년에 ISCED(국제표준분류)의 0단계(0–2세와 초등 입학 전)를 '유아교육early childhood education'으로 명명하였다(신은수 · 박은혜, 2012). 여기서 주목할 것은 0단계에서 제시하고 있는 교직원의 자격이 교직을 이수한 교사로 규정하고 있는바, 이러한 국제 기준에 따르고자 향후 보육교사 양성교육과정에도 교직과목을 추가하여 편성할 것이 제안되고 있다(김은영, 2013).

(3) 전공영역

영유아교육에서 전공과정은 예비교사들이 전문인으로서 교사의 역할을 수행하기 위해 교사 스스로의 교육철학을 확립하고 상황에 적절한 실천적 지식을 형성할 수 있는 능력의 기초가 되는 과목들로 구성되어 있다(Spodeck, 1992). 전공영역은 각 학문의 영역을 다루는 교과내용과 이를 학습자의 특성에 맞게 교육할 수 있는 방법을 배우는 교과교육으로 구성된다. 따라서 영유아교사가 각 학문영역에 대한 내용지식이 충분하면 학습자의 특성에 따라 지식을 더욱 확장시켜 줄 수 있기 때문에 중요하게 다루어질 필요가 있다. 영유아교사로서의 자질을 함양하는 데 있어 중요하게 다루어져야 하는 전공영역을 4가지로 제시하면 다음과 같다.

❶ 교육 · 보육의 역사, 철학 및 사회 기초에 관한 영역

교사양성과정은 사회, 국가 및 세계의 변화에 유기적으로 대처해 나가야 하기 때문에 교사들은 현재의 사회적 현상이 나타나게 된 역사적 배경을 검토할 뿐만 아니라 현재 혹은 가까운 미래에 발생할 다양한 사회적인 변화를 읽을 수 있는 능력이 필요하다(배소연, 2002). 이러한 능력은 교육 · 보육의 역사, 철학 및 사회 기초와 관련된 교과목을 통해 함양되는데, 교사 자신이 추구해야 할 교육의 가치와 목적, 그 가치와 목적을 달성하기 위한 내용체제 그리고 그 달성 여부와 정보를 판단하기 위한 평가기준과 방법 등 교육활동 전반을 아우르고 규율하는 기본적인 준거가 된다(이주한, 2009).

❷ 영유아발달 및 학습에 관한 영역

영유아교사가 영유아의 발달과 학습을 이해하는 것은 궁극적으로 영유아들의 발달적 특성에 적합한 교육활동을 계획하기 위해서라는 측면에서 그 중요성이 강조된다. 피터와 클린징(Peters & Klinzing, 1990)은 영유아교사 양성교육과정에서 영유아발달과 학습이 포함되어야 하는 이유를 첫째, 다양한 연령의 영유아발달을 이해할 수 있다. 둘째, 영유아발달은 여러 가지 원인에 의해 다양한 방식으로 개인차를 가지고 일어날 수 있기에 이에 대한 이해가 필요하다. 셋째, 영유아발달과정의 변화를 이해해야 한다. 넷째, 발달에 영향을 끼치는 환경의 영향을 이해해야 하기 때문이다. 넷째, 발달의 여러 측면들이 서로 상호작용하며 발달한다는 사실을 이해해야 한다(박은혜, 2009 재인용). 이러한 영유아발달 및 학습에 관한 지식들은 교육과정, 평가체계, 교수실제에서 적합한 결정을 내리는 데 사용된다.

❸ 교육과정운영 및 교수 · 학습에 관한 영역

영유아교사들은 교육과정을 배움으로써 교육 · 보육활동을 계획할 수 있으며 효과적으로 지도하기 위한 교수법을 선택할 수 있다. 특히, 2014년 3월 1일 이후 시행되는 보육교사 양성교육과정에서는 기존에 학과의 특성에 따라 교과목을 통합하여 운영하던 것에서 아동음악과 동작은 아동음악과 아동동작으로, 아동수 · 과학은 아동수학지도와 아동과학지도로 분리하여 개설하도록 하였다. 이는 예비영유아교사들에게 심도 있는 전공지식의 습득을 강화하여 보다 유능하고 전문성 있는 교사를 양성함으로써 보육서비스의 질적 제고를 도모하기 위한 것이라 할 수 있다.

❹ 교사의 평가 · 연구능력 및 전문성 신장영역

영유아교사의 평가 및 연구능력은 구체적으로 새로운 활동을 개발하며, 개별 유아의 특성을 발견하여 그에 맞는 교수방법을 찾아내고 나아가 영유아교육의 질적 수준을 높이는 데 꼭 필요한 능력이다(배소연, 2011). 영유아교사 양성교육과정에서는 교사의 평가 · 연구능력을 신장시키기 위해 '유아평가', '유아연구방법' 등의 교과목을 개설하여 선택하도록 하고 있다. 최근에는 영유아교사의 전문성 신장과 관련하여 유치원교사 양성과정의 '유아교사론' 이외에 2014년부터 보육교사 양성교육과정에서도 보육교사론을 보육필수 교과목으로 지정하고 이에 따르도록 하고 있다. 이러한 변화는 영유아교사로서의 직무수행능력과 전문성 확보에 도움이 되고자 함이다.

이상에서 살펴본 바와 같이 영유아교사 양성교육과정의 내용인 교양영역, 교직영역, 전공영역은 예비영유아교사의 전문성을 발달시켜 나가기 위해 상호 유기적인 관계로 얽혀 영향을 미치고 있음을 알 수 있다. 이러한 상호관계를 그림으로 제시하면 그림 4-1 과 같다.

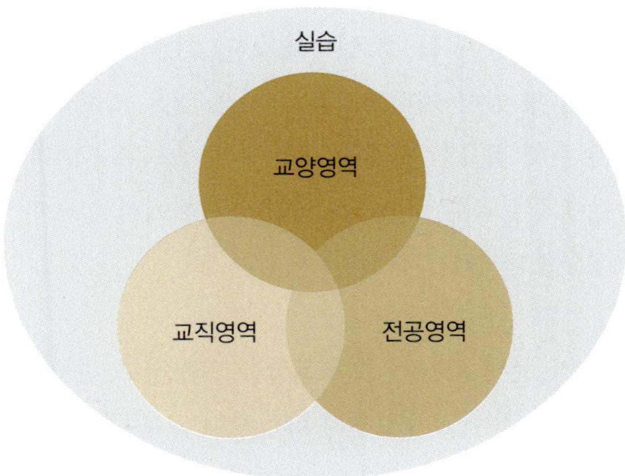

그림 4-1 | 영유아교사 전문성을 위한 교육과정영역의 유기적 통합관계

출처 : 심의보(2009). 영유아교사 양성기관의 교육과정 개선방향을 재구성.

2. 영유아교사의 실습

실습은 영유아교사 양성과정에서 예비교사가 영유아교사 자격 취득을 위한 소정의 교과목을 이수한 뒤 교육현장에서 교사로서의 직무수행을 전체적으로 경험하고 실천하는 과정이라는 측면에서 중요한 의미를 갖는다. 이를 위해 예비 영유아교사는 실습의 개념 및 중요성을 인식하고 성공적인 실습을 위한 준비 및 수행에 적극적으로 참여하도록 하여야 한다.

1) 실습의 개념 및 의의

실습은 이론과 실제에 관한 통합적 교육의 의미를 지님과 동시에, 교사로서의 장점을 최종적으로 가늠할 수 있는 기회가 된다는 점에서 영유아교사로서 현장에 투입되기 이전의 마지막 관문이 될 수 있다(윤숙현, 2009). 그러나 이에 대해 임승렬(2012)은 교사양성과정에 있어 예비교사들이 배운 것을 적용하고 정리하는 단계가 아니라 교사가 되기 위해 필요한 자질을 현장에서 계속해서 연마하는 단계로 그 의미가 확대되어야 한다고 강조한 바 있다. 이러한 견해에서 실습이 갖는 의의를 살펴보면 다음과 같다(임승렬, 2012).

- 교육 · 보육현장의 실제 환경과 교육현상을 관찰하고 경험함으로써 교육에 대한 이해를 높이고 영유아교사로서의 바람직한 교육관과 태도를 갖게 한다.
- 영유아와의 상호작용을 통해 영유아의 발달특성을 파악하고 발달특성에 적합한 교수방법을 습득함과 동시에 아동관을 갖게 한다.
- 학습을 계획하고 지도 및 평가하는 경험을 통해 직전 교육에서 습득한 지식과 이론을 적용해 보는 기회를 갖는다.
- 영유아를 교육하는 데 필요한 다양한 교수-학습방법과 상황을 경험할 뿐만 아니라 교과지도, 생활지도, 학급운영과 행정 및 사무 측면의 교사역할에 필요한 실제적이고 구체적인 기술을 배울 수 있다.
- 영유아, 교직원, 학부모, 지역사회구성원 등 다양한 인간관계 및 대인관계에 관한 지식을 습득하고 기술을 경험한다.

- 실습기관은 필요한 인적 자원을 양성하고 확보한다는 점에서 현장경험을 할 수 있는 기회와 장을 제공한다.
- 실습지도교사에게는 실습생을 지도하고 장학하는 과정을 통해 영유아교사로서 자신을 되돌아보고 전문성을 발달시킬 수 있는 기회가 된다.

이상과 같이 실습은 예비영유아교사가 교사로서의 역할과 직무를 새롭게 인식하고 교육 현실에 대한 새로운 시각을 형성하게 함으로써 자신의 적성과 능력을 점검할 수 있도록 돕는다. 또한 예비영유아교사와 실습지도교사 모두의 전문성을 증진시킨다는 측면에서 중요한 의미를 갖는다. 단, 이러한 실습의 긍정적 영향 이외에 부정적인 영향으로 제시되고 있는 영유아교사직에 대한 갈등, 권위적이고 관료적인 태도의 습득, 바람직하지 않은 교수방법의 사용, 실습 기간의 경험을 실제 현장의 전부라고 보는 생각 등도 실습 이전에 충분히 고려되어야 한다(서혜성 · 김경화 · 신지현, 2007 ; 이선경 · 이은정, 2007 ; Hawkey, 1998).

2) 실습의 형태

(1) 교육실습

유치원 교육실습은 교육과학기술부(2013)의 '교원자격 무시험검정'에 따르면 유치원교사가 되고자 하는 예비교사가 4학점 이상 반드시 이수해야 하는 교과목으로 지정되어 있다. 이에 따르면 교육실습 이론교육을 이수한 후 유치원에서 직접 교육실습을 실시하며 교육실습의 실시 학년 및 시기 등은 대학에서 자율적으로 결정하고 교육실습 대상학교의 방학기간 중 실시는 양교의 협의에 따라 실시가 가능하다. 단, 학교현장실습 실시가 가능한 학교는 유아교육법 제7조에 의해 설립된 유치원만 가능하며 영유아보육법에 의한 보육시설에서는 학교현장실습을 불가하도록 명시하고 있다. 이와 같은 내용은 표 4-3 에 제시되어 있다.

(2) 보육실습

최근 보육교사 양성교육과정에서는 우수한 교사를 확보하기 위하여 영유아보육법 시행규칙을 개정(2012. 8. 17)하였으며 보육실습에 대한 기준 역시 강화하였다. 보육실습에 대한 구체적인 내용을 살펴보면 실습기간은 보육실습 교과목이 개설된

표 4-3 | 교육실습영역

교과목	기본교수요목
학교현장실습	• 대학에서 교육실습 이론교육을 이수한 후 유치원 및 초등 · 중등 · 특수학교에서 직접 교육실습을 실시한다. • 운영형태 : 참관실습, 수업실습, 실무실습
교육봉사활동	• 유치원 및 초등 · 중등 · 특수학교에서 보조교사, 부진아 학생지도, 방과 후 학교교사 등을 실시하며, 세부기준은 대학에서 정한다. • 최소 30시간 이상을 1학점으로 인정, 졸업 시까지 일정 시간 이수

출처 : 교육과학기술부(2013). 2013년도 교원자격검정 실무 편람.

학기 중(전후방학 포함)에 연속 4주, 160시간 이상 실시하도록 하고 있으며 1일 실습시간은 8시간으로 실습 지도교사 1명당 보육실습생을 3명 이내로 지도할 것 등을 원칙으로 하고 있다. 강화된 보육실습 기준에 대한 구체적 내용은 표 4-4와 같다.

표 4-4 | 보육실습기준

구 분	시행(2013. 3. 1)
교과목	'보육실습' 교과목 이수를 성적증명서를 통해 확인 가능해야 한다. (유사교과목 인정범위 : 보육현장실습, 교육실습)
이수학점	• 1과목(3학점) • 평가점수 80점(B학점) 이상인 경우 실습이수 인정
실습기관	• 법적으로 인가받은 정원 15명 이상의 어린이집 • 교육과정과 방과 후 과정을 운영하는 유치원
실습지도교사	• 영유아교사 1급 또는 유치원 정교사 1급 자격을 가진 사람 • 실습 지도교사 1명당 보육실습생 3명 이내 지도
실습기간	4주, 160시간을 원칙으로 하되, 야간대학 등의 경우에는 실습을 2회에 나누어 실시가능
실습인정시간	평일 오전 9시부터 오후 7시 사이에 한 경우에만 인정하며 그 외의 시간에 한 실습은 인정하지 아니한다.
실습의 평가	보건복지부장관이 정하는 보육실습일지와 실습평가서에 근거하여 하되, 평가점수가 80점 이상인 경우에만 실습을 이수한 것으로 인정
신설	어린이집에서 보육실습을 한 경우 어린이집지원시스템에서 보육실습 내용을 입력하고 보육실습확인서를 출력할 수 있어 보육실습확인서의 첨부서류 제출이 불필요하게 되었다. 단, 교육과정과 방과 후 과정을 운영하는 유치원에서 실습을 한 경우에는 기존과 동일한 첨부서류를 제출해야 한다.

출처 : 영유아보육법 시행규칙 제12조 제1항.

3) 실습의 과정

최근 실습의 과정은 정규실습만을 다루는 협의의 개념에서 사전실습, 정규실습, 사후실습을 포함하는 광의의 개념으로 변화되고 있다. 이러한 이유는 4주간의 정규실습으로는 영유아교사에게 요구되는 실천적 지식을 형성하기에 매우 부족하다는 지적에 따른 것으로 사전실습과 사후실습이 강화되고 있다. 이러한 시대적 흐름을 반영한 실습과정을 살펴보면 다음과 같다.

(1) 사전실습

사전실습은 정규실습을 위한 준비과정이자 연계과정으로 일반적으로 사전실습을 시작하는 시기는 정규 실습 1-3개월 전 또는 1-2학기 전부터 실시하며 실습시간은 대부분 학기 중에 정해진 요일과 시간에 규칙적으로 진행되는 경우가 대부분이다(문혁준 외, 2011 ; 윤희경 외, 2012). 이와 같은 사전실습에는 관찰이나 부분 참여수업이 포함되어 정규실습을 체계적으로 준비할 수 있는 기회가 주어진다는 측면에서 정규실습의 질을 높일 수 있다. 사전실습의 목적을 살펴보면 다음과 같다(문혁준 외, 2010)

- 실습 유치원과 어린이집의 환경, 시설, 교직원, 일과, 프로그램 등을 개괄적으로 이해할 수 있도록 도와준다.
- 영유아의 개인차를 발견하고 영역별 발달특성에 대해 폭넓게 이해할 수 있도록 도와준다.
- 영유아의 연령 및 발달수준에 적합한 교육 · 보육 및 교수방법에 대해 이해할 수 있도록 도와준다.
- 학교에서 배운 이론과 유치원과 어린이집에서의 실제에 대한 차이를 체험하며 교육 · 보육의 목적, 내용, 과정, 방법 등에 대한 이해를 도와준다.
- 영유아교사의 다양한 역할에 대한 전반적인 이해 및 영유아교사로서의 교육관 확립에 도움을 준다.
- 다양한 문제상황을 경험함으로써 정규실습에 좀 더 쉽게 적응할 수 있도록 도와준다.
- 유치원과 어린이집의 제반조건에 대한 이해를 돕는다.

(2) 정규실습

정규실습은 영유아교사 자격 획득을 위한 필수과정으로서 일반적으로 4주에 걸쳐 영유아교육기관에서 이루어진다. 실습생은 이 기간 동안 관찰에서부터 부분수업, 연결수업, 전일수업과 같은 실제 수업지도에 이르기까지 영유아교사로서의 모든 역할을 점진적으로 수행한다.

정규실습의 과정을 살펴보면 실습 1주 정도인 관찰 기간 동안에는 실습기관의 제반조건과 영유아의 발달 및 개인적 특성, 교사들의 수업진행, 학급운영방법 등과 같은 물리적 · 인적 요소를 모두 관찰한다. 부분수업 기간에는 지도교사가 전체 교육과정을 진행하고, 실습생은 흥미영역별 또는 집단활동 유형별로 부분수업 및 활동을 경험할 수 있도록 계획된다. 연결수업에도 지도교사가 전체 교육과정을 진행하고 실습생은 두 가지 수업 및 활동을 연계하여 실행한다. 전일수업은 대부분 실습의 마지막 주에 진행되는데, 부분수업이나 연결수업과는 달리 전일수업을 실습생이 계획하고 운영하는 실습기회를 갖으며 실습의 마지막에는 실습생에 대한 평가회를 갖도록 한다. 이와 같은 정규실습과정의 내용은 표 4-5와 같다.

표 4-5 | 정규실습의 과정

기 간	실습내용
1주	• 보육실습기관의 보육 프로그램, 시설 및 설비, 원아와 교사현황과 실습에 대한 전체적인 오리엔테이션을 실시한 후, 실습이 진행된다. – 영유아 관찰 : 배정 학급 영유아 이름과 얼굴 익히기, 영유아의 발달 및 행동적 특징 파악, 학습태도 및 능력 파악, 영유아의 상호작용 내용과 양 파악 – 교사역할 관찰 : 학습활동 계획, 교수활동 수행, 학급운영, 영유아 관찰 및 평가, 영유아와의 상호작용방법 및 내용, 간식 및 급식의 운영, 기본생활지도, 교재 · 교구 및 자료 준비와 선정, 관리, 비품관리 – 물리적 환경 관찰 : 실내 환경구성, 사용가능한 교재 · 교구 및 이들의 사용법
2주	• 2주차부터는 지도교사가 계획하고 주도하는 수업활동에 여러 가지 형태로 참여하며 영유아를 보다 잘 이해하고 학급운영의 원리를 익힐 수 있는 기회는 갖는다. – 활동계획 및 수행 : 활동준비 및 환경정리, 영유아의 실태파악, 지도교사의 활동 보조 및 분위기 조성, 자유선택활동 지도, 자료의 정리, 부분수업 평가 및 연계수업계획 및 검토 – 활동평가 : 활동결과나 작품평가, 영유아 관찰 및 기록, 평가기준 작성 – 학급운영 : 학급운영보조, 방과 후 교실 정리 · 정돈, 환경구성, 사무처리, 비품관리

3주	• 2주차 실습에 이어 부분적인 교육활동을 통해 지도교사를 보조하고 제반 행정 사무를 경험함으로써 보육시설의 사무와 운영을 이해한다. – 영유아관찰 및 기록 – 부분수업과 연계수업 실시 및 평가 – 종일수업 계획 및 검토 – 교재 · 교구 제작 및 환경정리 지도
4주	• 실습의 마지막 단계로서 실습생은 관찰 및 참가실습을 통해 습득한 영유아발달과 학습에 관한 지식을 활용하여 부분수업이나 연계수업뿐만 아니라 종일수업을 실시하여 지도교사의 보조역할이 아닌 주교사로서의 역할을 경험한다. – 부분수업, 연계수업 및 종일수업 실시 및 평가 – 교재 · 교구 제작 및 환경정리 지도 – 영유아 관찰 및 기록 – 행정사무 실습 – 보육실습 총괄평가

출처 : 임승렬(2012). 보육실습을 재구성.

그러나 우리나라에서 실시하고 있는 4주간의 정규실습은 외국의 경우와 비교할 때 매우 제한적으로 이루어지고 있다. 그 예로 미국 메릴랜드 대학교는 4학년 1, 2학기에 걸쳐 1년간의 인턴십과 12주의 실습을 요구하며, 캐나다의 레이슨 대학은 1학년부터 3학년까지의 현장실습 I, II, III와 4학년의 교육실습(인턴십)을, 그리고 동경 학예 대학은 교육실습 6학점이 배정되어 있다(박은혜 외, 2010). 이러한 외국의 사례는 우리나라도 현장실습과목의 확대를 검토해야 한다(이희경, 2013 재인용)는 것을 시사한다.

(3) 사후실습

사후실습은 추후실습으로도 불리며 정규실습 이후에 영유아교사로서의 자질 향상과 영유아교사로서의 자리매김을 위한 심화과정이라고 할 수 있다(윤희경 외, 2012). 이러한 사후실습은 4주 기간의 정규실습에서 나타난 문제점을 보완하고 학급운영에 보다 능동적으로 참여하면서 영유아교육현장에 대한 이해도를 높일 수 있다는 측면에서 활성화가 강조되고 있다. 또한 실습 때와는 다른 유형의 영유아교육기관에서 실습을 하거나 대상연령을 달리하여 다양한 연령의 영유아발달수준과 다양한 교사의 교수방법을 경험할 수 있다(임승렬 · 김선희, 2012). 그러나 사후실습은 의무과정이 아니라, 양성교육기관과 영유아교사 양성기관, 실습생의 의사에 따라 자율적으로 진행되므로 사후실습의 목적, 기능, 지도교사의 역할, 실습생의 역할을 좀 더 명확하게 제시하여 효과적으로 운영할 필요가 있다.

추후실습 기간 동안 유치원교사들의 업무에 대해 나름대로 여러 가지를 배우게 되었다. 사전이나 본 실습 때는 잘 몰랐던 유치원교사들의 업무내용에 대해서도 세부적으로 알게 되었고 유치원이 어떻게 운영되고 있는지 대략 알 수 있을 것 같다(이 부분에 대해서 배우지는 않았지만…). 추후실습 기간이 교사를 꿈꾸는 나에게 본 실습 기간 동안 배우지 못했던 유치원교사의 역할에 대한 새로운 점들을 배우게 하는 유익한 시간이 되고 있는 것 같다.

출처 : 유흥옥(2005). 반성적 사고에 기초한 유치원 교육실습과 예비교사의 발달적 변화.

4) 실습을 위한 준비

실습은 유능한 교사가 갖추어야 하는 실천적 지식을 형성하는 데 바탕이 되며 교사 준비의 가장 핵심적인 부분이자 교사로서 입문하는 과정이다(임승렬 · 김선희, 2006). 이러한 성공적인 실습을 이루기 위해서는 실습이 시작되기 전 실습생뿐만 아니라 교사양성기관과 실습기관의 철저한 준비과정이 요구된다.

(1) 양성교육기관의 실습준비

❶ 실습계획과 시기 결정

실습 시기는 양성교육기관의 교육과정, 유치원과 어린이집의 상황, 실습생의 요구 등 여러 가지 요인을 고려하여 결정하는 것이 바람직하다. 실습시기를 특별하게 정할 필요는 없으나 실습생으로서의 의미 있는 경험과 학습이 이루어질 수 있고 동시에 교육 · 보육과 관련된 이론들을 실제에 접목시킬 수 있어야 하므로 실습은 교수기술이나 학습운영 등 실습과 관련된 실기 관련 과목들을 이수 후 실시하는 것이 좋다(임승렬, 2012).

❷ 실습기관 선정과 배정

실습기관의 선정은 영유아교육기관이 질 높은 교육과정을 수행하고 있는지의 여부와 실습생을 지도할 수 있는 전문성을 겸비한 교사가 있는지에 대하여 충분히 살펴봄으로써 이루어진다. 이를 위해서 양성교육기관은 실습기관의 객관적인 선정기준을 마련하고 이 기준에 따라 신중히 검토한 후 최적의 실습기관을 선정하는 것이 바람직하다.

❸ 실습 관련 서류작성 및 발송

실습학기가 시작되면 실습하기 최소 2-3개월 전에 사전 전화작업과 시설방문, 공문발송 등의 절차를 통해 공식적인 실습협력을 요청한다(문혁준 외, 2008). 이와 관련된 서류는 실습협조공문을 비롯하여 실습생 평가서, 실습 결과보고서, 실습지도계획서 등이다. 각종 실습 관련 서류들은 실습기관 방문 1-2주 전에 우편 또는 e-mail로 발송하거나 실습생이 사전방문 시 실습기관에 제출하도록 한다. 단, 보육실습 시에는 실습생 관련 필수서류로 전염성 질환에 대한 건강진단결과서(구 보건증)와 보육실습생 신상카드를 명시하고 있으므로 이에 대한 준비가 필요하다.

❹ 실습생을 위한 오리엔테이션

일반적으로 실습생을 위한 오리엔테이션은 현장실습이 시작되기 1-2주 전에 대학 및 양성기관에서 이루어진다. 오리엔테이션을 실시하는 이유는 실습생에게 그동안 준비해 온 것을 다시 점검함으로써 심리적인 불안을 해소시켜 주고, 교사로서의 역할 및 태도, 인간관계 등에 대한 기술을 강조하여 교사로서의 사명감과 책임감을 가질 수 있도록 하기 위함이다.

실습생에게 실질적인 도움을 줄 수 있는 방안으로는 모범적인 영유아교육기관을 운영하고 있는 원장이나 영유아교사가 직접 전하는 성공적인 실습에 관한 우수 사례들을 간담회와 강연회를 통하여 전달하는 것도 효과적인 사전교육으로 제안될 수 있다. 다음은 실습생을 위한 오리엔테이션의 주요 내용이다(서영숙 외, 2006).

- 실습에 대한 목표, 과정 및 내용
- 실습생의 역할과 자세
- 실습기관 사전방문 시 준비사항
- 실습일지의 작성방법
- 실습기간 상황소개
- 계획안 작성방법
- 실습기간 중에 필요한 급식비, 교재비 등
- 실습에 필요한 구체적 지침(실습 중의 복장, 출 · 퇴근 시각) 등

(2) 실습생의 실습준비

실습생은 실습 전에 새로운 환경에 대한 적응과 자신이 관찰되고 평가되는 것에 대한 긴장과 갈등으로 어려움을 느끼며(윤희경 외, 2006), 실습 중에는 수업준비의 어려움, 지도교사와의 관계형성에 어려움을 느끼는 것으로 나타났다(조운주, 2004 ; 안효진, 2005). 따라서 실습생의 실습준비는 실습에서 발생할 수 있는 문제에 대처하고 어려움을 완화시켜 실습과정에 대한 자신감을 갖게 하여 궁극적으로 실습목적을 달성하도록 돕는다.

❶ 실습기관의 사전방문

실습생은 실습 전 1주일 이내 실습기관에 사전 연락을 취하여 허락을 받고 방문을 하는 것이 바람직하다. 실습기관의 사전방문은 시설장과 실습지도교사에게 인사만 하는 것이 목적이 아니라 실습기관의 현황과 관련된 사항을 미리 파악하여 실습을 원활하게 수행할 수 있도록 돕는다. 다음은 실습생이 사전방문을 통해 알아야 할 사항이다(류진희, 2000).

- 영유아교육기관의 위치와 교통편(위치, 자기 집과의 거리, 교통편, 출근해야 할 시간대의 소요시간)을 파악한다.
- 원장, 지도교사의 성명과 대체적인 개인사항을 파악한다.
- 실습기관의 연혁, 보육목표, 보육방법, 수업시간, 시설규모, 학급 수, 원아 수 및 교직원 수를 파악한다.
- 담당학급 구성(연령, 인원 수, 남녀별 영유아 수, 영유아의 이름과 얼굴 외우기, 간단한 특이사항 메모)을 파악한다.
- 영유아교육기관의 주변 환경에 대한 정보를 파악한다.
- 실습할 학급에서 실습 전에 이루어진 생활주제 및 활동점검을 파악한다.

❷ 실습을 위한 자기점검

실습에 임하는 실습생은 영유아들이 교사의 언어, 태도, 성격 등을 모방하고 민감하게 반응한다는 것을 인식하고 올바른 마음가짐과 철저한 자기점검을 해야 한다. 이를 위하여 실습생으로서 지켜야 할 기본사항을 제시하면 다음과 같다(문혁준 외, 2008 ; 박선혜, 2012 ; 서영숙 외, 2006 ; 임승렬, 2012).

- 실습과 연관된 학습내용을 총 점검하여 실습활동에 대비한다.
- 변화된 환경인 영유아교육기관에서 실습활동과정이 이루어지므로 긴장과 불안감에 대비하여 건강관리를 잘한다.
- 실습에 관한 지침서나 계획서를 읽고 구체적인 계획을 세운다.
- 실습 시 필요한 준비물을 점검한다(실습 일정표, 실습 출근부, 실습 일지, 실습활동 평가척도, 명찰, 필기도구 등).

(3) 실습기관의 실습준비

실습기관의 원장과 실습지도교사는 앞으로 영유아교사가 될 인재를 양성한다는 책임감을 가지고 실습이 충실하게 이루어지도록 지도하여야 한다. 따라서 효과적인 실습이 이루어지기 위해서 영유아교육기관에서는 지도할 내용을 미리 선정하여 준비할 것이 요구되는데, 구체적인 준비사항은 표 4-6 과 같다.

표 4-6 | 실습기관의 실습 준비내용

항 목	내 용
실습기관의 교육 · 보육방침	• 연혁, 교육 · 보육이념 • 연간 교육 · 보육계획안
시설 · 설비	• 실습기관 건물 배치도 • 시설 설비, 비품에 대한 설명 및 사용 규칙
교직원	• 교직원 명단과 소개 • 교직원 조직도
학급 및 영유아	• 전체 학급 편성표 • 학급별 실습생 배정 • 배정 학급 영유아 명단과 간단한 특징 • 배정 학급 운영방법 • 배정 학급 교육 · 보육계획안 • 하루일과 계획
실습일정 및 실습생의 역할	• 실습 일정표 • 실습생 지도방침 • 실습생의 역할과 책임 • 실습생의 근무상 유의사항(출 · 퇴근 시간, 복장, 말씨, 태도, 점심) • 실습생 평가방법

출처 : 이선경 · 이은정(2007). 보육실습을 재구성.

5) 실습에 영향을 미치는 요인

실습지도교수, 실습지도교사와 같은 인적 환경은 성공적인 실습과정에 있어 다른 어떠한 요인보다도 중요하다. 따라서 이들은 실습과정이 실습생에게 교사로서의 능력과 자질을 실험해 보고 테스트하는 과정이 아니라 교사가 되기 위하여 실제적인 교사의 역할을 연습해 보는 과정임(임승렬, 2012)을 인식하고 실습을 지도해 나가야 한다.

(1) 실습지도교수

실습지도교수는 실습생이 실습과정에서 겪게 되는 다양한 어려움을 해결할 수 있도록 지도하고 정서적 위안을 준다는 측면에서 성공적인 실습에 있어 중요한 역할을 담당한다. 이를 위해서 실습지도교수는 예비교사와 신뢰적이고 개방적인 관계 속에서 예비교사들이 대학에서 배운 지식이나 이론, 교수법 등을 어떻게 적용하는지 관찰하고 격려하며 피드백을 제공해야 한다. 또한 실제 겪는 문제를 함께 토의함으로써 이론과 실제 간의 갈등을 해결하고 실천적 지식을 형성하도록 지원하는 역할을 다해야 한다(김정주 · 정정애, 2007 ; 조부경 · 고영미, 2004).

Case 예비교사-실습지도교수 정기협의회

실습지도교수 : 그럼, 오늘은 어떤 주제를 가지고 이야기해 보는 게 좋을까?

예비교사 1 : 지금 저희가 제일 급한 거는 아무래도 전일수업에 따른 준비가 아닐까 해요.

예비교사 5 : 맞아요. 어제 전일수업에 관해 담임선생님과 의논했거든요. 전일수업이 너무 걱정돼요. 그것이 제일 급한 문제가 아닌가 하는 생각이 들어요.

예비교사 1 : 부분수업과는 달라야 되고, 좀 더 잘해야 할 것 같고, 실수를 줄여야 할 것 같다는 부담감이 앞서요.

실습지도교수 : 그럼, 제일 걱정되는 부분이 구체적으로 뭐야?

예비교사 1 : 제가, 부분수업 있는 날 음률지도에 있어서 민요지도를 하게 되었는데, 민요는 저로서도 생소한 부분일 뿐만 아니라, 지도방법에 대해서 구체적으로 배워본 적도 없고, 그래서 도입부터 어떻게 시작해야 할지 모르겠어요.

실습지도교수 : 민요지도? 네가 정한거니?

예비교사 1 : 아니에요. 원래 일주일에 음률지도를 민요와 동요 지도하는 날이 있는데요. 제가 금요일이어서 민요지도를 하게 된 거예요.

예비교사 2 : 그 주의 주제가 뭔데?

예비교사 1 : 민요는 굳이 주제에 연연해하지 않아도 된다고 하셨어요. 담임선생님께 스스로 지도할 민요를 선정하라고 해서… 국악교육에서 배웠던 CD를 이용하기로 했는데요. 노래 선정보다는 지도를 어떻게 해야 하는지가 난감해요.

실습지도교수 : 선생님하고 의논 안했니? 선생님이 지도하시는 거 본 적 없어?

예비교사 1 : 네….

예비교사 5 : 그냥 동요식으로 지도하면 되지 않을까? 민요라고 해서 굳이 다른 방법을 사용해야 할 것 같지는 않아.

예비교사 3 : 그래…. 노래가 다를 뿐이지 지도방법은 같을 거 같애.

예비교사 2 : 선생님한테 테이프나 CD가 있을 수도 있잖아….

실습지도교수 : 적절한 지도방법들을 여러 가지로 생각하고 있구나.

출처 : 유흥옥(2005). 반성적 사고에 기초한 유치원 교육실습과 예비교사의 발달적 변화.

(2) 실습지도교사

실습지도교사는 실습생의 모든 일과를 지도, 관찰, 평가하는 핵심적 역할을 담당하고 있다. 이로 인해 실습지도교사는 실습생의 교수방법, 가치관, 태도 등에 막대한 영향을 미치게 된다(임승렬, 1998 ; Cotton & Fischer, 1992 ; Zeichner & Grant, 1981). 따라서 실습지도교사의 전문적인 역할수행은 지속적으로 강조되고 있으며 이를 위한 실습지도교사의 역할을 살펴보면 다음과 같다(김현자, 2007; 박영란 · 고연경, 2005; 오선영 · 이옥임, 2006).

❶ 실습생을 성인학습자로 인식하기

성인학습자로서의 실습생의 특징을 이해하여 실습생을 존중하고 협동하며 자유롭게 표현할 수 있는 분위기를 제공한다. 뿐만 아니라 실습생의 직접적인 관심에 기초하여 활동을 계획하고 실행하며 협의회를 통해서 역할수행, 창의적인 문제해결 등에 대하여 평가한다.

❷ 실습생을 전문적으로 지원하기

실습생들이 실습기간 동안 어떤 경험을 할 것이며 이들 경험을 통해 어떤 것을 지도할 것인가에 대한 계획을 세우고 교사로 갖추어야 할 교수기술이나 능력, 태도, 대인관계 기술 등에 대한 모델을 보여 주어야 한다. 또한 실습지도교사는 실습생의 교육계획안의 검토 및 수정, 학급운영방법과 자료사용방법에 관한 설명, 실습생의 행동과 태도 관찰 및 평가, 그리고 실습생의 반성적 사고능력과 실천적 지식 습득을 위한 지속적인 피드백과 정보를 제공하는 전문적 역할을 수행한다.

❸ 실습생과 신뢰롭고 개방적인 관계 형성하기

낯선 상황에서 어려움을 겪는 실습생들이 의지할 수 있도록 격려와 도움을 제공한다. 그러기 위해서는 효율적인 의사소통을 바탕으로 실습생을 평가하기보다는 실습생의 장점을 파악하여 지지하고 칭찬해 주며 실습생의 이야기에 귀 기울일 수 있어야 한다. 또한 실습생을 성인협력자로서 존중하고 함께 문제해결방법을 찾는 동시에 실습생의 스트레스를 해소할 수 있는 건설적인 방법을 함께 모색하여야 한다. 실습지도교사와 실습생의 관계 형성을 위한 노력을 제시하면 표 4-7과 같다.

표 4-7 | 지도교사와 실습생의 관계 형성을 위한 노력

지도교사의 노력	실습생의 노력
• 마음을 열고 실습생의 고민을 들어준다. • 솔직함은 권위를 훼손하기보다는 좋은 관계를 형성하므로, 지도교사는 실수를 솔직하게 시인한다. • 실습생을 존중한다. • 실습생의 입장에서 이해한다. • 작은 친절에도 실습생은 고마워하므로 친절하고 따뜻하게 대한다. • 편견이나 선입견을 가지고 판단하지 않는다. • 다른 실습생과 비교하지 않는다. • 실습생의 문제나 단점에 대해서 비밀을 지킨다.	• 자신의 한계를 인정하고 지도교사의 비판을 긍정적으로 수용한다. • 모든 일에 책임을 다하고 능동적인 자세를 갖는다. • 협조적이고 긍정적인 태도를 갖는다. • 지도교사의 입장에서 생각한다. • 자부심을 갖고 현재에 머무르지 말고 발전적으로 노력한다. • 의사소통방법을 배운다. • 실습기관, 지도교사 등의 문제 및 단점에 대해서 비밀을 지킨다.

출처 : 조운주(2003). 유아교육실습.

6) 실습평가

실습평가는 일반적으로 지도교사, 원장, 원감, 실습생 등과 함께 진행되는 실습기관에서의 평가와 대학에서의 실습평가회로 나누어진다. 이러한 실습평가는 대학으로서는 예비영유아교사와 현장의 요구를 반영하여 실습의 개선방안을 모색하기 위함이며, 실습기관은 예비교사 양성을 위한 실습지도에 적극적으로 협조하고 양질의 교육을 위해 최신 정보를 대학을 통해 얻을 수 있는 중요한 과정이 된다.

(1) 실습기관에서의 평가

❶ 수업 후 평가

실습생은 수업을 마친 후 실습지도교사 외에 기관의 여건에 따라 원장, 원감 등이 참석한 가운데 수업에 대한 평가와 지도를 받게 된다. 이와 같은 과정에서 실습생이 자기평가에 대한 자료를 준비하여 참여하면 지도교사의 평가 관점과 비교하여 수업의 개선점과 이후 수업 시 적용방안을 제안하는 데 있어 유용할 수 있다.

❷ 종합평가

실습이 종료되는 시기에 실습생은 제출한 실습일지, 수업계획안, 유아에 대한 관찰기록 등과 같은 각종 기록물과 과제수행자료를 근거로 종합평가를 받게 된다. 종합평가의 내용은 교육실습과 보육실습이 유사하며 이는 **표 4-8** 의 보육실습평가서에서 살펴볼 수 있다.

(2) 대학에서의 실습평가

대학에서의 실습평가회는 '교육실습' 및 '보육실습' 교과목 시간 또는 학과별 좌담회 등의 실습평가회를 갖는다. 이 시간에는 실습내용에 대한 자기평가를 기초로 하여 다른 기관에서 실습을 마친 동기생들과 의견을 나누게 된다.

> 어린이집교사가 얼마나 지식이 많아야 하는지 또 생각이 창의적이어야 하는지 알게 되었다. '아직 어리니까 여기까지는 모를 거야', '이런 것은 모르겠지?' 라고 생각하면 교사로서 가르칠 수 있는 것도 제한되어 버린다는 것을 알았다. (중략) 생각했던 것보다 수업하기는 어려웠고 또 얼마나 열심히 준비를 해오느냐가 중요하다는 것을 알게 되었다. 수업준비를 위해 많은 시간과 노력을 투자해야 한다는 것은 알지만 현실적으로 교사의 수업준비시간이 많이 부족한 것 같다.
>
> 출처 : 윤숙현(2009). 보육시설 예비교사의 보육실습 전후 자기평가에 관한 연구.

이상과 같이 실습과정은 때로는 기대와 걱정, 갈등과 같은 어려움을 남기기도 하지만 실습생이 실습을 성공적으로 마치게 되면 교사로서의 정체성을 확인하고 교직에 대한 확신을 갖게 된다는 측면에서 영유아교사 양성과정의 핵심이 된다. 따라서 보다 효과적인 실습이 이루어지기 위해서는 최근 제기되고 있는 현장실습 기간의 확대와 실습지도교사의 전문성 강화를 위한 실습 매뉴얼 등의 제공이 마련될 필요가 있다.

표 4-8 | 보육실습 평가항목 및 평점

보육실습평가서

성명

주민등록번호 :

보육실습기관명 :

보육실습기관 : 년 월 일 ~ 년 월 일

평가영역(배점)	평가항목		배 점	점 수
근무태도와 자질 (20점)	근무사항	출석, 결석, 지각, 조퇴 등	5	
	태도	성실성, 근면성, 친절, 적극성, 복장 및 용모, 예절	5	
	자질	영유아 존중, 책임감, 인성, 열의	5	
	관계 형성	실습지도교사와의 관계 동료실습생과의 관계	5	
보육활동계획과 실행 (30점)	보육활동계획	영역별, 반일(일일) 보육활동 계획의 적합성과 충실한 준비	15	
	보육활동 실행	영역별, 반일(일일) 보육활동의 효과적이고 적절한 실행 정도	15	
예비보육교사로서의 역할수행 (30점)	영유아 행동 및 놀이 관찰, 보육환경 관찰		5	
	보육일과 진행 보조와 일상생활지도		10	
	영유아 상호작용 놀이 참여		15	
보육실습일지 작성(10점)	구체적이고 충실한 보육실습일지 작성과 일일자기평가 및 지도교사평가 반영		10	
총평(10점)	실습 기간 동안 예비보육교사로서 향상 정도		10	
	총점		100	

20 년 월 일

보육실습 지도교사 : (인)

어린이집 원 장 : (인)

출처 : 보육인력 국가자격증(2013). 어린이집에서의 보육실습지도 서식자료.

표 4-9 | 보육실습생의 자기평가표 예시

보육실습생의 자기평가표

보육실습생 성명 :

번호	평 가 항 목	못함				잘함
		1	2	3	4	5
1	보육목표를 달성할 수 있는 보육내용을 영유아의 흥미, 수준에 근거하여 적합하게 선정하였는가?					
2	영유아의 흥미와 능력, 사전경험을 잘 관찰하여 영유아 지도계획에 활용하였는가?					
3	보육활동계획안이 적절하게 계획되고 성실하게 준비되어 실행에 무리가 없었는가?					
4	보육활동계획에 따라 자료를 충실히 준비하였는가?					
5	영유아의 행동을 민감하게 파악하며 상호작용에 최선을 다했는가?					
6	다양한 흥미영역에 고루 참여하여 영유아의 놀이가 지속되고, 확장되도록 놀이를 촉진하였는가?					
7	영유아의 기본생활습관이 형성되도록 동기를 잘 유발하였는가?					
8	대소집단활동 시 보육교사로서 다양한 교수법을 활용하여 효과적으로 활동을 이끌었는가?					
9	영유아의 부정적 정서나 갈등적 상황을 잘 파악하여 긍정적으로 수용하고 적절하게 해결되도록 지도하였는가?					
10	영유아의 개별적 특성, 개인차를 고려하여 지도하였는가?					
11	영유아를 존중하는 언어를 사용하고, 영유아가 잘 알아들을 수 있도록 어휘, 발음, 음성의 고저, 빠르기 등에 노력을 기울였는가?					
12	보육실습일지의 내용과 평가 등을 성실히 기록하였는가?					
13	영유아의 안전, 위생, 건강에 각별히 신경을 썼는가?					

14	영유아의 낮잠, 간식, 점심, 배변활동, 이 닦기, 손 닦기, 옷 입기 등 일상생활이 영유아 스스로 즐겁게 할 수 있도록 지도하였는가?					
15	보육실의 통풍, 채광, 정리정돈 등 청결한 환경을 위해 노력하였는가?					
16	보육실습기관의 지도방침에 적극 협력하였는가?					
17	보육실습 지도교사와의 관계를 원만히 유지하며 성실히 임했는가?					
18	보육실습 동료들과 잘 협력하였는가?					
19	영유아의 수준과 흥미에 적합한 활동을 계획하고 다양한 행동을 적절히 지도하고자 관련 문헌이나 전문 서적을 찾아보고자 노력하였는가?					
20	실습 기간을 통해 보육교사로서의 전문성이 스스로 향상되었다고 여겨지는가?					
합 계						

출처 : 보육인력 국가자격증(2013). 어린이집에서의 보육실습지도 서식자료.

Chapter 5

영유아교사의 교육과정운영

Chapter 5

영유아교사의 교육과정운영

1. 교수계획

현재 영유아교육기관의 교육 및 보육에 대한 내용 선정과 방법의 조직은 국가수준의 보육과정인 「표준보육과정」과 유치원과 어린이집의 공통교육과정인 「만 3-5세 누리과정」에 교육목표나 교육내용, 방법, 평가가 명시되어 있다. 이를 기초로 영유아교사는 자신의 수업활동에 대한 목표설정과 내용 선정 및 방법의 조직에 대한 근거 및 기대되는 결과와 후속 학습과의 관계 등에 대한 분명한 시야를 가지고 있어야 한다(이영석, 2003 ; Bowman, 1995 ; Cartwright, 1999 ; Schickedanz, 1994).

여러 교과내용의 지식과 표준보육과정, 만 3-5세 누리과정을 기초로 연간, 월간, 주간, 일일 교육계획안으로 설명되고 있는 교수계획은 교과내용에 대한 이해와 방향에 따라 무엇을 어떻게 가르칠 것인지에 대한 그림이라고 할 수 있다.

1) 교육목표 선정

교사가 교수활동을 계획할 때에 어떤 종류의 활동이 어느 활동시간대에, 어느 영역에서, 어떻게 이루어질 것인가를 계획해야 하며, 이는 교육목표와 연결된다. 교육목표는 교사의 교육철학, 영유아의 연령과 학습 정도, 영유아교육기관이 있는 지역사회 여건 등에 의해 영향을 받는다. 또한 교육목표는 학습내용, 교수절차, 평가를 준비하기 위한 기준이 되므로 영유아 보호와 교육을 위해서 분명한 목표를 세우는 것은 교사가 해야 할 중요한 일이다(임승렬, 2012).

영유아교육과정의 목표는 영유아의 보호와 교육을 담당하는 교육기관의 특성과 철학에 따라 다양한 목표가 설정될 수 있으나 표준보육과정과 만 3-5세 누리과정에서 제시하고 있는 목표를 살펴보면 표 5-1과 같다.

표 5-1 | 영유아교육과정의 목표

표준보육과정	누리과정
• 건강하고 안전하며 바르게 생활하는 태도와 습관을 가진다. • 자신의 신체에 대해 긍정적으로 인식하고 기본 운동능력을 기른다. • 자신을 존중하고 다른 사람들과 더불어 생활하는 태도를 가진다. • 기초적인 언어능력을 기르고 바른 언어생활 태도와 습관을 가진다. • 주변환경에 호기심을 가지고 탐구하는 능력과 태도를 기른다. • 자연과 예술작품의 아름다움에 관심을 가지고 창의적으로 표현한다.	• 기본 운동능력과 건강하고 안전한 생활습관을 기른다. • 일상생활에 필요한 의사소통능력과 바른 언어사용 습관을 기른다. • 자신을 존중하고 다른 사람과 더불어 생활하는 능력과 태도를 기른다. • 아름다움에 관심을 가지고 예술경험을 즐기며, 창의적으로 표현하는 능력을 기른다. • 호기심을 가지고 주변세계를 탐구하며, 일상생활에서 수학적 · 과학적으로 생각하는 능력과 태도를 기른다. • 보고, 듣고, 만지면서 주변 환경에 관심을 가진다.

2) 교수활동의 계획

(1) 주제 선정

❶ 주제 선정

교육과정 구성에서 영유아의 바람직한 성장을 이끌기 위해서는 어떤 범위로 교육적인 경험을 선택할 것인지를 결정하고, 선택한 교육적 경험을 어떤 순서로 계열화할 것인지를 정하는 작업이 매우 중요하다. 또한 교육적 경험은 영유아의 생활과 직접적으로 연관된 것이어야 한다. 아무리 좋은 교육과정이라 하더라도 영유아에게 의미 있는 경험으로 조직되어 제시되지 않으면 그 교육적 효과를 나타내기 어렵다(임승렬, 2012).

영유아를 위한 활동을 계획하기 위해서는 다음과 같은 사항이 고려되어야 한다(임승렬, 2012).

- 영유아의 발달단계와 연령에 따른 발달 차이를 충분히 고려해야 한다. 영유아는 월령에 따른 발달 차이가 다른 연령에 비해 크므로 교육기관에서의 집단생활이라고 하더라도 획일적인 활동의 강요보다는 영유아의 개인차를 배려한 개별적 접근이 되어야 한다.
- 영유아의 생활리듬을 중시한 하루 생활이 고려되어야 한다. 즉, 영유아가 충분히 먹고, 편히 쉬고 즐거운 놀이를 할 수 있도록 구성되어야 한다.
- 다양한 가족환경과 부모요구를 충분히 고려해야 한다. 가족형태, 부모의 학력, 직업, 자녀교육에 대한 태도, 유아교육에 대한 인식 등을 고려하여 부모의 기관에 대한 요구와 이해가 영유아교육과정에 반영되어야 한다.
- 교육기관의 유형과 특성을 고려해야 한다. 기관의 일과 운영시간, 교육기관의 운영형태, 기관장의 교육철학, 시설의 물리적 환경, 교사 대 원아 수의 비율이라는 특성에 따라 영유아교육과정의 유형이 달라져야 한다.
- 지역적 특성과 지역사회와의 관계를 고려해야 한다. 농촌, 도시 등의 지역적인 특성과 그 지역의 행사, 사회적 · 물리적 환경은 교육 프로그램을 계획하고 운영하는 과정에 영향을 미칠 수 있다.

❷ 주제의 배열

주제는 유아들이 가장 가까이 접하고 있는 것에서 출발하여 점차 떨어진 환경으로 범위를 확대하면서 배열한다. 또한 구체적인 주제에서 추상적인 주제로, 쉬운 개념의 주제에서 어려운 개념의 주제로 전개한다.

일반적인 영유아교육기관의 주제 배열의 예는 그림 5-1과 같다.

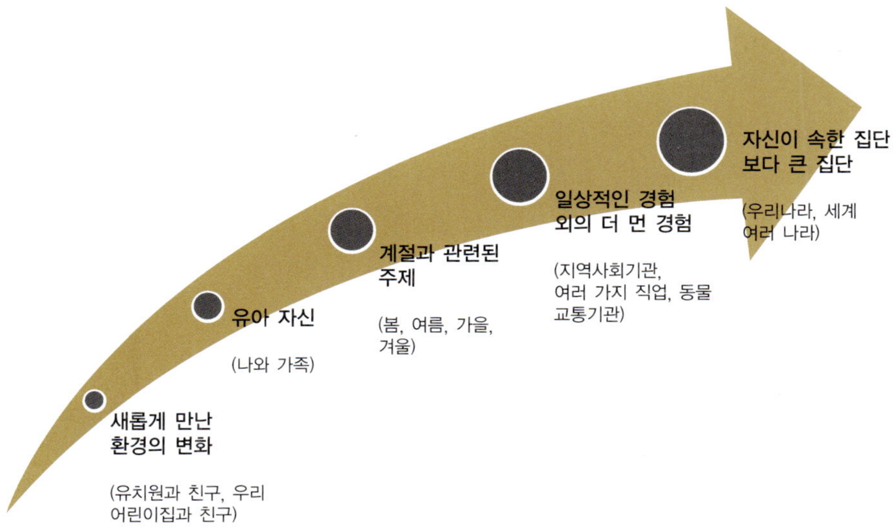

그림 5-1 | 주제의 배열

계절과 관련된 주제는 계절에 따라 적절하게 배열하며, 연간 생활주제를 미리 선정하였다 하더라도 유아의 즉각적인 관심이나 특별한 사건이 발생하면 이를 주제의 배열에 융통성 있게 반영하여야 한다.

❸ 주제의 작성

생활주제를 선정하고 배열하여 교수계획을 수립할 때에는 다음의 순서를 고려하여 작성한다(이정환 · 김희진, 2013).

- 생활주제의 제목을 선정한다.
- 정해진 생활주제에서 가르쳐야 할 개념을 영유아의 연령과 수준에 따라 선정한다.
- 생활주제에 포함된 개념들은 단순한 것, 영유아에게 친숙한 것에서부터 시작하여 복잡하고 생소한 것으로 배열한다.
- 개념과 관련하여 영유아에게 가르칠 수 있는 지식과 기술을 선정한다.
- 이러한 개념, 지식, 기술에 기초하여 실제 활동을 계획한다.

(2) 연간교육계획

연간교육계획은 교육과정의 기본 개념들을 영유아들에게 전달할 수 있도록 생활주제로 묶어서 시기, 계절, 행사, 영유아들의 연령과 발달수준을 고려하여 연계성 있게 작성한다. 구체적으로 계획된 연간계획안은 1년의 교육과정에 대한 전체적인 균형과 청사진을 월별로 미리 작성하여 교육과정이 잘 운영되어 그 효과를 최대한 높이려는 데 그 의의가 있다(류진희, 2000). 연간교육계획의 생활주제들은 월간교육계획의 내용이 되며, 월간교육계획에서는 영유아의 생일이나 공휴일, 견학계획, 계절적인 특별활동 등이 구체적으로 계획될 수 있다.

표 5-2 | 만 2세 연간 주제 및 소주제

순 서	주 제	주	소주제
1	어린이집이 좋아요 (7주)	1	나는 ○○반이에요
		2	엄마, 아빠와 헤어질 수 있어요
		3	우리 반 선생님과 친구들이에요
		4	재미있는 놀잇감이 있어요
		5	내가 좋아하는 놀잇감이에요
		6	편안하게 지내요
		7	안전하게 놀아요
2	봄나들이 가요 (5주)	1	바깥놀이가 재미있어요
		2	안전하게 바깥놀이해요
		3	꽃구경은 즐거워요
		4	벌레가 꿈틀꿈틀해요
		5	봄나들이 갈까요
3	나는요 (5주)	1	나는 ○○○이에요
		2	내 몸을 살펴보아요
		3	나는 느껴요
		4	내가 좋아하는 것이 있어요
		5	혼자서도 잘해요
4	재미있는 여름이에요 (7주)	1	날씨가 더워졌어요
		2	비가 많이 와요

4	재미있는 여름이에요 (7주)	3	깨끗하게 씻어요
		4	물놀이가 재미있어요 1
		5	물놀이가 재미있어요 2
		6 7	여행을 가요
5	나는 가족이 있어요 (5주)	1	엄마 아빠가 좋아요
		2	우리 가족을 흉내 내요 1
		3	우리 가족을 흉내 내요 2
		4	우리 가족을 소개해요 1
		5	우리 가족을 소개해요 2
6	동물놀이해요 (6주)	1	여러 가지 동물이 있어요
		2	엄마동물 아기동물
		3	동물처럼 소리를 내어보아요
		4	동물처럼 움직여보아요
		5	○○반이 좋아하는 동물
		6	동물을 사랑해요
7	알록달록 가을이에요 (6주)	1	가을이에요
		2	가을나들이
		3	단풍이 물들어요
		4	자연물로 놀이해요
		5	알록달록 색깔나라
		6	재미있는 그리기 나라
8	겨울과 모양을 즐겨요 (5주)	1	여러 가지 모양이 있어요
		2	모양놀이해요
		3	즐거운 성탄이에요
		4	추워요
		5	따뜻하게 지내요
9	나는 친구가 있어요 (6주)	1	내 친구가 좋아요
		2	친구와 함께하는 놀이가 있어요
		3	우리는 ○○살 (설날)
		4	형 · 언니가 되었어요
		5 6	즐거웠던 우리반이에요

출처 : 보건복지부(2013). 어린이집 표준보육과정에 기초한 0-2세 영아보육 프로그램.

표 5-3 | 만 5세 연간 주제 및 소주제

월	주 제	소주제	
3월	즐거운 어린이집	1주	새로 만난 우리 반
		2주	새로 꾸민 우리 반
		3주	어린이집 탐험
		4주	사이좋은 친구
4월	봄과 동식물	1주	봄의 모습
		2주	식물의 봄맞이
		3주	동물들의 봄나들이
		4주	우리들의 봄 이야기
5월	소중한 가족	1주	소중한 나
		2주	나와 우리 가족
		3주	함께하는 가족놀이
		4주	여러 가족의 모습
		5주	사랑하는 우리 가족
6월	우리 동네	1주	우리 동네 모습
		2주	우리 동네 기관 1
		3주	우리 동네 기관 2
		4주	다양한 직업
		5주	함께하는 우리 이웃
7월	신나는 여름	1주	여름의 모습
		2주	건강하게 여름나기
		3주	즐거운 물놀이 1
		4주	즐거운 물놀이 2
8월	교통과 안전	1주	내가 궁금한 교통수단
		2주	편리한 교통시설
		3주	미래의 교통수단
		4주	안전한 교통문화
9월	세계 속의 우리나라	1주	우리나라의 생활
		2주	우리나라의 문화유산
		3주	세계 여러 나라와 사람들

9월	세계 속의 우리나라	4주	세계 여러 나라의 생활
		5주	함께하는 세계
10월	가을과 자연	1주	가을의 변화
		2주	가을 곡식과 열매
		3주	우리들의 가을 이야기 – 추석
		4주	가을 나무와 숲
11월	지구와 환경	1주	우리가 사는 지구
		2주	지구의 변화
		3주	고마운 지구
		4주	지구의 보호
12월	겨울과 놀이	1주	겨울의 모습
		2주	동 · 식물의 겨울나기
		3주	겨울철 건강과 안전
		4주	이웃과 함께 하는 겨울
		5주	새해맞이와 놀이
1월	기계와 생활	1주	편리한 생활도구
		2주	우리 주변의 기계
		3주	우리는 발명가
		4주	미래의 생활
2월	초등학교에 가요	1주	궁금한 초등학교
		2주	일학년이 되면
		3주	즐거웠던 어린이집 1
		4주	즐거웠던 어린이집 2

출처 : 보건복지부(2012). 5세 누리과정에 기초한 어린이집 프로그램 1권.

표 5-4 | 만 2세 월간교육계획

▶ 6월 주제 : 나는요

<table>
<tr><th colspan="2">주 / 소주제 / 구분</th><th>1주</th><th>2주</th><th>3주</th><th>4주</th><th>5주</th></tr>
<tr><th colspan="2">소주제</th><th>나는 ㅇㅇㅇ이에요</th><th>내 몸을 살펴보아요</th><th>나는 느껴요</th><th>내가 좋아하는 것이 있어요</th><th>혼자서도 잘해요</th></tr>
<tr><td colspan="2">등원 및 맞이하기</td><td colspan="5">내 얼굴이 있는 옷장에 옷, 가방 걸기</td></tr>
<tr><td rowspan="4">일상생활</td><td>기본생활 · 안전</td><td colspan="5">더러워진 옷 갈아입기
계단에서는 뛰지 않고 걷기</td></tr>
<tr><td>점심 및 간식</td><td colspan="5">내 자리에 앉아서 먹기</td></tr>
<tr><td>낮잠</td><td colspan="5">내가 좋아하는 인형과 함께 낮잠 자기</td></tr>
<tr><td>배변활동</td><td colspan="5">배변 후 손 씻기</td></tr>
<tr><td rowspan="7">실내자유놀이</td><td>신체</td><td>거울보고 다양한 표정 지어보기</td><td>딸랑딸랑 방울신발</td><td>국자로 옮겨 봐요</td><td>통 속으로 던져보아요</td><td>뚝딱뚝딱 망치놀이</td></tr>
<tr><td>언어</td><td>나에 대해 말해요</td><td>동시 〈아기 웃음〉</td><td>기분이 어때?</td><td>내가 가장 좋아하는 것은요</td><td>내 목소리, 친구 목소리</td></tr>
<tr><td>감각 · 탐색</td><td>내 얼굴, 내 몸을 만져보아요</td><td>무슨 소리 날까요?</td><td>커다란 양말 속엔 무엇이 들어 있을까?</td><td>새콤달콤 맛보아요</td><td>노란떡을 먹을까, 분홍떡을 먹을까</td></tr>
<tr><td rowspan="2">역할 · 쌓기</td><td>나를 꾸며 보아요</td><td>색반죽을 만들어 보아요</td><td>커져라 커져라, 색반죽</td><td>데굴데굴 모양 롤러 굴려요</td><td>친구와 함께 맛있게 냠냠</td></tr>
<tr><td>우레탄블록으로 의자, 화장대 만들기</td><td>종이벽돌블록으로 내 키만큼 쌓아보아요</td><td>우레탄블록으로 내가 사는 집을 만들어 보아요</td><td>와플블록으로 내가 좋아하는 모양 만들어요</td><td>와플블록으로 식탁을 만들어 보아요</td></tr>
<tr><td>미술</td><td>얼굴모양 종이에 끼적거리기</td><td>내 얼굴 따라 그려보아요</td><td>쪼글쪼글 동글동글</td><td>과일씨 마라카스 만들어요</td><td>알록달록 자동차 바퀴 굴려요</td></tr>
<tr><td>음률</td><td>노래 부르기 〈당신은 누구십니까〉</td><td>음률게임 〈누구일까요?〉</td><td>냄비 심벌즈 연주해요</td><td>내가 만든 악기 친구와 연주해요</td><td>음률체조 〈나는 할 수 있어요〉</td></tr>
</table>

실외놀이		발자국 놀이	두발 모아 유니바 뛰어넘기	친구와 하늘 높이	발로 밟고 느껴요	내가 좋아하는 모양 케이크 만들어요
		두발 모아 유니바 뛰어넘기	친구와 하늘 높이 풍선 채치기	풍선 채치기 발로 밟고 느껴요	내가 좋아하는 모양 케이크 만들어요	커다란 공을 굴려보아요
귀가 및 연계	귀가	내 얼굴이 있는 신발장에 실내화 정리하기				
	가정 및 지역사회 연계	• 가정과의 연계 : 가족과 함께 목욕하며 서로의 몸에 관심 갖고 자연스럽게 탐색해보기 • 지역사회와의 연계 : 선생님과 함께 가까운 보건소 방문하여 신체와 건강에 대한 이야기 들어보기				
비고		• 나를 사랑해 • 나는 내가 좋아요 • 내 것은 무엇이나 작아요	• 네버랜드 아기 몸그림책 시리즈 • 우리 몸의 구멍 • 재미있는 내 얼굴	• 만지며 느껴요: 촉각 그림책 • 느낌책: 루루가 궁금해요 • 기분을 말해봐	• 나는 책이 좋아요 • 바나나가 좋아 • 싫어 싫어	• 혼자서 쉬해요 • 옷을 입자, 짠짠 • 아빠처럼 할래요
		이 주제는 2세아가 자신의 몸에 관심과 흥미를 보이는 시기에 자연스럽게 이루어지도록 진행할 수 있으며, '나'에 대한 인식과 탐색부터 시작하여 자조력을 키울 수 있는 활동까지 고루 경험해볼 수 있도록 계획한다. 특히, 5주차 진행 시에는, 영아가 활동을 통해 자신의 신체를 스스로 움직이고 조절함으로써 성취감을 느낄 수 있도록 격려한다.				

출처 : 보건복지부(2013). 어린이집 표준보육과정에 기초한 0-2세 영아보육 프로그램.

표 5-5 | 만 5세 월간교육계획

▶ 4월 주제 : 봄과 동식물

구 분		1주	2주	3주	4주
소주제		**봄의 모습**	**식물의 봄맞이**	**동물들의 봄나들이**	**우리들의 봄이야기**
기본생활		스스로 옷 입고 벗기	옷과 신발에 묻은 흙 털기	옷 제자리에 걸기	식사 전에 스스로 손 씻기
등원		날씨 이야기하기	등원 길에 본 꽃과 나무 이야기하기	등원 길에 본 곤충 이야기하기	옷차림의 변화에 대해 이야기하기
오전 자유 선택 활동	쌓기놀이 영역	나무를 심자!	지도 만들어 봄의 길 구성하기	• 쿨쿨 곰 가족 • 개미집을 지어요	아름다운 봄 정원 구성하기
	역할놀이 영역	봄맞이 대청소 놀이	들풀 식당놀이	• 올챙이 연못나라 • 애벌레의 변신	봄 정원 포토존 만들기
	미술 영역	• 물감 흘려 봄비 표현하기 • 황사 마스크 만들기	• 면봉으로 벚나무 꾸미기 • 들풀 액자 만들기	• 개구리 접어 연못 꾸미기 • 나비모빌 만들기	• 꽃잎과 풀잎 이용하여 커튼 만들기 • 여러 가지 자료 이용하여 정원 구성해 보기
	언어 영역	• 어떤 우산일까요? • 봄에는 달라져요	• 봄의 식물 단어 맞추기 • 들풀 이름 부르고 찾기	• 곰 사냥을 떠나자 • 나비의 일기장	• 식물 수수께끼 • 식물 끝말잇기 게임
	수·과학 영역	• 수 : 황사 비바람을 막아라! • 과학 : 솜뭉치 실험	• 수 : 꽃이 피었어요 • 과학 : 새싹채소 기르기	• 수 – 개구리 성장패턴 – 무당벌레주사위게임 • 과학 : 지렁이화분 만들기	• 수 : 숫자대로 꽃 심기 • 과학 : 채소 샐러드 만들기
	음률 영역	• 봄의 속삭임 • 봄이 오는 소리	• 싹트네	• '나비야' 악기놀이 • 올챙이와 개구리	• 꽃시계 • '식물의 성장' 신체 표현
대·소집단 활동		• 이야기 나누기 – 봄의 날씨와 사람들의 생활 – 황사가 왔어요 • 동시 : 봄바람 • 동화 : 봄맞이 대청소 • 신체 : 봄바람이 불어요 • 게임 : 부침개를 뒤집어라! • 요리 : 황사 예방꼬치 만들기	• 이야기 나누기 – 봄에 만난 식물 – 들풀의 쓰임새 • 동시 : 애기풀꽃 • 동화 : 왕과 두 개의 씨앗 • 음악 : 민들레 꽃씨 • 신체 : 민들레 꽃씨의 여행 • 게임 : 씨앗 심고 돌아오기	• 이야기 나누기 – 겨울잠에서 깨어났어요 – '개구리왕자'와 약속 – 나비의 일기장 함께 들어보기 • 동극 : 무지개 나비가 되었어요 • 음악 : '개구리 가족' • 신체 : 곰 잡으러 간단다 • 요리 : 무당벌레 주먹밥	• 이야기 나누기 – 사람들이 느끼는 봄 이야기 – 정원 속에서 찾은 봄 이야기 • 동화 : 저 아름다운 초원을 봐 • 언어 : '우리들의 봄 이야기' 책 만들기 • 게임 : 꽃담 만들기 • 통합활동 – 정원을 꾸며요 – 봄 정원 전시회에 동생반 초대하기

실외활동	• 나무를 심는 사람 • 황사를 잡아라!	• 씨앗과 모종심기 • 꽃케이크 만들기	• 개구리 발자국 찍기 • 나비카드 붙이기	• 색관찰경으로 꽃과 나무 관찰하기 • 나도 멋진 정원사
점심 및 휴식	• 반찬 골고루 먹기 • 음악감상 : 봄노래 (무언가 中)	• 봄나물 먹어보기 • 음악감상 : 멘델스존 '봄의 노래' 들으며 휴식하기	지렁이화분에 음식물 찌꺼기 넣어보기	• 점심과 간식 꼭꼭 씹어먹기 • 음악동화감상 : 완두콩 이야기
오후자유 선택활동	대청소 도구 만들기	• 내가 좋아하는 꽃 도감 만들기 • 들풀 책갈피 만들기	• '나비야' 노래에 맞춰 춤추기(확장) • 나비의 일기장 만들어 보기(확장)	숫자대로 꽃 심기 카드 만들기(확장)
귀가 및가정과의 연계	황사예방 안내문을 가정으로 발송하여 가정에서 황사에 대한 대처방법 이야기 해주기	가족과 동네 산책 하며 나무, 꽃 보고 오기	곤충 그림책 집에서 함께 읽어보기	견학 : 아름다운 식물원(각 지역의 식물원 견학하기)
비고	《봄맞이 대청소》(코이데 탄 글, 코이데 야스코 그림) 《배고픈 애벌레》(에릭칼 글) 《봄을 찾은 할아버지》(한태희 글, 그림), 《꽃이 핀다》(백지혜 저) 《개미와 물새와 딱따깨비》(윤기현 저) 《개구리가 알을 낳았어》(이성실 글, 이태수 그림) 《곰 사냥을 떠나자》(마이클 로젠 글, 헬린 옥슨버리 그림) 《저 아름다운 초원을 봐》(볼트 하난트 저) 《툭 씨앗이 터졌다》(곤도 쿠마고 저), 《풀꽃 친구들》(시모다 도모미 저) 《개미집에 놀러와요》(안네 뮐러 저)			

출처 : 보건복지부(2012). 5세 누리과정에 기초한 어린이집 프로그램 1권.

(3) 주간교육계획

월간 및 주간교육계획안에 제공되어야 할 놀이와 활동들은 연간교육계획에서 계획된 주제와 소주제를 반영하여야 하며, 매일 작성하여야 하는 일일보육계획안의 활동과 연계되어야 한다(임승렬, 2012). 따라서 주간교육계획에는 주에 있을 모든 활동이 구체적으로 계획되어야 한다. 주간교육계획은 일반적으로 연간교육계획의 생활주제에 따라 그 주에 진행할 소주제를 결정하지만 유아의 자발적인 흥미와 요구에 따라 유아가 선정할 수도 있다. 또한 지난주까지의 진행상황을 고려하여 주제를 연장하거나 새로운 주제를 시작할지를 결정하며, 전 학년도의 평가사항을 반영하여 주제의 진행방법을 결정한다.

표 5-6 | 만 2세 주간교육계획안

▶ 주제 : 나는요

▶ 소주제 : 나는 ㅇㅇ이에요(1주)

<table>
<tr><th colspan="2">구분</th><th>월</th><th>화</th><th>수</th><th>목</th><th>금</th><th>토</th></tr>
<tr><td colspan="2">등원 및 맞이하기</td><td colspan="6">내 얼굴이 있는 옷장에 옷, 가방 걸기</td></tr>
<tr><td rowspan="5">일상생활</td><td>기본생활</td><td colspan="6">더러워진 옷 갈아입기</td></tr>
<tr><td>안전</td><td colspan="6">계단에서는 뛰지 않고 걷기</td></tr>
<tr><td>점심 및 간식</td><td colspan="6">내 자리에 앉아서 먹기</td></tr>
<tr><td>낮잠</td><td colspan="6">내가 좋아하는 인형과 함께 낮잠 자기</td></tr>
<tr><td>배변활동</td><td colspan="6">배변 후 손 씻기</td></tr>
<tr><td rowspan="7">실내 자유 놀이</td><td>신체</td><td colspan="2">거울보고 다양한 표정 지어보기</td><td></td><td></td><td></td><td></td></tr>
<tr><td>언어</td><td></td><td></td><td colspan="3">나에게 말해 봐요</td><td></td></tr>
<tr><td>감각 · 탐색</td><td></td><td colspan="3">내 얼굴, 내 몸을 만져보아요</td><td></td><td></td></tr>
<tr><td rowspan="2">역할 · 쌓기</td><td colspan="2">나를 꾸며 보아요</td><td></td><td></td><td></td><td></td></tr>
<tr><td></td><td></td><td colspan="4">우레탄블록으로 의자, 화장대 만들기</td></tr>
<tr><td>미술</td><td></td><td></td><td colspan="3">얼굴모양 종이에 끼적거리기</td><td></td></tr>
<tr><td>음률</td><td colspan="2">노래 부르기 〈당신은 누구십니까?〉</td><td></td><td></td><td></td><td></td></tr>
<tr><td colspan="2">실외놀이</td><td colspan="2">발자국 놀이</td><td></td><td colspan="3">두발 모아 유니바 뛰어넘기</td></tr>
<tr><td rowspan="2">귀가 및 연계</td><td>귀가</td><td colspan="6">내 얼굴이 있는 신발장에 실내화 정리하기</td></tr>
<tr><td>귀가 및 가정과의 연계</td><td colspan="6">• 가정과의 연계 : 가족과 함께 목욕하며 서로의 몸에 관심 갖고 자연스럽게 탐색해 보기
• 지역사회 연계 : 선생님과 함께 가까운 보건소 방문하여 신체와 건강에 대한 이야기 들어보기</td></tr>
</table>

출처 : 보건복지부(2013). 어린이집 표준보육과정에 기초한 0–2세 영아보육 프로그램.

표 5-7 | 만 5세 주간교육계획

▶ **주제 : 봄과 동식물**
▶ **소주제 : 동물들의 봄나들이**

구분		월	화	수	목	금	토
기본생활		옷 제자리에 걸기					
등원		등원 길에 본 곤충 이야기하기					
오전자유선택활동	쌓기놀이영역		쿨쿨 곰가족		개미집을 지어요		
	역할놀이영역	올챙이 연못나라		애벌레의 변신			
	미술영역	개구리 접어 연못 꾸미기			나비모빌 만들기		
	언어영역	곰 사냥을 떠나자		나비의 일기장			
	수·과학영역		수 : 개구리 성장패턴				
				과학 : 지렁이화분 만들기			
					수 : 무당벌레 주사위 게임		
	음률영역		'나비야' 악기 놀이		올챙이와 개구리		
대·소집단활동		• 이야기 나누기 : 겨울잠에서 일어났어요 • 신체 : 곰 잡으러 간단다	• 이야기 나누기 : '개구리 왕자'와 약속 • 음악 : 개구리 가족	요리 : 무당벌레 주먹밥	동극 : 무지개 나비가 되었어요	이야기 나누기 : '나비의 일기장' 함께 들어보기	
실외활동		개구리 발자국 찍기		나비카드 붙이기			
점심 및 낮잠				지렁이화분에 음식물 찌꺼기 넣어보기			
오후자유선택활동			실외 : '나비야' 노래에 맞춰 춤추기(확장)				
				나비의 일기장 만들어 보기(확장)			

귀가 및 가정과의 연계	곤충 그림책 집에서 함께 읽어보기
활동 간 연계	※ 가능한 활동 간 연계의 예 • 〈오전 언어〉 나비의 일기장 → 〈오후〉 나비의 일기장 만들어 보기(확장) 〈대 · 소집단〉 '나비의 일기장' 함께 들어보기 • 〈오전 언어〉 곰 사냥을 떠나자 → 〈대 · 소집단〉 곰 잡으러 간단다 • 〈오전 음률〉 '나비야' 악기 놀이 → 〈실외〉 '나비야' 노래에 맞춰 춤추기(확장)

출처 : 보건복지부(2012). 5세 누리과정에 기초한 어린이집 프로그램 1권.

(4) 일일교육계획

일일교육계획은 주간교육계획안에서 선정한 활동과 영유아의 흥미와 활동에 대한 반응 등을 고려하여 영유아의 하루일과를 계획하는 것이다. 일일교육계획은 하루 동안 진행되는 활동을 시간의 순서에 따라 기록하는데, 생활주제, 교육목표, 활동명, 진행방법, 준비물, 유의점, 중요한 교사의 역할, 평가란을 마련하여 자세히 명시한다. 일일교육계획안 작성 시 고려할 사항은 다음과 같다(임승렬, 2012).

- 주간교육계획안을 토대로 주제전개의 효율성, 활동의 난이도 등을 고려하여 활동을 계획한다.
- 일일계획의 일정한 시간은 영유아의 신체적인 욕구를 반영하여 영유아의 신체적 욕구를 조절할 수 있도록 계획한다.
- 일일교육계획은 활동적인 시간과 조용하고 휴식하는 시간의 균형이 이뤄지도록 계획한다.
- 일일교육계획은 영유아 개인이나 집단의 욕구를 반영할 뿐만 아니라 실내 · 외 활동, 개인 혹은 집단활동, 교사 선택활동과 영유아 선택활동이 균형을 이루고 다양하게 전개되어야 한다.
- 일일교육계획은 날씨의 변화, 영유아의 흥미의 지속성 등을 고려하여 융통성 있게 운영되어야 한다.
- 충분한 탐색시간을 제공하고 영유아가 주도적이고 독립적으로 놀이할 수 있도록 주간계획에서 선정된 활동들을 확장해 주거나 반응하면서 반복적으로 활동을 실행하고 영유아의 활동을 관찰하여 다음날 계획에 반영하도록 한다.
- 하루일과가 끝난 후 실시된 활동을 기록하며, 계획하지는 않았으나 영유아의

관심에 따라 진행되었던 활동도 기록하여 비교해 보고 차년도 주간계획에 참고자료로 활용할 수 있도록 한다. 진행된 활동에 대한 평가는 평가란에 기술하여 각 활동의 성취도, 적절성, 문제점 등을 파악하고 다음 활동계획 및 영유아에 대한 참고자료로 활용한다.

표 5-8 | 만 1세 일일교육계획안

일 시	2013년 6월 10일(월) 날씨 : 맑음	담임	염○○, 최○○
주 제	나는요	소주제	내 몸을 살펴보아요
목 표	움직이고 멈추는 반복된 동작을 통해 흥미를 갖는다.		
시간 및 활동명	**활동계획 및 방법**	**실행 및 평가**	
7 : 00–8 : 30 등원 및 실내자유놀이	• 반갑게 웃으며 인사하기 • 영아의 기분, 건강상태 확인하기	영아의 손, 발을 시진하여 수족구를 파악하도록 하였음. 두 명의 영아가 수족구 증세가 보여 격리하였고 가정으로 바로 연락을 함.	
8 : 30–9 : 00 화장실 가기 및 오전 간식	• 간식 먹기 전에 손 깨끗이 씻기 • 간식 먹기 전 감사 인사하기 • 혼자서 먹을 수 있어요	오전 간식 : 요구르트/단팥 빵 손을 깨끗이 씻을 수 있도록 하였으며, 클린콜을 뿌려 소독하고 빵은 먹기 좋은 크기로 배식하여 혼자서 간식을 먹을 수 있도록 하였음	
9 : 00–10 : 30 실내자유놀이	**【역할】** 촉감 음식 상 차리기 점핑클레이를 이용하여 동그랗게 빚기, 꾹꾹 누르기 등의 조작활동으로 음식 모형 만들어 놀이하기 **【쌓기】** 우레탄 큰 블록놀이 다양한 모양의 우레탄 블록을 이용하여 자신의 키만큼 쌓아보기 **【창의적 표현】** 그대로 멈춰라 '그대로 멈춰라' 음악을 들으며 자유롭게 움직여 춤을 추고, '그대로 멈춰라', '움직이지 마' 라는 제시어가 나오면 동작 취하기	**【역할】** 영아들이 벽돌블록을 이용하여 상을 만들어 보았음. 교사는 영아들이 교실에 있는 음식모형놀잇감으로 상을 차리기도 하지만, 점핑클레이로 영아가 선호하는 맛있는 음식을 만들어 볼 것을 제안하여 같이 활동하였음. 점핑클레이의 느낌을 만져보며 동그란 모양, 꾸꾸 누르기 등의 활동으로 이어질 수 있었음 **【쌓기】** 우레탄 큰 블록을 제시하였음. 영아들이 블록을 쌓고 부술 때, 친구가 다치지 않도록 친구가 없는 쪽으로 넘어뜨려 볼 것을 상호작용하였음. 친구와의 친사회적 활동을 촉진하도록 교사는 "너 한 번. 나 한 번"을 상호작용하며 함께 놀이하였음 **【창의적 표현】** 영아들이 실내자유놀이시간에 음률영역에서 북을 두드리며 악기 탐색이 이루어짐. 교사는 노래를 함께 불러주며 동작활동을 진행할 수 있었음. 교실 이곳저곳을 이동하는 영아가 있어 공간을 확보하여 안전하게 활동을 하도록 하였음	

10 : 30–10 : 40 정리정돈 및 전이활동 (1세 기저귀 갈이, 화장실 가기)	• 선생님 도움 받아 스스로 놀잇감 정리 해 보기 • 전이활동 : 손유희 〈춤추는 방울〉	손 씻기 지도를 강화하였음. 영아들이 정리하는 데 힘들지 않도록 교사는 노래를 불러주어 즐거운 분위기에서 정리할 수 있도록 격려함
10 : 30–11 : 40 실외자유놀이	【실외활동】 느리고 빠르게 달려보기 (우천 시 : 유희실에서 〈날 따라해봐요〉)	• 영아들과 클린콜로 소독하며 바깥놀이 나갈 준비를 하였음. 햇빛이 뜨거움을 감안하여 모자와 선크림을 챙겨 바르고 나갔음. 느리고 빠르게 달려보기 활동을 뒷동산에서 진행함. 교사는 영아들이 다치지 않도록 영아들의 행동을 살펴보며 "느리게, 빨리" 등의 속도를 조절할 수 있도록 하였음 • 영아들은 교사의 지령에 관심을 보이며, 빨리 걷기뿐만 아니라 느리게 달리기 등을 따라 해볼 수 있었음.
11 : 40–12 : 30 점심식사	• 밥 먹기 전 노래 부르기 • 숟가락과 포크 이용해 스스로 밥 먹기 • 혼자서 먹을 수 있어요	점심식사 : 현미밥/한우시금치국/버섯햄볶음/청경채나물/백깍두기 영아들과 손을 깨끗이 씻고 책상 또한 청결하게 유지하여 식사할 수 있도록 하였음. 버섯햄볶음 중 햄만 골라먹는 영아들이 있어 함께 먹어보도록 지도하며 식기를 사용하여 혼자서 먹어볼 수 있도록 지도함
12 : 30–12 : 40 이 닦기 및 화장실 가기 낮잠 준비	• 식사 후 스스로 이 닦아보고, 선생님께 마무리 도움받기 • 화장실 다녀온 후 손 깨끗이 씻기	화장실 지도, 만 1세 기저귀 갈이가 함께 이루어졌음. 배변훈련 프로그램이 함께 진행되고 있어 팬티 입은 영아는 화장실에서 함께 배변을 해보도록 하였음
12 : 40–15 : 00 낮잠 및 휴식하기	〈누가 누가 잠자나〉 들으며 편안히 잠자기	편안한 음악을 들으며 휴식할 수 있도록 하였음. 날씨가 습하였음. 자기 전에 제습을 해줄 수 있도록 해야겠음
15 : 00–15 : 40 정리정돈 및 화장실 가기, 오후 간식	• 음악 소리가 들리면 천천히 일어나기 • 화장실 다녀온 후 손 씻기 • 혼자 먹을 수 있어요	오후간식 : 궁중떡볶이/흰우유 떡은 너무 커 목에 걸리지 않도록 가위로 잘라 배식하였음

15 : 40–17 : 30 실내자유놀이 및 산책	【감각 · 탐색】 촉감놀이판 걷기 교실 바닥에 다양한 촉감 발판을 붙여 주어 느낌을 탐색한 뒤, 자유롭게 걸어보기 【쌓기】 우레탄 큰 블록놀이 다양한 모양의 우레탄 블록을 이용하여 자신의 키만큼 쌓아보기	【감각 · 탐색】 촉감놀이 발판에 흥미를 보이며, 많은 영아가 한꺼번에 관심을 보이는 모습이 보여졌음. 교사는 영아들이 발판에 머물러 다른 친구들과의 분쟁상황이 생기지 않도록 노래 부르며 길 걸어보기 활동으로 하여 영아들이 촉감 길을 자연스럽게 지나갈 수 있도록 하였음. 촉감길을 탐색하는 시간이 짧아 아쉬웠음
17 : 30–18 : 00 귀가 준비 및 순차 귀가	영아의 하루일과 적응상황에 대하여 부모에게 전달하기	수족구로 인해 학부모의 걱정이 많았음. 개인위생에 대해 철저히 신경 쓸 것을 이야기하며, 하원하였음
18 : 00–20 : 00 오후 통합보육	오후 통합보육 신청한 영아는 오후 보육 후 순차 귀가	• 오후 보육 : 없음 • 저녁 간식 : 누룽지탕/구이 김
기본생활습관	배변의사 표현하기 : 화장실로 가 "쉬, 응가"라고 이야기 해보며 변기에 앉아 보았음	
일일평가	수족구병에 걸린 영아가 세 명 있었음. 다른 영아들이 옮지 않도록 교사는 교실환경과 개인 위생에 대해 철저히 신경 쓸 수 있도록 해야겠음. 자유놀이 시 영아들이 자신의 놀잇감을 빌려주거나 "빌려줄래?" 등 상호작용이 많이 증진된 모습이 관찰되었음. 교사는 영아의 긍정적인 행동변화에 칭찬해 주어 지속될 수 있도록 해야겠음	
비고	+ 추가 실행된 활동 ◎ 확장된 활동 ○실행된 활동 ×미 실행활동 △ 미 종결활동 ♧지역사회연계활동 ▲ 안전교육 ♥ 사회관계 증진활동 ★일상생활 관련 활동	

출처 : 김상림 외(2013). 보육과정.

표 5-9 | 만 5세 일일교육계획안

<table>
<tr><td colspan="2">일일교육계획안</td><td>2010년 4월 ○일
○요일 날씨 : ○○</td><td>담임

</td><td>원장

</td></tr>
<tr><td>주 제</td><td colspan="4">봄과 동식물</td></tr>
<tr><td>소주제</td><td colspan="4">동물들의 봄나들이</td></tr>
<tr><td>시간 및 구분</td><td colspan="2">활동계획 및 방법</td><td>준비물 및 유의점</td><td>실행 및 평가</td></tr>
<tr><td>7 : 30-9 : 00
등원</td><td colspan="2">• 유아의 기분과 건강상태 확인하기
• 스스로 소지품을 정리할 수 있도록 도와주기
• 투약 의뢰서 유무 확인하기
• 통합 교실에서 자유놀이하기</td><td>투약의뢰서
일일연락장
영역별 놀잇감</td><td></td></tr>
<tr><td>9 : 00-10 : 20
오전
자율선택활동</td><td colspan="2">• 새로운 영역활동 소개하기
• 등원길에 본 곤충 이야기해보기
• 관심 있는 영역에서 자유롭게 활동하도록 돕고, 교사 및 또래와 긍정적 상호작용 나누기
• 교사의 도움이 필요한 흥미영역의 놀이에 골고루 참여하기
• 역할 : 올챙이 연못나라
–디오라마 틀에 천을 깔고 바위와 수초로 연못 꾸미기
–올챙이 인형 특성 표현하며 놀기
• 미술 : 개구리 접어 연못 꾸미기
–개구리 접기 순서표 보고 개구리 접기
–원하는 종이로 연못 꾸미고 종이접기 개구리 구성하기
–작품 게시 후 이야기 들어주기
• 언어 : 곰 사냥을 떠나자
–친구와 함께 《곰 사냥을 떠나자》 읽기
–그림책에서 나온 의성어 카드 함께 읽으면서 녹음하고 소리 듣기</td><td>영역별 놀잇감, 여러 모양의 올챙이 인형, 파란색 천조각, 바위 모형, 수초 모형, 디오라마 틀, 개구리 접기 순서표, 색종이, 여러 가지 재질 종이, 그리기 도구, 가위, 풀, 바구니, 《곰 사냥을 떠나자》, 녹음기, 의성어 카드</td><td></td></tr>
<tr><td>10 : 20-10 : 50
화장실 가기/
손 씻기/
오전 간식</td><td colspan="2">• 화장실 다녀오기 및 손 씻기
• 준비된 간식 가지고 자리에 앉기
• 간식 먹은 후 자리 정리하기</td><td>쇠고기버섯죽</td><td></td></tr>
</table>

10 : 50–11 : 20 대 · 소집단 활동	• 이야기 나누기 : 겨울잠에서 깨어났어요 –날씨가 점점 따뜻해지면 겨울잠 자는 동물도 잠에서 깨어나는 점 이야기 나누기 –겨울잠 자는 동물 영상 PPT 본 후 화면에서 부분 모습보고 겨울잠 자는 동물 이름 알아맞히기 –준비해 둔 동물카드로 겨울잠 자는 동물 분류판에 붙여보기	겨울잠 자는 동물 PPT, 분류판, 동물카드	
11 : 20–12 : 10 실외활동/ 손 씻기	• 실외활동 : 실외 놀이터에서 자유롭게 놀기 –우천 시 : 실내 유희실에서 자유롭게 놀기 –화장실 다녀오기 및 손 씻기		
12 : 10–13 : 20 점심식사/ 이 닦기	• 골고루 음식 먹고 스스로 자리 정리하기 • 이 닦기 • 먼저 먹은 친구는 자유롭게 놀이하기	검은쌀밥 건새우아욱국 사태떡찜 참나물무침 김치	
13 : 20–13 : 40 대 · 소집단 활동	• 신체 : 곰 잡으로 간단다 –《곰 사냥을 떠나자》동화 간단하게 들려주고 동화 내용에 맞게 동작하기 –《곰 사냥을 떠나자》노래에 맞추어 신체표현하기	《곰 사냥을 떠나자》 동화, 커다란 이불, 곰 의상 혹은 곰 모자	
13 : 40–15 : 00 오후 자유선택활동	원하는 영역에서 오전에 했던 놀이나 다른 놀이들을 자유롭게 선택하여 하기	영역별 놀잇감, 새로 제시된 교구 일체	
15 : 00–15 : 30 화장실 가기/ 손 씻기/ 오후 간식	• 화장실 다녀오기 및 손 씻기 • 준비된 간식 가지고 자리에 앉기	약식, 과일	
15 : 30–16 : 20 실외활동/ 손 씻기	• 실외활동 : 개구리 발자국 찍기 –원하는 개구리 신발 신고 모래밭에서 개구리 발자국 자유롭게 만들어 보기 –개구리 발자국 만든 경험 이야기 나누기 • 우천 시 : 실내에서 '개구리 뛰뛰기' 게임하기 –실내에서 신문지 여러 겹 깔고 개구리 신발에 물 묻혀 신문지 위 걸어보기 • 화장실 다녀오기 및 손 씻기	개구리 발 붙인 신발 여러 켤레	

16:20-17:30 오후 자유선택활동	원하는 영역에서 자유롭게 놀기	영역별 놀잇감, 오전에 새로 제시된 교구 일체
17:30-17:50 대 · 소집단 활동	오늘 즐거웠던 일에 대해 이야기 나누기	
17:50-19:30 귀가지도 및 통합	• 통합보육하면서 개별적으로 귀가하기 • 자신의 소지품 정리하기/선생님과 친구에게 인사하기	일일연락장, 영역별 놀잇감
일일 전체 평가		
비고	하루 일과에서 규칙적으로 발생한 내용이 아니라 특별히 발생한 내용에 대해 기록하기	

출처 : 보건복지부(2012). 5세 누리과정에 기초한 어린이집 프로그램 1권.

3) 교수활동의 평가

교수활동을 하고 난 후에는 영유아들의 이해 정도에 대한 평가가 이루어져야 한다. 이러한 평가과정을 통해 교사는 활동이 구체적으로 어떤 영유아를 위해 어떻게 운영되고 다음의 활동으로는 어떠한 활동이 좋을지에 대해 계획할 수 있게 된다. 또한 활동을 계획했을 때에는 미처 예측하지 못했던 상황에 대해 미리 대처할 수 있는 방안을 모색할 수 있는 기회를 제공한다. 교사는 영유아들을 관찰함으로써 계획했던 학습목표가 달성되었는지의 여부를 평가하는 것으로, 이는 매우 중요한 교수활동과정의 하나이다.

표 5-10은 교수활동계획 및 평가 기록의 예시이다.

표 5-10 | 교수활동계획 및 평가

계 획	• 활 동 명 : • 활동목표 : • 자　　료 :
절 차	• 언제 활동이 이루어질 것인가? • 어디서 활동이 이루어질 것인가? • 어떤 영유아가 참석할 것인가? • 어떠한 방법으로 활동에 참석할 영유아가 선택될 것인가?

절 차	• 순서를 기다려야 한다면 어떻게 영유아들이 이러한 과정을 받아들일 수 있게 할 것인가? • 영유아도 활동 준비에 참여할 것인가? 그렇다면 어떻게 참여할 것인가? • 활동은 어떠한 교수학습전략 모델을 적용하여 진행할 것인가? • 활동이 끝난 후 정리 정돈에 참여하나? 어떻게? • 교사를 위한 특별한 유의점은?
특별한 고려사항	• 특별한 어려움이 있는 유아를 위한 방법은? • 다른 성인의 도움이 필요한가? 어떻게 해결하나?
평 가	• 활동이 영유아의 발달 정도에 적절했나? –만일 수정이 가능하다면 어떻게 이 활동을 변형시키겠는가? –영유아가 이 활동을 통해서 학습이 이루어진 특별한 증거가 있다면 어떤 것인가? • 활동은 잘 진행되었는가? 아니면 잘 진행되지 못했는가? 그 이유는? 이 활동을 보다 발전시키기 위해 어떻게 변형시키겠는가? • 이 활동은 영유아의 사전발달과정 또는 활동과 어떻게 연결되는가? • 다음의 활동으로는 어떠한 활동이 적절하다고 보는가?
기타 의견	

출처 : 이영자 외(2009). 유아교수 · 학습방법.

2. 학급운영

1) 일과운영

일과란 영유아가 등원부터 귀가까지 하루 동안 영유아교육기관에서 시간을 어떻게 보낼 것인가에 대한 내용으로, 영유아교육기관에서 지내는 하루 일과는 영유아가 안정감을 느끼고 가정과 같은 편안함을 느낄 수 있도록 진행되어야 한다. 그러므로 일과운영은 유아의 흥미와 요구에 따라 진행되고, 다양한 활동의 경험 속에서 풍부한 상호작용을 통해 학습이 이루어지도록 계획되는 것이 바람직하다(이정환 · 김희진, 2013).

효과적인 일과계획과 운영의 기본적인 원리는 다음과 같다(Decker & Decker, 1976).

• 일과운영은 영유아의 발달, 개별적인 요구, 교육기관의 교육목표를 반영해야

한다. 영유아의 기본적인 욕구충족과 신체적 보호를 중심으로 하루일과가 구성되도록 하고 이러한 활동 속에 교육적 경험이 연결되도록 놀이를 중심으로 한 활동을 함께 운영하도록 하며 생리적 시간표를 사전에 파악하여 일과운영에 반영해야 한다.

- 일과운영은 동적 · 정적 활동, 개인 · 집단활동, 실내 · 외 놀이 등 다양한 경험을 만족할 수 있도록 균형 있게 계획하여야 한다.
- 영유아가 심리적으로 안정감을 가질 수 있도록 일관성이 유지되도록 계획하고 운영하여야 한다. 하루의 일과가 일관성 있게 진행됨으로써 영유아는 앞으로 하게 될 일을 예측할 수 있으며 주변세계에 대한 이해를 증진시킬 수 있다.
- 일과운영은 영유아의 개인적 욕구를 충족시킬 수 있도록 융통성이 있어야 한다. 기본적인 일과 순서를 지키지만 그날의 날씨, 상황, 영유아의 기분이나 요구, 놀이의 확장 정도에 따라 일과를 융통성 있게 계획하고 운영해야 한다.
- 일과운영은 하루의 전반적인 활동을 평가하면서 마무리해야 한다.
- 교사들이 협력하여 구체적이고 체계적으로 업무분장을 통해 효율적으로 분담해야 한다.

누리과정에서 제시하고 있는 일과 운영의 원리는 다음과 같다(보건복지부, 2012).

- 누리과정의 내용과 관련된 활동들을 놀이 중심으로 진행한다.
- 융통성 있게 계획하고 운영한다.
- 하루일과를 예측가능하도록 규칙적이고 일관성 있게 계획한다.
- 일상적 양육활동이 즐겁고 안전하며 편안하게 경험되도록 한다.
- 활동 간 균형을 맞추어 계획한다.
- 여러 유형의 상호작용이 동시에 일어날 수 있도록 한다.
- 유아의 개별적 차이를 고려한다.
- 유아의 흥미와 의견을 반영한다.
- 풍부한 환경구성을 미리 준비하고 규칙적으로 변경해 준다.
- 평가는 규칙적으로 한다.
- 일과운영은 어린이집의 특성에 따라 융통적으로 운영할 수 있다.

2) 자유선택활동의 지도

놀이에 대한 영유아들의 본능적 욕구를 학습 및 발달과 연결시키는 시간이 자유선택활동시간이라 할 수 있다. 영유아교육기관에서 자유선택활동시간은 연령과 프로그램의 유형에 따라 차이가 있으나 하루 일과 중 가장 큰 비중을 차지한다.

자유선택활동이 효율적으로 진행되기 위해서 교사는 각 흥미영역에서 지켜야 할 규칙, 활동할 수 있는 인원 수, 놀이 순서 등을 사전에 영유아들과 함께 의논하여 정할 필요가 있다. 또한 놀이가 진행되는 동안 관찰을 통해 개별 영유아를 보다 잘 이해하고 적절하게 놀이에 개입하거나 상호작용하여 놀이를 확장시킬 수 있다.

이정환과 김희진(2013)은 자유선택활동 시 교사의 역할을 다음과 같이 제시하였다.

- 각 흥미영역을 적절하게 배치한다.
- 유사한 특성을 가진 영역끼리 인접하게 배치한다.
- 교사는 교실 전체에서 일어나는 일을 한눈에 파악하고 있어야 한다.
- 영유아가 중심이 되어 활동이 진행될 수 있도록 준비한다.
- 영유아가 자유선택활동에 관심을 가지고 자발적으로 참여할 수 있도록 각 흥미영역의 이름, 자료의 종류, 놀이방법 등을 소개해 준다.
- 교사는 영유아가 한 가지 놀이에만 집착하지 않고 다양한 놀이활동에 골고루 참여하도록 도와야 한다.
- 교사는 영유아의 놀이상황에서 어려움이 생겼을 때에 적절히 개입하여 어려움이 해결될 수 있도록 돕는다.
- 교사는 자유선택활동시간 전체의 그림을 항상 머릿속에 간직하고 적절하게 대처한다.
- 교사는 영유아들의 활동선택을 용이하게 도와주고 이를 기록으로 남길 수 있는 방법에 대해 알고 있어야 한다.

자유선택활동은 준비된 환경 속에서 영유아가 하고 싶은 활동을 선택할 수 있는 자율성과 활동의 과정에서 교구, 유아, 교사의 상호작용에서의 능동성이 강조되어야 하므로(임승렬, 2012), 개방적으로 계획해야 한다. 자유선택활동은 계획하기, 활동에 참여하기, 평가하기의 3단계로 나누어 살펴볼 수 있다(최석란 · 이경희 · 이상화 · 서원경, 2012).

1단계인 '계획하기' 단계에서 유아는 교실 내의 놀이영역, 놀이자료, 놀이친구, 놀이방법을 자유롭게 선택하여 계획할 수 있다. 따라서 자유선택활동시간을 어떻게 보낼 것인지에 대한 계획은 중요하다. 자유선택활동이 시작되기 전 교사는 각 영역에서의 놀이활동에 대해 소개하고, 영유아가 놀이시간을 어떻게 보낼지에 대한 계획을 세울 수 있도록 지도해야 한다.

2단계 '자유선택활동시간의 활동에 참여하기' 단계에서는 영유아가 자신이 세운 놀이계획에 따라 자유롭게 흥미영역을 이동하며 놀이를 진행한다. 이때 교사는 관찰을 통해 영유아의 놀이계획과 놀이 참여 여부를 점검할 수 있다. 또한 교사는 놀이가 진행되는 동안 영유아의 놀이가 활발하게 이루어지는지 살펴보고, 놀이에 대한 관심과 격려를 보여야 한다.

마지막 3단계 '놀이활동 정리 및 놀이평가' 단계에서 교사는 자유선택활동시간의 종료를 미리 알려 영유아가 하던 놀이를 마무리하고 정리정돈할 수 있는 시간을 충분히 주어 놀이가 갑자기 중단되지 않도록 하여야 한다. 정리정돈이 끝나면 교사는 영유아들에게 자유선택활동시간에 자신이 한 놀이활동에 대해 이야기할 수 있는 기회를 제공하여 또래와 함께 이야기 나누고 자신의 놀이계획에 대해 유아 스스로 평가할 수 있는 시간을 주어 자유선택활동을 마무리할 수 있도록 지도해야 한다.

3. 영유아 관찰 및 평가

1) 영유아행동 관찰

교사는 영유아가 능력을 최대한 발휘할 수 있도록 교수활동을 계획해야 한다. 그러기 위해서는 영유아의 발달에 대한 이해와 교사의 민감한 관찰이 이루어져야 한다. 영유아를 관찰하는 것은 관찰에 관련된 목표를 구체적으로 정하고 관찰방법과 시기를 정해야 한다(임승렬, 2012).

영유아의 교육활동을 평가하는 방법 중 가장 일반적으로 사용되는 방법은 관찰법으로, 영유아에 대한 정보를 수집하고자 하는 특별한 목적이 있으며, 그러한 정보를 기록하는 방법을 의미하기도 한다(Beaty, 1995). 관찰법은 단순히 영유아의 행동을 지켜보는 것 이상의 특별한 체계적인 방법을 통해 행해진다. 관찰을 통하여 정확한 자료를 얻기 위해서는 다음과 같은 점에 유의하여야 한다(임승렬, 2012).

- 영유아의 행동을 객관적으로 기록해야 한다. 영유아가 가지고 있는 배경이나 환경, 조건보다는 행동에 대한 사실을 그대로 기술해야 한다. 관찰자의 편견이나 판단이 우선되어서는 안 된다.
- 실제로 관찰한 것과 관찰자의 해석을 구분하여야 한다.
- 다양한 상황에서 영유아를 관찰할 수 있도록 적절한 시간과 장소를 정한다.
- 관찰자의 추측이 아닌 실제 관찰한 사실만을 기록해야 한다.
- 영유아의 행동을 관찰한 즉시 기록해야 한다.

(1) 표본식 기술

표본식 기록은 행동의 일화를 가장 자세하고 완전하게 표현하는 지속적인 관찰 기록법이다(황해익, 2000). 표본식 기록의 목적은 영유아의 행동과 언어를 기록하여 그대로의 원자료를 가능한 한 많이 수집하는 것이며, 수집된 원자료가 연구자나 관찰자, 교사에 의해 재분석되어 영유아의 발달을 파악하는 데 도움이 되도록 하는 데 있다(황해익 · 송연숙 · 정혜영, 2003).

표본식 기록에서는 관찰자가 일정한 기간 혹은 활동이 끝날 때까지 영유아가 말하고 행동한 모든 것을 객관적으로 자세히 순서대로 기록해야 한다. 표본식 기술을 잘하기 위한 유의사항은 다음과 같다(박성연 · 박응임 · 서소정 · 안지영 · 이주연 · 임희수 · 장혜성 · 한세영, 2007).

- 보통 10~30분 정도의 시간에 걸쳐 관찰한다.
- 관찰지에 관찰날짜, 시간, 관찰대상(생일과 성별), 관찰자 이름을 미리 기입해 둔다.
- 관찰대상인 영유아의 행동이 관찰된 장소와 관찰 장면을 기록한다.
- 보고 들은 바를 그대로 기록한다. 객관적 사실만 기록하여 주관적 판단과 추론을 배제한다.
- 관찰대상인 영유아의 말과 행동을 가능한 자세히 기록하여야 하며, 직접화법과 현재형으로 영유아의 대화를 그대로 기록하도록 한다.

- 관찰대상인 영유아뿐 아니라 영유아의 상호작용 대상자의 말과 행동도 기록한다.
- 사건이 진행된 시간순서대로 기입한다(1~5분마다 또는 장면이 바뀔 때마다 시간 표시).
- 관찰지의 왼쪽 여백을 이용하여 영유아의 행동지속시간이나 관찰장면이 바뀔 때 기록한다. 시간을 표시해 두면 영유아가 관심을 갖는 활동을 파악할 수 있고, 영유아의 주의집중시간의 지표가 되기도 한다.
- 관찰지의 오른쪽 여백을 이용하여 활동에 대한 보충설명과 해석은 별도로 기입한다.
- 관찰아동의 행동을 긍정적으로 기술한다.
- 마지막에 발달영역별로 간단히 요약을 한다.

표본식 기술 관찰양식의 예는 그림 5-2와 같다.

관찰 영유아		생년월일		관찰일 현재연령	년 월
관찰자		성 별	남 / 여	관찰일자	년 월 일
관찰장면				관찰시간	
시 간	기 록			해 석	
요 약					

그림 5-2 | 표본식 기술 관찰양식

출처 : 임승렬(2012). 보육실습.

(2) 일화기록

일화기록은 어떤 짧은 내용의 사건에 대해 서술적으로 기록하는 방법이다. 글로 그림이나 사진을 보는 것처럼 구체적이고 사실적으로 묘사하는 방식으로, 다양한 장면에서 영유아의 자연적인 행동을 서술하는 방법이며, 언제 어디서나 관찰기록이 가능하다. 일화기록을 잘 하기 위해서는 다음과 같은 점에 유의하여야 한다(이정환, 2009).

- 사건을 관찰한 후 곧 기록하되, 시간이 일어난 순서대로 기록한다.
- 대상 영유아의 말과 행동을 구분하여 기록한다.
- 관찰시간, 장면, 진행 중인 활동 등 상황적인 자료를 반드시 포함시킨다.
- 대상 영유아의 언어표현을 그대로 기록하여 대화의 명확한 의미가 보존되도록 한다.
- 사건을 사실 그대로 편견 없이 기록하며, 객관적 관찰과 주관적인 해석 혹은 지도방안은 다른 것이므로 사실부분과 해석부분을 분명히 구분하여 기록한다.

관찰 영유아		생년월일		관찰일 현재연령	년 월
관찰자		성 별	남 / 여	관찰일자	년 월 일
관찰장면				관찰시간	
기 록					
해 석					

그림 5-3 | 일화기록 관찰양식

출처 : 임승렬(2012). 보육실습.

(3) 시간표집법

시간표집법은 관찰하고자 하는 특정행동을 정해진 짧은 시간 동안 관찰하여 행동의 출연빈도를 수집하는 방법이다. 서술적 관찰법처럼 사건의 전모나 상호작용의 패턴, 행동의 인과관계를 파악하기 어려운 단점이 있지만 한 번에 많은 수의 대상을 관찰할 수 있으며, 관찰하고자 하는 시간의 한계와 관찰하고자 하는 행동의 정의가 분명하므로 신뢰도와 객관성이 높다. 또한 빠르게 일어나는 행동을 체계적으로 관찰하는 데 가장 적합하다. 관찰하고자 하는 행동 유형, 관찰시간, 관찰결과를 기록하는 시간에 따라 시간의 간격이 달라지는데, 최대한 15분 이내의 시간간격을 두게 된다. 시간표집법을 사용할 때 고려해야 할 사항은 다음과 같다(박성연 외, 2007).

- 시간 간격은 최대한 15분으로, 되도록 5분 이내로 하는 것이 좋다.
- 명백하게 드러나 관찰하기 좋은 외현행동연구에 적합하다.
- 관찰하고자 하는 행동에 대한 조작적 정의를 명확하게 내리고 범주화하여 관찰자가 모든 용어를 잘 이해할 수 있도록 한다.
- 관찰목적의 중요성을 인식하고 시간표집연구의 구성방법을 결정해야 한다. 관찰대상의 수, 관찰의 초점, 관찰의 횟수와 시간 등을 결정하고 관찰기록용지의 형식을 정한다.
- 행동의 발생빈도와 특성에 따라 관찰시간간격, 관찰횟수, 총 시간 수를 결정한다. 예를 들면, 30초 관찰, 10초 기록 등 시간단위를 정한다.
- 기록에 사용할 부호나 빈도표시방법을 결정한다. 예를 들면, 가로축은 행동범주로 구분되며, 세로축은 관찰간격으로 구분되고, 빈도를 표시할 때는 행동범주에 대한 축약어나 부호를 사용한다.

그림 5-4는 시간표집법 관찰양식의 예이다.

관찰 영유아		생년월일		관찰일 현재연령	년 월
관찰자		성 별	남 / 여	관찰일자	년 월 일
관찰시간					

초	사회적 놀이			비놀이활동			활 동	메 모
15초 동안	혼자놀이	평행놀이	집단놀이	몰입하지 않는 행동	쳐다보는 행동	전환		
15초								
15초								
15초								
15초(1분)								
15초								
15초								
15초								
15초(2분)								
15초								
15초								
15초								
15초(3분)								
합 계								
요 약								

그림 5-4 | 시간표집법 관찰양식

출처 : 임승렬(2012). 보육실습.

(4) 평정척도법

평정척도법은 관찰에서 얻은 자료를 수량화하기 위해 고안된 방법으로 관찰자가 관찰대상자의 행동을 유목이나 숫자의 연속성 위에 분류하는 방법이다. 평정척도법은 사용하기 편리하고 관찰자가 특별한 교육 없이도 손쉽게 사용할 수 있으며, 관찰과 동시에 기록하지 않고 교사가 편리한 시간에 기록할 수 있다는 장점이 있다. 그

관찰 영유아		생년월일		관찰일 현재연령	년 월
관찰자		성 별	남 / 여	관찰일자	년 월 일

지 시	영유아의 자조성에 대하여 다음과 같이 1~5로 평가하여 해당 숫자에 ○표 하시오.					
	5 아주 잘함	4 잘함	3 보통	2 못함	1 아주 못함	n/o 관찰 못함
옷 입기						
간식 먹은 책상 치우기						
화장실 가기						
손 씻기						
장난감 치우기						
자신의 의사 표현하기						
활동 스스로 선택하기						
갈등상황 해결하기						
요 약						

그림 5-5 | 평정척도양식

출처 : 임승렬(2012). 보육실습.

러나 관찰자가 측정하고자 하는 내용을 정확하고 객관적으로 표현한 항목을 개발하는 것이 쉽지 않고 관찰결과에 대한 판단을 요구하는 것이므로 관찰자 개인의 편견이 개입될 여지가 있으며, 상황에 관한 설명 없이 행동의 수준만 기록하게 되므로 행동의 원인을 설명해 주지 못하는 단점이 있다. 이러한 평정척도법의 오류를 예방하기 위해서는 한 대상씩 모든 항목을 평정하기보다는 한 가지 특성에 대해 모든 대상을 평정하고 그 다음 특성을 평정하는 것이 대상 간의 차이를 변별하여 평정하는 데 도움이 된다(임승렬, 2012). 그림 5-5는 평정척도 양식의 예이다.

(5) 행동목록법

행동목록법은 특정행동이 일어나는지 아닌지, 행동의 유무를 표시하는 관찰방법이다. 관찰대상의 현재상태를 평가하고자 할 때 사용하면 효과적이며 시간에 따른 행동의 변화를 알고자 할 때 사용할 수 있다. 그러나 행동출현빈도와 지속성 등 질적 정보를 제공하지 못하는 단점이 있다. 행동목록법을 사용할 때 고려해야 할 사항은 다음과 같다.

- 행동목록은 관찰하기 전에 준비되어야 한다.
- 행동목록의 문항은 모호하지 않은, 관찰 가능한 구체적 행동을 나타내어야 한다.
- 관찰자가 각 항목을 잘 이해하고 정확하게 평가할 수 있도록 행동목록의 지침을 모호하지 않고 명료하게 작성해야 한다.
- 관찰은 행동목록에 나타나 있는 항목에 대해서만 실시하도록 하다.
- 각 아동에게 독립된 행동목록을 사용하여, 한 번에 단 한 명의 유아를 대상으로만 관찰이 이루어져야 한다.

그림 5-6은 행동목록의 예이다.

관찰 영유아	(남/여)		생년월일	년 월
관찰자			관찰일자	년 월 일

지시	① 영유아를 선택하여 관찰한다. ② 체크리스트에 있는 행동이 나타나면 ✓로 표시한다. ③ 체크리스트 마지막에 각 발달영역별로 요약한다. ④ 관찰결과에 따라 각 영역별로 한 가지씩 교수방법을 계획한다.				

		관찰내용	예	아니오	비고
기본 생활 습관	1	정리정돈을 할 수 있다(장난감, 작업, 간식, 책상 등).			
	2	간식/식사 전에 손을 씻는다.			
	3	규칙(차례, 약속)을 잘 지키는 편이다.			
	4	어른에게 존댓말을 사용한다.			
	5	음식을 골고루 먹는다.			
	6	낮잠을 잔다.			
	7	교사의 지시를 잘 이해하고 따른다.			
	8	물건을 소중히 다루고 아껴 쓴다.			
	9	고마워, 괜찮아, 미안해 등의 말을 적절하게 사용한다.			
	10	혼자서 옷을 입을 수 있다.			
	11	화장실 사용 후 뒤처리를 혼자 한다.			
신체 발달	1	자세가 바르다(앉을 때, 걸을 때, 서 있을 때).			
	2	행동이 민첩하다.			
	3	양발을 바꾸어가며 계단을 오를 수 있다.			
	4	바깥놀이에 활발히 참여한다.			
	5	한 발로 깡충뛰기를 할 수 있다.			
	6	공을 던지고 받을 수 있다.			
	7	그네를 혼자 구를 수 있다.			
	8	매트에서 구르기를 할 수 있다.			
	9	손 사용에 있어서 선호도를 보인다(왼손, 오른손).			
	10	손잡이나 병뚜껑을 손쉽게 돌린다.			
	11	주스나 우유를 흘리지 않고 따를 수 있다.			
	12	지퍼를 열고 잠글 수 있다.			
	13	단추를 열고 잠글 수 있다.			

14	작은 물건을 잡을 수 있다(손바닥으로, 손가락으로).
15	가위질을 할 수 있다.

그림 5-6 | 행동목록 : 행동발달 관찰기록

출처 : 임승렬(2012). 보육실습.

2) 영유아평가

교육에서 평가의 목적은 교육의 결과가 영유아의 전인발달에 도움이 되었는지를 전체적으로 파악하는 것이며 이를 통해 교사와 부모가 유아에게 효과적인 도움을 주는 것이다(최석란, 1998). 평가에서 유아평가는 유아의 발달 정도, 특정 유아교육 프로그램과 유아와의 상호작용의 효과, 유아 개개인의 능력 및 특성과 잠재력에서의 개인차 등을 평가하여 교육에 반영시킴으로써 개인발달의 최대화를 도모하려는 것으로 볼 수 있다(황해익, 2002). 즉, 유아평가는 유아에게 영향을 미치는 교육적인 결정을 위한 기초로 유아가 어떻게 하는지, 무엇을 하는지 관찰하고, 녹음하고 기술하는 과정으로서 유아의 독특한 능력, 흥미, 경험, 노력, 발달 그리고 성취에 대해 알게 해주고 유아의 학습을 돕기 위해 무엇이 필요하며 어떻게 가르쳐야 하는지를 이해할 수 있게 해준다(이순자, 2004).

평가는 일정한 평가 준거에 따라 발달과 학습을 평가하고, 교육과정 및 교수학습 방법을 향상시키기 위해 그 평가정보를 활용하는 과정이다(McAfee & Leong, 2007). 단순히 영유아의 작품이나 활동 결과물을 수집하고 나열하는 데 그치는 것이 아니라 다음 단계의 교육 및 보육활동계획에 활용하는 평가 본래의 목적을 이루어야 한다. 영유아평가는 방법적인 측면에서 형식적 평가와 비형식적 평가로 나눌 수 있다. 형식적 평가는 구체적이고 제한된 범위의 아동행동에 대한 평가로 표준화 검사를 이용한 평가방법이다. 비형식적 평가는 교사의 관찰이나 유아의 작업표본 등에 의해 평가가 이루어지는 것으로 관찰, 유아 포트폴리오의 방법 등이 있다.

영유아평가는 결과물보다는 영유아의 행동으로 성취를 평가하며, 행동을 평가하기 위한 방법으로는 주로 관찰법을 사용한다. 구체적인 계획이나 일정한 체계에 의거하여 관찰이 이루어지지 않고 평상시와 다른 점, 특이한 행동, 문제행동 등을 중심으로 관찰이 이루어지면 기록횟수가 일정하지 않고, 자주 관찰되는 유아에 비해

눈에 띄지 않는 유아는 상대적으로 관찰 · 기록되지 않는다. 이는 영유아교사의 평가에 대한 개념이 올바르지 않거나, 영유아교사 스스로 왜 평가가 이루어져야 하는지에 대한 이해가 부족하기 때문이라 할 수 있다(이은해, 1999). 따라서 영유아평가는 어느 한 가지 평가방법에 의존하여 평가하기보다는 다양한 평가방법을 활용하여 각 영유아에 대한 포괄적이고 종합적인 평가를 전개해야 한다.

이와 같은 유아평가는 유아가 무엇을 모르는지에 관심을 두는 결과 중심의 평가보다는 학습의 과정을 중시하고 유아의 발달이 어떻게 이루어지는지, 발달과정에 교수활동이 어떤 도움을 줄 수 있는지를 알고자 하는 과정 중심의 평가이다. 이를 실천하기 위해서 영유아교사는 평가의 절차와 방법에 대한 계획을 세우고 평가 실시 일정에 대한 전반적인 틀을 갖추어 체계적으로 평가를 수행할 필요가 있다.

4. 교사의 자기평가

교사는 영유아교육기관에서 영유아교육 프로그램의 효과적인 운영에 큰 영향을 미치는 존재이다. 교수활동의 질을 향상시키는 데 필요한 교사평가가 효율적으로 수행되기 위해서는 교사 스스로가 교사평가의 일차적인 대상이 교사 자신임을 인식해야 한다. 이를 위해서는 교사평가 체크리스트를 이용하여 자신의 교육활동을 평가해 보는 방법을 통해 자기반성 및 자기발전의 자료를 수집해 볼 수 있다. 이러한 과정을 통해 교사는 자신이 지향해야 할 목표가 무엇이고 지금 어느 상태에 있는지 등을 알 수 있으며, 교육의 질적 발전을 도모하고 자기향상이 가능하다고 할 수 있다(황해익 · 최혜진 · 김남희, 2003).

브라이튼(Brighton, 1965)은 성공적인 교사가 되기 위하여 자기평가를 강조하고 있으며, 그 이유를 다음과 같이 제시하고 있다.

첫째, 교사평가에서 자기평가가 이용되었을 때 교사는 자신의 성취활동을 개선시킬 책임을 갖는다.

둘째, 전문적인 지위를 증진시키고자 하는 교사들은 자기평가를 평가모델 중에서 가장 적합한 평가 유형으로 간주한다.

셋째, 자기평가는 더 나은 수업을 조장하고 전문적인 지위를 신장시키려고 하는 것이 궁극적 목표이며 다른 전문인들과 같이 가장 효과적인 변화를 위한 동기유발을 일으킨다고 밝히고 있다.

그러나 교사의 자기평가는 교사가 자신을 스스로 평가하기 때문에 객관성 확보에 어려움이 생길 수 있고, 타당도와 신뢰도가 낮아질 우려도 있다(Hoy & Gregg, 1994). 그러므로 교사는 자기평가를 효과적으로 수행하기 위한 나름의 절차를 거쳐야 한다. 먼저 자신의 현재 위치를 정확히 파악하여야 하고, 자신의 약점 및 강점을 확인하고 문제점을 파악하여야 하며, 마지막으로 새로운 교육기술을 추구해야 하는 것이다. 즉, 자신을 객관화하여 살펴보기 위하여 정확한 자료를 수집하는 일이 이루어져야 한다. 그리고 수집된 자료를 분석하고 평가하여 강점과 약점을 파악하여 어떤 장점과 강점을 더욱 유지할 것인지 결정하고, 자신의 약점과 문제점을 해결하기 위한 구체적인 전략을 세워 새로운 교육기술을 적용해 보아야 하는 것이다(Barber, 1990).

자기평가의 방법으로는 반성적 저널 쓰기, 포트폴리오 활용, 자기평가척도 등을 사용할 수 있으며, 표 5-11은 자기평가의 방법들을 정리한 것이다.

표 5-11 | 교사의 자기평가방법

형식	자기평가방법
자아평정법	이미 결정한 몇 가지 준거에 의해서 자신의 교육활동을 스스로 평가하기 위해 사용하는 방법
자기 보고 (self-report)	수업한 결과에 대한 질문형식에 얼마나 정확한 답변을 할 수 있는가 하는 것을 조사하는 것
비디오 녹화/ 오디오 녹음	비디오 녹화 또는 오디오 녹음을 통해 제3자의 입장에서 자신의 수업과정을 살펴보는 것
포트폴리오	교과나 학생에 대한 교사의 이해 정도나 수행능력 등을 증명하기 위해 자료를 수집하는 것
저널 쓰기	자신이 지닌 전문성을 이용하여 교육활동상황에서 직면한 문제에 대해 기록하고 해석하면서 문제의 원인을 파악하고 해결책을 모색하고자 노력하는 전문적 판단의 과정

표 5-12는 교사의 자기평가척도의 예이다.

표 5-12 | 교사의 자기평가척도					
평가 준거	평가 영역	평가요소	평가문항	평 가	
				예	아니오
교사전문성	교육과정 이해	교육과정의 영역별 목표에 대한 이해	교육 · 보육과정에서 제시한 5개 영역별 목표를 이해하고 있는가?		
		교육과정영역별 내용체계 및 세부내용에 대한 이해	교육 · 보육과정에서 제시한 5개 영역별 내용체계 및 세부내용을 이해하고 있는가?		
	유아 이해	유아의 발달단계에 대한 이해	유아의 신체 · 정서 · 사회 · 인지 등의 발달단계를 파악하고 있는가?		
		유아의 태도, 흥미, 가정환경, 사전경험에 대한 이해	유아의 태도, 흥미에 대해 이해하고 있는가?		
			유아의 가정환경, 사전경험에 대해 파악하고 있는가?		
	수업 전문성	새로운 교수법의 창안을 위한 노력	교사 자신만의 교수기법이나 방식, 교수자료 등을 개발하여 활용하고자 노력하고 있는가?		
		수업 전문성 신장을 위한 노력	수업의 과정을 분석하고 해석할 수 있는 기본적인 지식과 능력을 지니고 있는가?		
교육과정계획	목표 설정	생활주제에 따른 구체적이고 연계성 있는 일일 교육 · 보육목표의 설정	생활주제-주제-소주제가 교육과정 관련 요소에 근거하여 연계성 있게 선정되었는가?		
			일일교육 · 보육목표는 연간, 월간, 주간 등의 계획안을 바탕으로 지식, 기술, 태도의 성취가 일어날 수 있도록 구체적으로 진술하였는가?		
		영유아의 수준 및 학급의 실정을 고려한 교육목표의 설정	영유아의 경험, 발달 및 학급 실정을 고려하여 일일교육 · 보육, 활동목표를 설정하였는가?		
		활동목표를 고려한 활동유형의 설정	활동목표를 고려하여 활동의 유형(대 · 소집단활동 vs 개별활동, 동적 활동 vs 정적 활동, 실내활동 vs 실외활동, 교사주도활동 vs 영유아주도활동)을 설정하였는가?		
	수업 설계	활동에 활동내용 및 형태에 따른 시간 및 공간의 조직	교육활동에 알맞은 시간을 배분하였는가?		
			활동에 맞게 크기, 동선, 안전 등을 고려한 공간을 구성하였는가?		
		활동목표에 적합한 활동자료 및 교수 · 학습매체의 선택	활동목표 및 내용에 적합한 활동자료 및 교수 · 학습매체를 선정하였는가?		

교육과정실행	수업 설계	단위활동의 특성을 고려한 교수 · 학습방법의 선택	활동방법을 선택하고 계획할 때 활동의 특성을 고려하였는가?		
	수업 내용 전달	영유아의 사고를 촉진하는 기술의 활용	영유아들의 사고를 촉진하는 여러 가지 방법(설명, 자료 제시, 실험하기, 탐색하기, 추론하기, 토의하기 등)을 제공하였는가?		
		영유아의 능력을 고려한 질문의 활용	영유아의 지식, 경험, 능력, 활동내용에 따라 다양한 수준의 질문을 활용하였는가?		
		영유아의 다양한 반응을 이끌어 내는 질문의 활용	영유아들의 다양한 반응을 이끌어 내기 위하여 개방적 질문 및 폐쇄적 질문을 적절하게 활용하였는가?		
	수업 환경 조성	활동의 내용을 응용할 수 있는 시간 허용	영유아들이 활동의 내용을 이해하고 응용할 수 있는 충분한 시간을 제공하였는가?		
		질문 및 응답 기회를 제공	영유아들이 활동에 대해 질문, 응답할 기회를 제공하였는가?		
		자율적인 활동참여기회의 제공	활동에 흥미가 없거나 소극적인 영유아들을 배려하였는가?		
		상호협력적인 활동 분위기 조성	활동과정에서 영유아들 간에 양보, 배려, 존중, 협력이 일어날 수 있는 분위기를 조성하였는가?		
		흥미로운 질문을 활용한 내적 동기의 자극	유아의 내적 동기를 자극할 수 있는 흥미로운 질문을 활용하였는가?		
	교사의 태도	영유아에 대한 긍정적인 태도와 상호존중	영유아 개개인에게 많은 관심을 가지고 있으며 그들을 가치 있는 하나의 인격체로 존중해주었는가?		
		영유아의 수준을 고려한 기대수준의 설정	영유아의 수준을 고려하여 학습 성취에 대한 기대수준을 설정하였는가?		
		영유아의 관심영역에 대한 격려와 표현 기회 제공	영유아의 흥미, 가치, 태도 등 영유아의 요구에 민감하게 반응하였는가?		
			영유아의 창의적인 표현을 인정하고 격려하였는가?		
	피드백	유아의 요구, 수준을 고려한 긍정적 피드백의 활용	유아의 반응에 대해 즉각적으로 다양한 피드백을 제공하였는가?		

	피드백	구체적이고 명확한 피드백의 활용	유아들의 활동 전반에 걸쳐 구체적인 피드백을 제공하였는가?		
		언어적 · 비언어적 피드백의 활용	언어적 피드백과 비언어적 피드백(얼굴 표정, 몸동작, 손짓, 머리 끄덕이기 등)을 상황에 따라 적절하게 사용하였는가?		
교육과정평가	평가	구체적인 평가목표, 평가내용, 평가방법의 설정	연간, 월간, 주간, 일일교육 · 보육목표로부터 평가목표가 추출되었는가?		
			평가목표 및 평가내용에 따른 적절한 평가방법을 선정하였는가?		
		평가내용과 교육과정 영역별 내용과의 일관성	평가내용과 교육 · 보육과정영역별 내용이 일관성이 있는가?		
		평가결과의 수업 및 교육과정운영 개선 및 계획에의 활용	평가결과에 대해 수집된 정보를 교수-학습활동 개선에 활용하였는가?		
			평가결과를 학부모 및 동료교사와 공유하여 다음 계획에 활용하였는가?		

출처 : 김은정(2013). '누리과정운영에 관한 유아교사 자기평가척도 개발 기초연구' 에서 수정 · 보완.

Chapter 6

영유아교사의 발달

Chapter 6
영유아교사의 발달

1. 영유아교사의 교직발달

교사가 교직에 입문하여 떠나기까지의 과정은 교직에 첫 발을 내딛는 환경과 경험, 교사마다의 성향 및 삶의 경험 등으로 인하여 교사마다 제각기 다양하게 나타난다. 예비영유아교사가 교직발달에 영향을 미치는 요인과 교직발달단계에 따른 과업을 인식하는 것은 전문성을 지닌 교사로서의 삶을 준비할 수 있다는 점에서 그 의미가 있다.

1) 교직발달의 개념

교직발달이란 교직생활 전 기간 동안 교사의 가치관, 신념, 지식, 기술, 태도 등이 어떻게 변화하고 발달하는지를 설명하고자 하는 개념으로 교사 사회화, 교직 사회화, 교직주기, 교사의 직업적 사회화 등의 용어들로 규정되기도 한다. 교직발달이 시작되는 시점은 개념적으로 보면 초임교사로서 교직생활을 시작하는 순간부터라고 할 수 있으나 사실은 넓게 보아 교사양성교육을 받는 대학부터라고 할 수 있다(조부경 외, 2001). 이는 예비교사들이 완전하지는 않으나 교직에 대한 나름대로의 신념과 가치를 가지고 양성과정에 들어와 교직에 필요한 지식, 기술, 태도 등을 배우고 발전한다는 측면에서 교직발달의 출발점이 되기 때문이다.

페이먼과 플로덴(Feiman & Floden, 1980)은 교사발달이라는 용어를 크게 세 가지 개념으로 제시하였는데, 첫째, 교사에 관한 발달이론을 구성하려는 시도와 관련된 개념이다. 이때는 '교직기간 중에 교사들이 어떻게 변화 · 발달하는가?' 라는 문제에 답을 구하게 된다. 흔히 몇 개의 발달단계를 거쳐 교사가 변화 · 발달한다고 보게 된다. 둘째, 교사발달을 성인발달의 한 형태로 보아 자아ego, 도덕성moral 그리고 인지cognitive발달 등에 관한 이론에 기초하여 설명하려는 것이다. 이때는 '발달이론 내의 여러 구인들이 교사들 간의 개인적 차이를 설명할 수 있는가? 그리고 이들이 교사발달을 촉진할 수 있는 지침을 제공할 수 있는가?' 라는 문제에서 답을 구하게 된다(민라영, 2004 재인용). 셋째, 현직교육과 전문적 프로그램의 운영을 통하여 교사의 성장과 발달을 촉진하고 지원하려는 의미에서의 개념이다. 이때는 '어떻게 교사의 성장과 발달이 지원되고 강화될 것인가?' 라는 문제에 초점을 맞추게 된다.

이와 같이 교직발달은 교사가 되기 위해 교직을 선택하여 교사양성과정을 이수하고 교사로 임용되어 퇴직하기까지의 적응양식을 나타내는 것으로 교사는 교직생활에 익숙해져가면서 교육관, 아동관, 교직관, 전문성 등이 질적으로 변화하고 재형성되는 과정을 경험한다. 따라서 교직발달은 교사 자신뿐만 아니라 영유아의 성장과 발달에 직접적인 영향을 미치며 교육의 성패를 결정짓는 일차적인 요소라는 점에서 그 중요성이 강조되고 있다.

2) 교직발달에 영향을 주는 요인

교사가 교직생활에서의 변화와 발달을 경험하는 과정에 있어서 개인적 요인과 조직적 요인과의 상호작용은 필연적인 과정이라 할 수 있다. 버크, 크리스텐슨과 페슬러(Burke, Christensen & Fessler, 1986)가 교사발달 순환모형TCCM : Teacher Career Cycle Model에서 제시한 개인적 요인과 조직적 요인을 살펴보면 다음과 같다.

(1) 개인적 요인

교사의 개인적 요인이란 교사 자신의 경험과 가족과 관련된 요인이며 그 외에 직전 교육, 대학원 진학, 개인적 성향, 직업적 흥미, 교사 자신의 교사상, 생의 단계와 같은 요인 등이 포함된다. 이러한 자신의 내면적 특성이라 할 수 있는 개인적 요인

가운데 우선적으로 고려해 볼 수 있는 것은 교사들이 성인 학습자라는 사실이다(노길영, 2000). 즉, 교직발달은 성인학습자인 교사가 유아들과 마찬가지로 그 나름대로의 발달특성을 가지고 그에 따른 행동을 하는 과정을 통해 이루어진다고 할 수 있다.

(2) 조직적 요인

조직적 요인은 교사가 속한 조직이 교사발달에 영향을 주는 것으로 연구자에 따라 조직적 환경요인, 제도적 요인, 환경적 요인 등의 용어가 혼용되고 있다. 조직적 요인에는 사회적 인식 및 학교 규정, 학교운영방식, 교사집단, 연수, 교원단체, 교육청, 학생, 행사 등이 있다.

이와 같이 교사가 교수 지식과 기술 측면뿐만 아니라 교직 전반에 걸쳐 변화하는 과정에 영향을 미치는 개인 및 조직요인은 교사들 간의 개인차를 고려한 성장의 개념을 수용하고자 하는 시대적 흐름과 연관되어 있다. 교직발달에 영향을 주는 개인적 요인과 조직적 요인의 하위요인과 내용을 구체적으로 살펴보면 **표 6-1**과 같다.

표 6-1 | 교직발달에 영향을 주는 요인

개인적 요인		조직적 요인	
가정 배경	• 영유아교사로서의 생활에 대한 가정 내 이해 및 지원체제 • 재정상태 • 가족 수 • 가족들의 특별한 요구	기관의 규정 및 제도	• 업무 · 담임배정 • 자격요건 • 타 직종에 비해 승진 기회 제한 • 영유아 교육기관 내 · 외의 연수제도 • 교육과정 운영의 자율성
긍정적 사건	• 결혼 • 자녀의 출생 • 상위학위 취득	기관의 경영 형태	• 신뢰로운 분위기 • 원장의 지도 유형 • 교육철학의 일치 정도
위기적 사건	• 사랑하는 사람의 병환 및 사망 • 자신의 질병 • 경제적 손실 • 법률적 문제 발생 • 가족 간(부부간, 고부간 등)의 갈등 • 상위학위과정 수강 등에 따른 부담감	사회적 신뢰	• 후원적인 분위기 • 학교와 교사에 대한 신뢰 • 재정적인 후원 • 기대와 포부 • 교육위원회의 후원

종래의 경험	• 교육적 배경 • 자녀와의 경험 • 불충분한 교사양성교육과정의 이수 • 교직생활 중 불행한 사고, 문제경험 • 전문적인 발달을 위한 활동	사회적 기대	• 영유아교사와 관련한 국가보고서 • 교직 개선을 위한 자원 제공 • 영유아교사에 대한 사회적 이미지 • 학부모의 교사 경시 • 교사에 대한 처우 미흡
직업 외 관심사	• 취미 및 종교활동 • 자원봉사활동 • 여행 • 스포츠와 체력관리	전문 단체	• 영유아 관련 학회의 방향 • 영유아 관련 학회의 연구활동 및 참여
개인의 성향	• 인생의 목표와 포부 • 개인의 가치관 • 인생에서의 우선 순위 • 다른 사람과의 관계 • 지역사회에 대한 느낌	교원 노조	• 후원적인 분위기 • 보호 및 안정감 • 교육위원회 및 교육행정가와의 관계

출처 : 이윤식(1999); 민라영(2004)의 교사발달에 영향을 주는 요인을 재구성.

2. 교직발달이론

교사가 교직에 입문해서 퇴직하기까지의 교사발달과정을 어떻게 개념화하느냐는 관점에 따라 달라질 수 있다. 이를 크게 교직발달단계가 경력과 연령에 따라 한 가지 방향으로 이동한다는 관점인 단순 · 직선모형과 개인의 환경적 조건과 조직적 환경을 고려하여 복합적이고 역동적인 관점에서 바라본 복합 · 순환적 모형으로 나누어 살펴보고자 한다.

1) 단순 · 직선모형

단순 · 직선모형은 교사의 연령, 경력, 관심사에 대한 요구 및 지각 등의 변화가 하나의 방향으로 순서적으로 이동한다는 것으로 대표적인 학자로 풀러(Fuller, 1969), 캐츠(Katz, 1973), 그레고스(Gregorc, 1973), 버덴(Burden, 1983) 등이 있다. 이 중 교직 이전 시기를 포함하고 있는 풀러의 단계모형과 교직입문 첫 해부터 단계를 규정하는 캐츠(1972)의 단계모형을 살펴보면 다음과 같다.

(1) 풀러의 관심사 발달단계

풀러(Fuller, 1969)는 예비교사와 현직교사를 대상으로 이들의 관심사를 면접 및 설문을 통해 교사관심사의 3단계 모형을 제시하였는데, 이를 살펴보면 다음과 같다 (문혁준 외, 2011 ; 조부경, 2001).

❶ 교직 이전단계

교직 이전단계는 교직에 대해 특정한 관심이 없는 단계로서 교육실습을 통해 학생과의 접촉을 처음으로 경험한 교직경험 이전의 예비교사 시기에 해당된다. 이 시기에는 가르치는 것 자체에 관해서는 구체적인 관심이 없으며 교직에 관심을 가지고 있다 하더라도 표출하는 관심사는 조직적이지 못하고 모호하며 막연한 기대나 이해수준에 머무른다. 따라서 영유아교사로서의 관심사를 발달시키기 위해서는 교육·보육실습경험이 필수적이다.

❷ 초기 교직단계

초기 교직단계는 자아에 대한 관심을 가지는 시기로서, 주로 교육현장에서 자신의 존재와 위치에 대해 관심과 우려를 가지게 된다. 즉, 자신이 교사로서 현장에서 생존할 수 있을 것인가 혹은 교실에서 일어나는 여러 상황을 제대로 통제할 수 있는 능력을 갖출 수 있을 것인가 하는 것에 가장 많은 관심을 가지게 된다. 따라서 이 시기에는 영유아의 문제행동 지도방법이나 특수한 요구를 지닌 영유아를 돕는 방법에 대한 교육이 필요하다.

❸ 후기 교직단계

후기 교직단계는 경험이 많은 교사들에게 해당되는 시기로서, 이때에는 자기 자신보다는 학생에 대해 관심을 갖게 된다. 즉, 교사 자신의 존재와 위치에 대한 관심에서 벗어나 학생에 대한 관심으로 관심사가 바뀌는 경향을 보인다. 구체적으로 영유아가 가지고 있는 능력을 이해하고 영유아에게 적합한 목표를 설정해 주며, 영유아의 성취도에 교사 자신이 어떠한 영향을 미쳤는지에 관심을 갖는다. 또한 자신에 대한 타인의 평가보다는 자기 자신의 반성과 평가에 더 많은 비중을 두는 경향이 있다. 따라서 이 시기에는 효과적인 교수학습방법에 대한 세미나와 워크숍 그리고 영유아의 학습과 발달을 평가할 수 있는 일화기록, 그림 분석, 포트폴리오 평가, 수업

상황을 촬영한 동영상 분석 등의 평가방법에 대한 교육이 요구된다.

이상과 같은 풀러(1969)의 3단계 모형은 영유아교사로서의 관심사가 교직경험에 따라 발달해 가는 것이기 때문에 각 시기별 관심사를 반영한 교육이 이루어져야 함을 시사한다. 이후 풀러의 관심사 이론은 여러 차례에 거쳐 수정되었는데, 그중 풀러와 브라운(Fuller & Brown, 1975)은 교사 관심사 단계란 교사가 실제로 수행하는 것보다는 어떠한 것에 관심이 있는지를 중심으로 구분된 것이라고 하면서 이전의 단계를 수정하여 ❶ 교직 이전 관심사 단계, ❷ 생존에 대한 초기 관심사 단계, ❸ 교수상황 관심사 단계, ❹ 학생에 대한 관심사 단계로 제시한 바 있다.

영유아교사의 관심사를 확인해 볼 수 있는 도구는 다음과 같다.

Activity 1 영유아교사의 관심사 검사도구

1 다음의 각 문항을 읽고, 자신을 잘 나타내는 번호에 √ 표시를 한다.

번호	문 항	① 관심 없음	② 조금 관심 없음	③ 보통	④ 조금 관심 있음	⑤ 관심 많음
1	세미나에 참석하기					
2	문제 유아 돕기					
3	다양한 유아교육 프로그램에 관심 갖기					
4	학급의 유아 수(교사 대 유아비율)에 관심 갖기					
5	교양지식의 기초 형성을 위해 다양한 독서하기					
6	유치원에 오기 싫어하는 유아 다루기					
7	유아교육에 관련된 전문잡지나 학술지 보기					
8	학급 통제나 훈육의 중요성 강조하기					
9	다른 분야의 전문가와 만나기					
10	학습부진아 도와주기					
11	연구정보를 교수법에 적용하기					

12	유아에 대한 적절한 수준의 기대 갖기						
13	원아모집 및 선발을 위한 윤리적 · 철학적 기초 갖기						
14	특별한 요구(이혼, 가정, 편부모, 장애아)의 유아에 관심 갖기						
15	교수법에 관련된 자료(비디오나 영화) 시청하기						
16	유아발달에 관한 정보 접하기						
17	성장과 학습의 특징에 관해 이해하기						
18	지나치게 의존적인 유아 다루기						
19	유아교육 관련 협회에 가입하기						
20	교수매체 제작 및 활용에 관한 정보에 관심 갖기						
21	교육정책 이행과정에 관심 갖기						
22	부모와 떨어지기 싫어하는 유아 도와주기						
23	부모회 조직을 위한 새로운 방법 모색하기						
24	유아가 학습해야 할 교육내용을 철저하게 이해하기						
25	내가 근무하는 유아교육기관의 철학적 근거에 관심 갖기						
26	계속해서 우는 유아 다루기						
27	프로그램의 목표달성을 위한 새로운 방법을 모색하기						
28	유아의 기초 기술 평가하기						
29	유아교육의 역사와 철학에 관해 알기						
30	유아의 공격적 행동 다루기						
31	발달이론을 유아교육과정에 적용하기 위한 방법 모색하기						
32	일과계획 조직하기						
33	급변하는 사회 속의 유치원의 역할 및 가능에 대해 생각하기						
34	유아들이 보이는 갈등에 관해 관심 갖기						
35	시범학교 참관하기						
36	일과운영을 위한 구체적인 수업활동 계획하기						
37	학위취득을 위한 진학과정에 등록하기(방송통신대학교 및 대학원)						
38	병약한 유아 도와주기						
39	유아를 위한 새로운 과학실험이나 활동에 관심 갖기						
40	수업상황에 따라 수업내용 및 방법을 적절히 조절하기						

41	수업지도안 작성하기					
42	현장연구 계획하기					
43	유아의 언어장애에 관심 갖기					
44	교사로서 나의 학력에 대한 적절성 생각하기					
45	유아로부터 인정받기					
46	유아교육 관련 협회나 워크숍에 참여하기					
47	유아의 긍정적인 자아개념 증진하기					
48	직장동료로부터 인정받기					
49	장학사로부터 인정받기					
50	연수에서 배운 새로운 지식 및 기술 적용하기					
51	문제유아의 부모와 상담하기					
52	행정적 지도에 관심 갖기					
53	학부모로부터 인정받기					
54	수업준비를 위한 충분한 시간 할애하기					

2 다음의 관심사 하위영역에 따라 점수를 환산하여 기록한다.

관심사	문항번호	문항 수	영역별 나의 점수	영역별 동료점수
생존	4, 8, 12, 16, 20, 24, 28, 32, 36, 40, 41, 44, 45, 48, 49, 52, 53, 54	18		
강화	2, 6, 10, 14, 18, 22, 26, 30, 34, 37, 38, 43, 51	13		
갱신	3, 7, 11, 15, 19, 23, 27, 31, 35, 39, 42, 46, 50	13		
성숙	1, 5 ,9, 13, 17, 21, 25, 29, 33, 47	10		
계		54		

출처 : 조부경 외(2001). 유아교사의 발달을 돕는 장학.

(2) 캐츠의 교사발달이론

캐츠(Katz, 1972, 1977, 1985)는 풀러(1969)의 일반교사들의 관심사 이론에 기초하여 유아교사의 발달단계를 생존단계, 강화단계, 갱신단계, 성숙단계의 4단계로 구분하였다. 이러한 단계에 머무는 기간은 교사 개개인에 따라 차이가 발생할 수 있으며 발달단계에 따라서 연수에 대한 요구가 차별적으로 나타난다(서울특별시교육연구정보원, 2008). 이를 제시하면 다음과 같다(조부경 외, 2001 ; 박은혜, 2013).

❶ 생존기(survival stage, 1년차)

생존기는 교직생활 최초 1년의 시기로서, 이 시기 교사들은 자신이 교육현장에서 부딪히는 여러 가지 문제를 원활히 처리해 나갈 수 있을지에 대한 관심과 우려를 표한다. 특히, 학습 통제, 가르칠 내용의 숙달 등과 같은 교사로서의 생존에 주된 관심을 가지며 교실현장에서 즉각적으로 활용할 수 있는 통찰력을 필요로 한다. 따라서 경력이 많은 교사들의 지원, 이해, 격려, 위로 등이 이들에게 적합한 교사교육의 방법으로 제시될 수 있다.

❷ 강화기(consolidation stage, 2-3년차)

강화기는 교직생활 1년 말경부터 3년 정도의 시기로서, 이 시기에 이르면 교사들은 어느 정도 안정감과 자신감을 갖게 되며 지금까지 배운 것들을 확고히 할 수 있고 다른 업무나 기술을 숙달하며 개별적인 문제 유아와 상황에 초점을 두기 시작한다. 이 수준의 교사에게는 동료교사와의 감정적 공유와 경력교사의 풍부한 경험 및 전문가의 도움을 필요로 한다.

❸ 갱신기(renewal stage, 3-4년차)

갱신기는 교직 경력 3-5년경의 교사들로 이전과 같은 일을 반복하기보다는 무언가 새로운 것을 시도해 보고자 한다. 따라서 자신에게 익숙한 교육적 접근 외에 다양한 프로그램에 대한 정보, 동료교사와의 만남, 수업참관, 전문가와의 상담 등을 통해 교사발달에 대한 요구가 생긴다.

❹ 성숙기(maturity stage, 5년 이상)

성숙기는 빠르면 교직경력 3년 내에 도달할 수도 있으나 보통 5년 이상이 되어야 가능하다. 이 시기의 교사들은 교사로서 완전한 자신감과 경험을 갖추게 된다. 이들은 교사로서 자신을 인정하고 자아 갱신을 위한 전략과 방법을 개발하며, 철학, 성장과 학습의 본질, 학교와 사회의 관계 등 교직 전반에 걸쳐 나름대로의 안목과 관점을 갖게 된다. 따라서 이들에게는 직접적 지원방식보다는 깊이 있는 지식을 탐구하기 위한 전문가협회와 세미나 참석, 학위 취득의 기회 등을 통하여 자신들의 요구가 만족되기를 원한다.

이상과 같은 캐츠가 제시한 교사발달이론을 정리하여 제시하면 표 6-2와 같다. 캐츠의 교직발달의 견해에 대해 임승렬(1990)은 우리나라의 영유아 교사들이 1년간은 생존기, 2–4년은 적응기, 5년 이상이 되면 성숙기에 이른다고 밝힌 바 있다.

표 6-2 | 캐츠의 교사발달이론에 따른 교사교육방법

구 분	1단계 : 생존기 (경력 1년 미만)	2단계 : 강화기 (경력 1–3년)	3단계 : 갱신기 (경력 3–5년)	4단계 : 성숙기 (경력 5년 이상)
관심사	일상적인 교실상황에서의 생존 여부에 관심을 가짐	특정한 문제를 지닌 개별 영유아와 문제상황에 관심을 가짐	자신의 교육방법에 대해서 뒤돌아보고 새로운 교육적 접근에 관심을 가짐	아동관, 보육의 목적 등 근본적인 질문에 관심을 가짐
교사교육 방법	• 수업현장에서의 지원 • 구체적 기술적 도움	• 수업현장에서의 도움 • 전문가의 도움 • 동료교사, 자문인사의 도움	• 새로운 교육 프로그램에 대한 학술세미나에 참석 • 자신의 수업에 대한 평가 • 동료교사의 수업 참관	• 학술 대회나 세미나 참석 • 대학원 진학 • 폭넓은 독서 • 동료교사들과의 깊이 있는 토론

출처 : 문혁준 외(2011). 보육교사론을 재구성.

(3) 그 외의 견해들

교직발달단계를 단순 · 직선형 관점에서 제시한 학자들의 견해를 살펴보면 타시(Tasi, 1990)는 350명의 유치원 교사를 대상으로 관심사 발달을 연구한 결과, 캐츠가 제기한 생존기, 강화기, 갱신기, 성숙기의 발달단계를 거쳐간다는 것을 확인시켜 주었다. 또한 교사의 관심사 발달이 경력, 학력, 소유하고 있는 자격, 현직교육을 받은 횟수, 맡고 있는 유아들의 연령에 영향을 받는 것으로 나타났다(이승연, 1994). 이 외에도 다양한 학자들이 제시한 정의에 있어서는 차이가 있으나 교직발달단계의 진행에 있어서는 유사함을 나타낸다. 이는 표 6-3에서 살펴볼 수 있다.

표 6-3 | 경력에 따른 단순 · 직선형 발달단계

어버만 (Uberman, 1993)	윤흥주(1996)	스테피 외 (Steffy et al., 2000)	강경석 · 김영만 (2006)	김윤호 (2007)
생존 및 발견	생존	선행	입문 · 수용	생존
안정화	성장	전문가	능력 구축	성장
실험, 행동주의	성숙		열중 · 성장	성숙
	승진지향			승진 지향
회의 · 자기의심	직업적 좌절	쇠퇴	안일 · 안주	좌절
평온감	안정	재생		안정침체
보존감	침체			
이탈	쇠퇴	퇴임		

출처 : 서울특별시교육연구정보원(2008). 교사의 생애주기별 직무연구 교육과정 개발연구.

그러나 앞서 살펴본 직선 · 순차적 모형들은 다음과 같은 한계점을 지니고 있다(이정현, 2010 ; 최성낙, 1992 ; Burden, 1990). 첫째, 다음의 발달상태로 변화하는 연속적인 과정에 대한 기술이 부족하다. 둘째, 변화를 일으키는 원인이나 기제에 대한 기술이 부족하다. 셋째, 높은 수준의 발달단계와 효과적인 교수활동 간의 관계가 확실하지 않다. 넷째, 교직경력 초기 5년 정도에 한정하여 발달단계를 설정하는 경우 그 기간 내에 성숙단계에 도달하는 것으로 규정하고 있어서 교사 전생애에 걸친 발달특성에 대해서는 규명하지 못하고 있다. 다섯째, 교사발달을 연령별로 접근하여 장기적으로 설명하고 있는 모형에서는 그 해당 연령을 지나치게 넓게 규정하고 있어서, 발달단계별 특성을 구체적으로 시사하지 못하고 있다(노길영, 2000). 여섯째, 외부 환경의 영향력을 지나치게 소홀히 다루었다(이정현, 2010). 이와 같은 이유로 교사발달단계의 역동성을 강조한 모형들이 나타나게 되었다.

2) 복합 · 순환모형

복합 · 순환모형은 교사발달단계가 복합적이며 역동적으로 발달하므로 교사가 단순히 교직경력이나 연령에 따라 유형화되는 것이 아니라 교사 개개인의 특성과 영향을 받는 환경에 따라 이루어지기 때문에 복합적인 주기를 갖는다는 입장이다. 휴버먼(Huberman, 1992)의 복합주기이론과 버크, 크리스텐슨과 페슬러(Burk, Christensen & Fessler, 1986)의 교사발달 순환모델이 대표적인 복합 · 순환모형이다.

(1) 휴버먼의 복합주기이론

휴버먼(1992)의 복합주기모델은 교사발달이 단일 방향으로만 이루어지는 것이 아니라 여러 방향으로 이루어질 수도 있음을 의미한다. 이 이론은 교사의 발달을 생존 및 발견단계, 안정화단계, 실험 및 행동주의단계, 회의 및 자기 의심의 단계, 평온단계, 보수주의단계, 이탈단계인 7단계로 제시하였다. 이를 살펴보면 다음과 같다(조부경 외, 2001).

❶ 생존단계 및 발견단계(1–3년)

생존단계 및 발견단계는 교직입문단계이다. 이 시기는 교직경험이 없던 교사들이 교수활동의 복잡성과 우연성에 직면하면서 발생하는 현실에 대한 충격을 경험하는 단계이다. 예를 들면, 자신에 대한 염려, 교직에 대한 이상과 실제 학급생활 사이의 괴리, 학생들을 대할 때 친근감과 거리감 사이의 동요, 영유아의 특성은 다양한 데 비하여 주어진 교육자료의 부적합 등과 같은 여러 갈등을 느낀다. 한편, 교직을 맡게 됨으로써 열정적으로 무언가를 추구하고자 노력하는 양상을 보인다.

❷ 안정화 단계(4–6년)

안정화 단계에서는 헌신, 안정감, 책임수행 등의 특징이 나타난다. 영유아교사로서의 자아상을 갖추면서 역할 혼란이나 역할 불확실성을 극복하고 자신의 직업에 헌신하여 맡겨지는 일에 책임을 다하게 된다.

❸ 실험주의 및 행동주의단계(7-18년)

실험 및 행동주의단계는 수업에 대한 지식을 점진적으로 통합하기 위해 동료교사, 장학사 등의 영향을 증대시키려고 노력한다. 또한 수업에 관한 능력을 향상시키기 위해 다양한 교재를 준비하고 다양한 학습집단을 구성하여 실천하려고 노력한다. 또한 교육현장에서 교육을 실천할 때 여러 가지의 장애가 있기 때문에 새로운 도전과 자극을 준비해야 할 필요성을 느낀다.

❹ 회의 및 자기의심단계(7-18년)

회의 및 자기의심단계는 교사들이 교직에 대해 다양한 의식을 하면서 중견 교사로서 직업적 위기의식을 느낀다. 교육개혁의지에 환멸을 느끼기도 하며 자신의 교직생활에 대하여 재평가를 하는 시기이다.

❺ 평온단계(19-30년)

평온단계는 교사들이 기계적으로 교직에 임하기도 하지만 학급에서 보다 유연하고 자기 수용적으로 변해간다. 힘과 정열의 감소는 자신감과 자기 수용감으로 보상된다.

❻ 보수주의단계(19-30년)

보수주의단계는 성적 불량 교육자에 대한 학생들의 부정적 이미지, 학교행정가에 대한 기회주의적 속성, 젊은 교사들의 교직에 대한 헌신감의 부족을 개탄한다. 그러나 문제해결력에 대한 분별력은 커지지만 개혁에 대해서는 저항감을 느낀다.

❼ 이탈단계(31-40년)

이탈단계는 교사들로 하여금 직업생활의 끝에서 외적인 관심보다는 자신의 내적 성찰에 관심을 갖는다. 사고는 긍정적이며 수단적이기보다는 반성적으로 변해가며 점차적으로 직무로부터 벗어나 다른 일을 추구하려 한다.

(2) 버크와 동료들의 교사발달 순환모델

버크, 크리스텐슨과 페슬러(Burk, Christensen & Fessler, 1986)는 교사의 발달을 순환적 · 역동적 관점으로 보고 교직 경력의 시기를 구별하지 않는 교사발달 순환모델

TCCM : Teacher Career Cycle Model을 제시하였다. 이들은 교사의 발달을 교직 이전 단계, 교직입문단계, 능력구축단계, 열중 · 성장단계, 교직좌절단계, 안정 · 침체단계, 직업적 쇠퇴단계, 교직퇴직단계의 8단계로 나누고 그에 따른 관심사를 제시하였다.

❶ 교직 이전 단계

교직 이전 단계는 특정한 직업적 역할을 준비하는 시기로 대학에서 교사교육을 받는 기간에 해당된다. 이 단계에서는 고등교육기관에 다니거나 근무상황 중 교사 발달의 부분으로서 새로운 역할이나 업무를 재훈련받기도 한다.

❷ 교직입문단계

교직입문단계에서는 교직입문 초기 몇 해 동안 일상적인 활동에 익숙해져 가는 기간으로 영유아, 동료교사, 장학사로부터 인정을 받으려고 하거나 근무기관 등을 바꾸면서 교사로서 생존하고자 노력한다.

❸ 능력구축단계

능력구축단계에서는 교수기술과 능력을 향상시키기 위해 새로운 교수자료, 방법, 전략들을 탐색한다. 또한 새로운 관점을 수용하고 워크숍이나 회의에 적극적으로 참여하며 자기 주도적으로 대학원에 등록하기도 하고 일련의 교수기술을 개선하는 등 능력 향상을 추구한다.

❹ 열중 · 성장단계

열중 · 성장단계의 교사들은 직무상 높은 수준의 능력을 갖추며 전문가로서 계속적인 발전을 추구한다. 또한 자신의 일을 사랑하며 학생과의 상호작용을 기대하고 교수법을 풍부히 할 수 있는 새로운 방법을 추구한다.

❺ 교직좌절단계

교직좌절단계에서 교사들은 자신의 일에 좌절과 회의를 느끼며 직무 만족감이 낮아지면서 교직 이직률이 높아지기도 한다.

❻ 안정 · 침체단계

안정 · 침체단계의 교사들은 안정적이지만 침체되어 있어 교사 자신의 성장과 발전을 추구하기보다는 주어진 일과 대가에 따른 업무만을 수행하면서 현실 안주나 현상 유지에 머무르려고 한다.

❼ 직업적 쇠퇴단계

직업적 쇠퇴단계의 교사들은 교직을 떠날 준비를 하는데, 교사에 따라 은퇴를 즐겁게 긍정적으로 받아들이기도 하고 은퇴로 교직을 그만두도록 강요받는다고 느껴 분개하거나 괴로워할 수도 있다.

❽ 교직퇴직단계

교직퇴직단계는 교직을 사임, 퇴직 또는 육아를 위해 일시적으로 탈출을 하는 시기이다.

앞서 제시한 교직발달에 영향을 미치는 개인적 요인과 조직적 요인과의 관계를 버크와 동료들이 제시한 교직발달 주기와 연결지어 제시하면 그림 6-1과 같다.

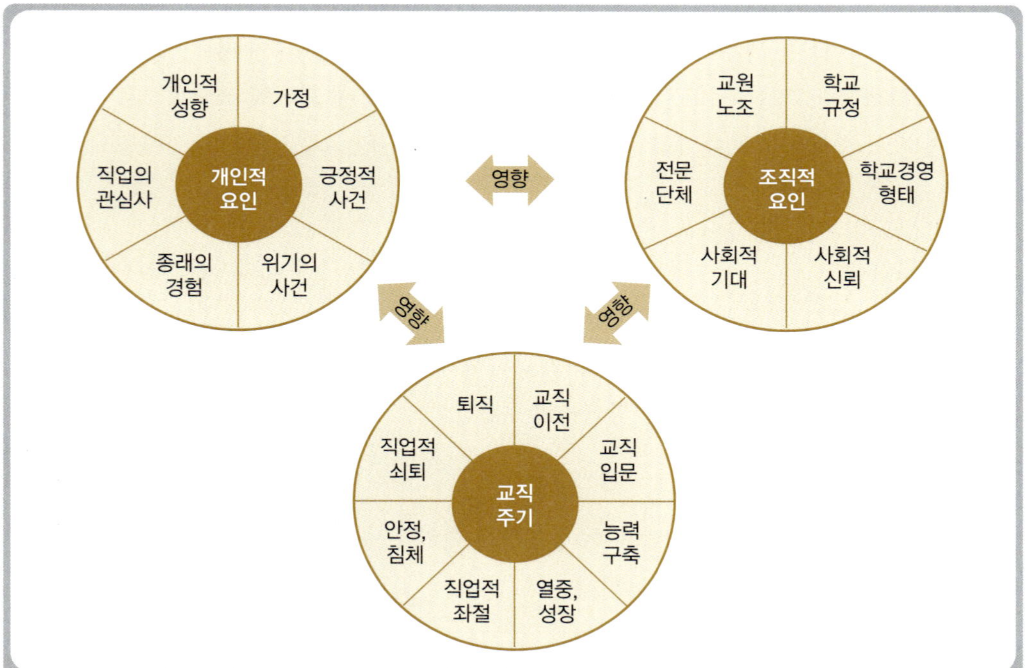

그림 6-1 | 버크와 동료들의 교직발달모형

출처 : 박안수(1999). 교사발달을 저해하는 요인에 관한 연구.

실제로 영유아교육현장의 교사들은 성숙한 단계에 이르기도 전에 교직을 이탈하거나 부적응상태로 교직생활을 유지하기도 하고, 빠른 시간 내에 성숙한 단계에 이르렀다가 곧 좌절과 회의를 느끼기도 하는 등 교사마다 다양한 발달의 과정을 보이기도 한다. 이에 대해 노길영(2000)은 우리나라의 유아교사가 발달해 가는 과정을 스스로 지속적인 발전을 거듭하는 연속형, 결정적인 사건으로 발달해 가는 단계형, 성장을 보이지 않는 정체형으로 구분하였으며 이는 그림 6-2 와 같다.

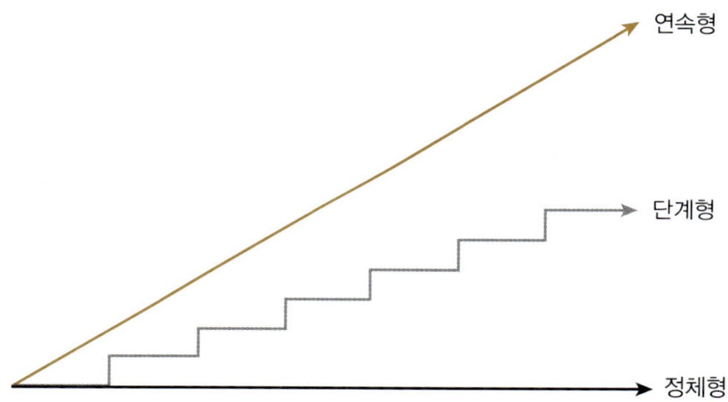

그림 6-2 | 경력교사의 발달과정 유형

출처 : 노길영(2000). 경력 유치원교사를 통해 본 교사발달의 제요인 및 유형을 재구성.

이상의 복합 · 순환모형을 종합해 볼 때, 교직발달은 반드시 한 단계 다음에 반드시 다음 단계를 지나가야 한다거나 모든 단계를 밟는 것이 아니라 단계를 뛰어 넘을 수도 있고 이전 단계로 돌아갈 수도 있으며 한 단계에서 여러 단계의 특성이 동시에 복합적으로 나타날 수 있음을 시사한다.

3. 초임 영유아교사의 성장과정

1) 성장과정의 의미

초임교사들에게 첫 경험은 장래의 교직생활에 상당한 영향을 미치게 되며(서정림, 2006), 때로는 영유아교사로서의 직업을 유지할 것인가, 이직할 것인가를 선택하게 되는 중요한 경험이 된다. 이는 학생에서 교사로 처지가 바뀐 초임교사는 자신의 책임을 효과적으로 수행하기 위해 그들이 배우고 경험했던 것들을 현장에서 적용해 보려고 하지만 실제는 이론과 매우 다르다는 것을 알게 되며 여러 가지 갈등과 문제에 직면하면서 능력의 한계를 느끼고 좌절을 경험하기 때문이다(조운주 · 최일선, 2004 ; Abbott-Chapman, 2005).

이러한 초임교사의 적응상의 어려움에 대하여 학자들은 가라앉느냐 아니면 헤엄치느냐에 비유하기도 하고(Lortie, 1975), 현실충격(reality shock), 생존 그리고 전이충격 등으로 표현하곤 한다(김종운 외, 2010). 초임교사의 성장과정은 바람직한 교사상 확립과 이후의 전문적이며 성공적인 교사로서의 삶으로 발달해 나가는 데 있어 초석이 된다.

2) 성장과정의 단계

머레이(Murray, 2002)는 초임교사가 교직에 적응하며 변화하는 과정을 기대, 생존, 환멸, 원기회복, 반성의 과정으로 제시하면서, 교사로서의 성장과정을 일반화된 이론으로 단순화시키기보다 개인의 노력과 과정의 중요성을 강조하였다. 초임교사의 성장과정과 각 과정을 극복하기 위한 방법을 제시하면 다음과 같다(고미경, 2007 재인용).

(1) 기대기

세상을 바꿀 수 있을 것 같은 열정으로 시작한다. 신임을 얻기 위해 열심히 일한다. 모든 유아를 사랑하고 모든 유아가 자신을 사랑할 것이라고 믿는다. 이상적인 교사상을 꿈꾼다. 이 시기의 초임교사는 열정과 이상을 잃지 않고 가르치는 것을 배우는 것이 중요하다. 동료교사나 온라인상의 교사 지원체제 등을 통해 도움을 받을 수 있도록 관계망을 형성해야 한다. 그리고 매일의 성공을 축하하는 저널을 쓰고, 내년을 위한 아이디어 노트를 기록하는 것이 도움이 된다.

> 전 내 일이 좋으면 직업도 내 Life라고 생각해요. 직업도 일이라구 생각하면 힘들잖아요. 내가 선택한 거니까 열심히 하고… 그게 즐거우면 제 발전이니까, 내 생애의 일부인 거죠. 따로 생각할 수도 없는, 저는 일이 즐거울 때, 유치원에 오래 남고, 일하고 그런 면에서 스트레스 별로 안 받아요. 내가 생각해서 필요한 일이라고 생각하면 오래 남거나 야근을 해도 피곤하지 않아요.
>
> 출처 : 김혜선(2006). 교사되기를 향한 유치원 초임교사들의 교육이야기.

(2) 생존기

아무리 준비해서 한다고 해도 예상치 못한 상황이 일어난다. 하루하루 전쟁하듯이 정신없이 생활한다. 생존기의 초임교사는 계속해서 추진력을 유지하기 위해 다른 교사에게서 구체적인 아이디어나 지혜를 얻어야 한다. 그리고 교사 한 명 이상과 끈끈한 관계를 유지하면서 학습계획, 여가활동 등 여러 가지 사항을 의논할 필요가 있다.

> 정말 저에게는 도움의 손길이 필요한 것 같아요. 정말 나는 도전하고, 실패하고, 괴로워하고 그런 일을 수도 없이 반복했던 것 같아요. 같은 자리에서 100m 달리기를 계속 반복한 것 같은 느낌. 1년 동안 제가 나간 거리는 정말 딱 100m쯤 되는 것 같네요.
>
> 출처 : 김혜선(2006). 교사되기를 향한 유치원 초임교사들의 교육이야기.

(3) 환멸기

스트레스, 좌절, 질병, 과도한 책임의식이 한꺼번에 몰려와 절망에 빠지게 된다. 자신에 대한 낮은 평가로 이직까지 생각하게 된다. 약 3개월 동안 지속되므로 잘 견디기 위해 강하고 담대한 마음을 가져야 하며, 가족, 친구, 동료교사의 이해와 지지를 받는 것이 중요하다.

제가 경험이 없어서 그런지 아이들을 다루는 것이 힘들더라고요. 다 같이 모여 있으면 장난치고 그러니까 한명 한명 야단치지도 못하고, 경력 있는 교사들은 어떻게 하는지 궁금해요. 제가 하는 교육이 맞는지, 맞게 하는지 정확하지 않아서 다른 곳에서는 어떻게 하나 보고 싶어요. (중략) 그런 점에서 아이들에게 교육적으로 미안해요. 초임이라서 아이들을 데리고 실험하는 것 같은 생각이 들기도 해요.

출처 : 조운주·최일선(2004). 사립유아교육기관 초임교사들의 갈등 및 안정에 대한 이해.

(4) 원기회복기

휴가나 주변 사람들로부터 지지를 받아 원기를 회복한다. 학급운영이나 수업계획에 진전이 나타난다. 유아들에게도 교육효과가 나타나기 시작한다. 원기회복기의 초임교사는 교육과정개발과 교수전략에 관심을 가지고 새로운 시도를 할 필요가 있다. 다른 학교 교사와 전문가 모임에 참여하는 등 관계망을 확대하고 자신의 비전과 성공적 교수를 점검하는 것이 필요하다.

처음엔 II수준까지 생각하고 수업준비를 했는데요, 수업을 진행하다 보니, 아이들의 반응이 I수준 정도만 목표를 잡아도 되겠다는 생각이 들더라구요. 아이들이 생각보다 그렇게 좋은 반응이 나오지 않았어요. 아무래도 제가 수업 진행하는 데 미숙함이 원인일 수도 있겠다는 생각이 들어요. 그렇다고 I수준의 수업을 준비하는 것이 아니라, 수업은 항상 II수준까지 준비를 해요. (중략) 예전에는 계획안에 나와 있는 대로, 무조건 진행하려고 했었는데, 지금은 상황에 대해 융통성을 발휘해야겠다는 생각이 들어요.

출처 : 이정민(2010). 유치원 초임교사의 교직적응경험에 관한 연구.

(5) 반성기

교육활동이 리듬감 있게 진행되어 안정된다. 경력이 많은 교사와 의견을 나눌 수 있는 여유가 생긴다. 자신의 교육활동에 대해 반성하고 좀 더 세련된 방법을 찾는 등 성장의 새로운 기회인 내년에 대한 각오를 새롭게 하게 된다. 반성기의 초임교사는 성공적인 교사가 되기 위한 꿈을 새롭게 갖고 다른 교사와 적극적인 동료의식을 형성하고자 한다. 내년을 위해 아이디어를 노트에 계속 기재하고, 평생 기억에 남도록 자기반 유아들과의 특별한 파티를 계획한다.

요즘에는 1학기 때보다 수업할 때 자연스러워졌다고 생각해요. 개인적으로 상호작용도 많이 편안해졌고, 제가 자연스러워졌다고 생각해요. 1학기 때는 어떻게 하지? 긴장도 하고 그랬는데, '지금은 오히려 어떻게 하지' 보다 '이렇게 해야겠다' 고 스스로 해결책을 찾는 것 같고. 이제야 교사가 되어가고 있지 않은가 생각되기도 해요

출처 : 조운주 · 허익선(2004). 사립유아교육기관 초임교사들의 갈등 및 안정에 대한 이해.

3) 초임 남자교사의 영유아교사직 적응

영유아교육현장에서 필요한 교사는 여자교사나 남자교사라는 특정한 성의 기준이 아니며(이은상 외, 2013), 교육의 질을 끌어올릴 수 있는 영유아교사다. 특히, 남자교사의 중요한 역할 중 하나는 영유아들에게 아버지의 역할모델을 제공한다(Cameron, 2001)는 점이다. 그럼에도 불구하고 학부모는 익숙하지 않은 초임 남자교사들을 피하는 경향이 있는데(곽노의 · 배정호, 2012), 이는 교사로서의 자질이 아니라 남자이기 때문에 나타나는 현상이라 할 수 있다. 김대욱(2013)은 실제로 현장의 초임 남자교사들은 관계 형성(학부모, 교사관계, 관리자), 여성 위주의 문화, 근무환경 등으로 인해 교직 적응과정에 어려움을 느낀다고 밝힌 바 있다.

이러한 초임 남자교사들의 부적응은 결국 초임 남자교사들의 교직수행능력을 떨어뜨리며 남자교사들로부터 직접 교육을 받는 유아들에게 부정적 영향을 준다(이윤경, 1998). 따라서 초임 남자교사들의 교직 적응과 발달을 지원할 수 있는 방안(곽노의 · 배정호, 2012 ; 김대욱, 2013 ; 유지영, 2008)이 논의되어야 한다. 이를 살펴보면 첫째, 원장, 원감 및 동료교사의 지지, 둘째, 남자선배교사들의 멘토링, 셋째, 남자교사에 대한 직업적 위상을 높이기 위한 적극적인 홍보를 통한 인식 개선, 넷째, 남자교사의 활동성 제도의 마련 등이 제안되고 있다. 다음은 초임교사의 과정을 경험한 남자교사들의 어려움과 보람에 관한 사례이다.

초임 때는 진짜 퇴근하고 집에 가면 쓰러졌어. 왜냐하면 그때는 원에서 너무 많이 움직였거든, 그때는 아이들이랑 놀아주는 게 되게 좋은 거라고 생각해서 남자 아이들과 특유의 힘쓰는 놀이를 많이 했지. 경력 3년차 내내 그렇게 했어.

기관에서 학부모님께 남자교사에 대한 설문지를 돌렸는데, 무서울 것 같다는 반응이 많이 나왔어요. 학부모들과 처음으로 만난 것은 입학식이었습니다. 다른 여교사들이 자기소개를 할 때 웅성거리는 소리가 있었는데, 제가 소개할 때는 일순간 정적이 흐르고 모든 학부모가 저를 바라보고 있었습니다. 그만큼 남자교사에 대해 궁금한 것도 많고 기대도 크고 걱정하는 것도 많은 것 같은 시선이 느껴졌습니다. 그 이후 입학식 날 저를 보고는 군대를 다녀와서 엄청 무서울 것 같다고 하셨는데, 유순하고 부드럽게 생겼다고 다들 좋아하셨어요. 겉으로 좋아하는 것 같고, 전화로 항상 고맙다고 하시는 분들이 계십니다.

출처 : 안우철(2013). 남자 유아교육전공자의 삶.

이상과 같이 모든 영유아교사는 어떤 의미에서든 발달해 나가고 있다. 영유아교사는 직위의 측면으로든지 내적 충실성의 면으로든, 세월의 흐름 속에서 변화의 과정을 겪으며 교사로서의 보람을 얻게 된다.

Chapter 7

영유아교사의 전문성발달 지원

Chapter 7 영유아교사의 전문성발달 지원

1. 영유아교사의 전문성

전문성의 개념은 시대와 학자마다 다르게 정의하고 있어 한마디로 정의하기는 어렵다. 리버만과 밀러(Lieberman & Miller, 1979)는 전문성이란 고도의 지적인 기술과 장기간의 준비교육을 필요로 하고, 개인적 혹은 집단적으로 광범위한 자율권을 행사할 수 있으며, 자율권 내에서 행사한 행동과 판단에 대한 책임을 질 뿐 아니라 그들만의 자치조직을 가진다. 또한 경제적인 보수보다 사회적 봉사를 우선으로 여기고, 그 자체의 업적능력을 수행하는 데 지켜야 할 직업윤리를 가지며, 특정한 분야에서 사회봉사기능을 갖는 것이라고 정의하였다(고미경, 2007).

영유아교사의 전문성은 앞서 2장에서 살펴본 바와 같이 영유아교사의 역할을 수행함에 있어 요구되는 전문적 자질이다. 영유아교사는 영유아의 발달과 학습에 관한 전문적인 지식을 전달하기 위한 기술이 필요하며, 교육현장에서 교육과정을 계획하고 실행하기 위한 계속적인 훈련이 요구된다. 즉, 영유아교사는 시대와 사회의 변화에 맞추어 지속적으로 지식과 기술을 습득하고 개발해야 하기 때문에 교사의 전문성은 매우 중요하다.

2. 영유아교사의 전문성과 반성적 사고

1) 반성적 사고의 개념

듀이(Dewey, 1933)는 반성적 사고란 자신의 신념이나 실천행위에 대해 그것의 원인이나 궁극적인 결과를 적극적이고 끈기 있게, 그리고 주의 깊게 고려하는 것이라 하였다. 듀이는 반성적 사고를 통해 경험이 재구성되거나 지식이 획득되므로, 반성적 사고를 통한 교육을 강조하였다.

반성적 사고는 교사의 경험과 신념을 재구성할 수 있도록 도와주며, 교사의 문제해결능력을 향상시켜 주고, 교사의 결정능력을 향상시켜 주기 때문에 그 중요성이 강조된다. 반성적 사고가 중요한 이유를 세 가지 측면에서 살펴보면 다음과 같다.

첫째, 반성적 사고는 교사가 인식하지 못했던 교사의 경험과 신념을 검토하고 분석할 수 있는 기회를 제공한다(Larger & Colton, 1994). 둘째, 반성적 사고는 교사의 문제해결능력을 향상시켜 준다. 가르친다는 것은 역동적이며, 예측하기 어렵고, 끊임없이 변화하는 복잡한 과정이다. 반성적 사고능력이 있는 교사는 문제점을 인식하고 이를 해결하기 위한 방안을 모색한다(Zeichner & Liston, 1987). 셋째, 반성적 사고는 교사의 결정능력을 향상시켜 준다. 교사들이 대학에서 배운 지식이나 교수방법에 기초하여 교실에서 직면하는 많은 문제들을 최선의 방향으로 판단, 결정, 해결할 수 있는 태도와 능력을 길러 주기 때문에 교권을 수행하는 데 도움을 주다. 반성적 사고는 교사들의 의사결정과정과 이에 대한 평가를 내릴 수 있도록 해주기 때문에, 교사들이 적절하고 바람직한 판단을 내리는 데 도움을 준다(고미경, 2007).

2) 교사교육에서 반성적 사고의 필요성

반성적 사고는 교사의 사고과정 및 신념체계와 실천행위의 관계를 재구성할 수 있도록 도와주며, 교사의 문제해결능력과 의사결정력을 향상시켜 준다. 교사교육에서 반성적 사고의 필요성을 세 가지 측면에서 살펴보고자 한다.

첫째, 반성적 사고는 교사의 사고과정 및 신념체계와 실천행위의 관계를 재구성할 수 있도록 도와준다. 교사가 행하는 교수행위는 교사의 사고과정이나 신념체계에 영향을 받는다. 교사가 교수–학습을 바라보는 관점, 아동관, 교육의 목적 등에 대한 생각에 따라 교사가 계획한 환경 구성, 교수자료, 교수내용, 교수방법, 그리고 유아와 교사의 상호작용의 본질 등이 달라질 수 있다. 따라서 교사 자신이 영유아에게 미치는 영향에 대해 이해하기 위해서는 교사 자신의 눈을 통해서 본 교수 – 학습의 본질에 대해 생각할 수 있는 능력을 키워야 한다(박은혜, 2013). 이러한 순간에 교사는 반성적 사고를 통해 교사가 교사 자신, 학습환경, 학습자의 눈을 통해서 본 교수 – 학습의 본질을 볼 수 있는 능력을 갖추도록 하며, 교사 자신의 감추어진 신념들을 드러내어 검토하고 분석할 수 있도록 해준다. 따라서 교사는 자신의 교수행위와 관련된 여러 자료들을 수집하여 자신의 신념과 교수 실제를 비교하고 분석하는 과정을 통해 교사가 인식하지 못했던 교사의 경험과 신념을 검토하고 분석할 수 있는 기회를 제공한다.

둘째, 반성적 사고는 교사의 문제해결능력을 향상시켜 준다. 교육은 매우 역동적인 과정이며, 맥락특수적이고, 예측하기 어려우며, 끊임없이 변화하는 과정이다. 교사의 전문성 발달과 관련한 최근의 연구들은 교사의 반성을 중요하게 다루고 있으며, 교사의 반성적 사고능력을 발달시킴으로써 교사가 교육현장에서 직면하는 복잡한 문제를 합리적으로 해결할 수 있도록 한다고 주장한다(이효신 · 조한무, 2004). 즉, 경험 자체가 실천적 지식을 가져다주는 것이 아니라 경험에 대한 반성적 사고를 통해 의미 있는 지식들을 얻을 수 있는 것이다(권정숙, 2002). 특히, 유아교육은 어느 학년의 교사들보다 교육과정의 운영에 더 많은 자율성이 부여되므로 교수실천에 대한 불확실성과 어려움은 항상 되돌아보아야 하는 과제이며, 자신의 교수실천을 반성하고, 문제점을 찾아내며, 대안적인 방법을 적용하고, 개선을 시도해 볼 필요가 있다(염지숙, 2004).

셋째, 반성적 사고는 교사의 의사결정력을 향상시켜 준다. 반성적 사고는 실제 자신의 경험이나 사건을 통해 시작되기 때문에 능동적이고 역동적인 특성이 있다(Bright, 1996). 또한 반성적으로 사고하는 능력은 개인마다 조금씩 차이가 있을 수 있지만 반성적 사고를 향상시키는 훈련을 통해 반성적으로 사고하는 습관을 기르고 지속적으로 노력하면서 심화되고 발달해 간다고 할 수 있다.

3) 반성적 사고과정

반성적 사고의 과정은 이전의 경험적 지식이나 이론적 지식으로는 이해하기 어려운 독특하고 불명확한 상황을 이해하기 위해 사고하는 것이므로 맥락특수적이다(고미경, 2007). 여러 학자들이 제시한 반성적 사고과정은 문제상황을 이해하기 위해 사고하는 과정으로 듀이(Dewey)와 로스(Ross)는 이에 대해 다음과 같이 제시하였다.

(1) 듀이의 반성적 사고과정

듀이는 반성적 사고과정을 문제상황이나 딜레마 혹은 의문점을 인식하는 것에서 출발하여 어떻게 최종결정을 내리는가의 순서를 강조하였다(고미경, 2007).

그림 7-1 은 듀이(1933)가 제시한 반성적 사고과정이다.

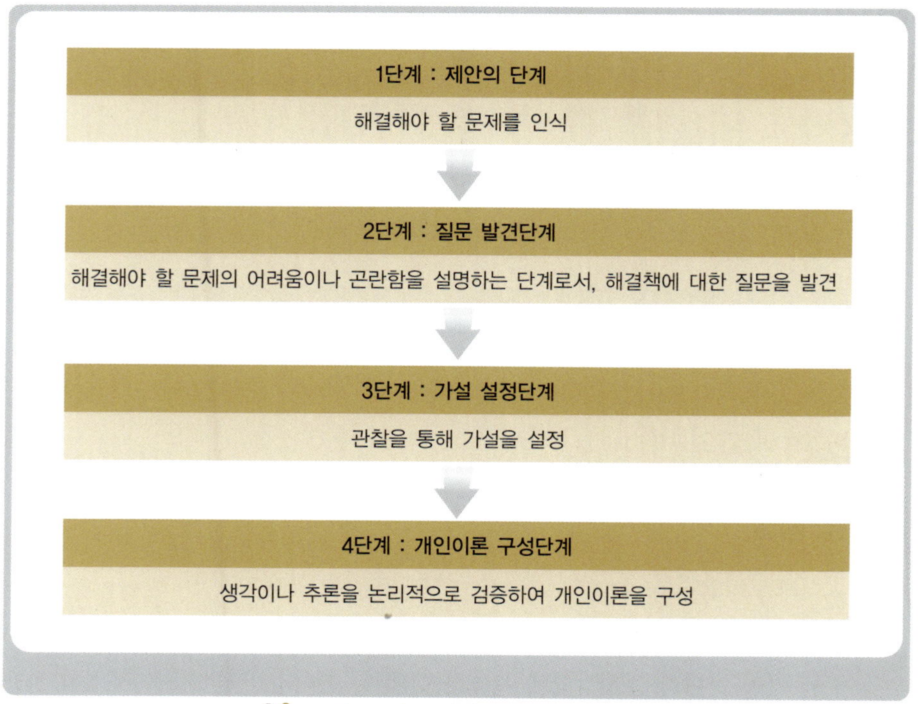

그림 7-1 | 듀이의 반성적 사고과정

(2) 로스의 반성적 사고과정

로스(1989)는 반성적 사고과정을 다섯 단계로 제안하였는데, 교육적 문제나 딜레마를 인식하고 여러 가지 문제의 해결책을 시도해 결과를 검토해 보는 것을 강조하였다. 로스가 제시한 반성적 사고과정을 구체적으로 살펴보면 그림 7-2와 같다.

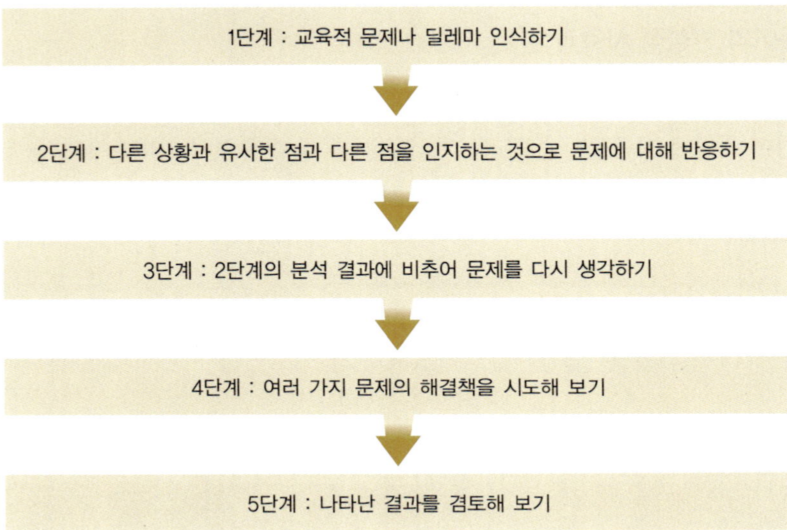

그림 7-2 | 로스의 반성적 사고과정

4) 반성적 사고의 방법

(1) 수업 사례

❶ 수업 사례의 정의

수업 사례는 교수상황에서 실제로 일어난 사건에 기초한다. 수업 사례는 허구로 만들어 낸 것이 아니라 실제상황에 기초하여 맥락, 참여자, 사건 등을 자세히 기술하기 때문에 수업 사례는 일반적인 설명이 아니라 지엽적이며 상황적이다. 또한 수업 사례는 교육적인 이론이나 원리, 혹은 모두 함께 생각해 보아야 할 딜레마 등을 다룬다. 따라서 수업 사례는 겉으로 드러나는 문제 뒤에 숨어 있는 근본적인 원리들을 반성적으로 사고해 볼 수 있도록 구성되며 단순한 개인적 이야기가 아니라 이론적으로 논의될 수 있도록 작성된다.

수업 사례는 그것을 읽는 사람의 반성적인 사고를 촉진하고 토론을 이끌어 내기 위한 수단으로 수많은 의사결정지점과 찬 · 반 양론으로 토론될 수 있는 논의점이 포함된다. 좋은 수업 사례는 처음 보기에는 매우 단순하지만 상당히 복잡하게 얽혀 있는 상황을 제시하여 단 하나의 정답 대신 문제를 탐색하고 도전하며 학습할 수 있는 기회를 준다(Christensen & Hensen, 1987). 또한 교사나 일반 사람들에게 유아를 가르치는 일이 매우 복잡하고 어려운 판단을 요구하는 직업이라는 것을 보여 준다. 마지막으로 실제 있었던 사건을 다시 한 번 이야기하면서 행동, 느낌, 사고를 기술하게 되고 교사들이 겪게 되는 여러 가지 행위, 동기, 욕구, 좌절, 실패 등을 드러내면서 개인적인 의미를 형성한다.

수업 사례는 가르치는 일을 배우고 있는 예비교사들에게 미래에 일어날 가능성이 있는 일을 현재로 끌어들여 교육시키기 위한 목적으로 활용할 수 있다(Munro, 1999).

❷ 수업 사례 쓰기

수업 사례는 저널 쓰기와는 다르게 일정한 형식을 갖추어야 하며, 수업 사례의 주제를 선정하는 데 있어서도 다음과 같은 요건을 갖추어야 한다.

■ 주제 선정

- 관찰한 사례에 기초하기
- 실제적인 사례를 선정하기
- 일반화할 수 있는 상황을 선정하기
- 복잡한 테마를 만드는 사례의 요소를 섞어 넣기
- 다양한 해결을 가진 문제를 선택하기
- 문제를 재해결할 수 있는 능력을 가진 확실한 조력자 만들기

■ 수업 사례 형식에 맞추어 쓰기

- 참여자나 비참여자로서의 관찰한 내용을 기술하기
- 정서와 물리적 환경을 담아내는 서술을 사용하기
- 시간 순서에 따라 관찰의 자세한 설명을 제공하기

- 추론이 아닌, 구체적인 관찰을 표현하기
- 내러티브 요소가 포함되도록 표현하기
  - 생동감 있게, 빨리 진행되게 서술
  - 교육 용어 사용
  - 매우 구체적으로 기술
  - 무엇을 했고, 무엇을 해야 했는지의 차이를 기술
    (예 : …한 일이 있었는데, 나는 혹은 ○○은 …했어야 했다)
  - 논리적인 순서에 의해 기술
  - 전형적이고 편견이 있는 언어는 피해서 기술
  - 1인칭이나 3인칭으로 기술

❸ 수업 사례 토론하기

수업 사례를 토론의 기초자료로 활용하기 위해서는 첫째, 기본적인 배경인 사건 발생 장소, 시간, 관련된 인물들과 특성을 분석하고, 둘째, 수업 사례에 포함된 문제를 찾아 다양한 관점에서 분석하여야 한다. 셋째, 수업 사례에 포함된 문제해결을 위해 교사가 갖고 있는 전문적 지식을 적용시켜 볼 수 있다. 넷째, 수업 사례를 쓴 교사의 입장에서 문제를 해결해 보는 과정을 거쳐 마지막으로 수업 사례를 읽은 사람의 관점에서 새로운 대안을 생각해 볼 수 있어야 한다.

Activity 1 수업 사례 토론하기

현재 내가 맡고 있는 반은 만 2, 3세 혼합반으로 2세가 11명, 3세가 5명으로 구성되어 있다. 그중 만 3세 나○○은 만 1세 때 본 어린이집에 입소했으며, 1세 반, 2세 반을 거쳐 현재는 2, 3세 혼합반에서 생활하고 있다. 나○○의 부모님 두 분 모두 문화재 쪽 일을 하고 있어, 일찍 등원하여 늦게 귀가하는 경우가 대부분이고, 거의 대부분을 아빠와 등 · 하원하고 있다.

만 1세 처음 입소 당시 옆 반에서 지켜본 나○○은 표정이 없고, 당시 담임교사는 타 영아들에 비해 반응이 느린 편이며 정서적으로 안정적이지 않은 모습을 보인다고 했다. 원 생활에 익숙해지고, 해가 지나며 나○○의 표정이 처음 입소 당시보다는 많이 밝아지고 원에 적응해 갔지만 언어발달이 매우 느린 편이며, 타 영아들에 비해 전반적인 발달이 늦은 편이다. 학부모면담을 통해 가정에서의 생활패턴에 대해 알 수 있었는데, 놀라운 사실은 나○○의 집에 영아가 놀이할 수 있는 놀잇감이 단 하나도 없다는 것이다. 상담을 통해 평소 나○○가 좋아하는 놀잇감에 대해 추천하고 부모와 함께 할 수 있는 다양한 활동을 공유하였다. 가정과 연계된 활동으로 처음보다 많이 안정적인 모습을 보였고, 교사나 또래에게도 긍정적인 상호작용이나 친사회적 행동이 나타나는 모습이다. 또한, 영아뿐 아니라 학부모님도 편안한 모습을 보였으며, 영아와 부모 간 보다 친밀한 모습을 볼 수 있었다.

좋고 싫음이 표정으로 드러나며, 확실하게 표현하고 매우 밝은 모습을 보여 또래와도 친밀한 관계를 유지하고 있으나, 언어발달이 느린 나○○은 표현은 가능하나, 발음이 매우 부정확하여 영아-영아 간 상호작용 시, 종종 방해요소가 되기도 한다. 가끔은 교사도 의사소통에 방해가 될 때가 있다.

나○○의 발음교정을 위해 다양한 언어활동을 통해 자극을 주며 지켜보고 있는 상황 속!

대그룹활동 시 나○○ 자신의 경험담에 대해 이야기를 했는데, 나○○을 제외한 15명의 모든 영아들이 어떠한 말도 하지 않았지만 한 목소리로 나○○의 말이 끝나자 웃음으로 답을 했다. 영아들의 웃음에 나쁜 뜻이 담겨 있는 것은 아니었겠지만, 교사가 받아들이기에 그 상황 속 분위기는 영아들이 부정확한 나○○의 발음을 비웃는 듯한 그룹의 분위기였고, 이에 나는 친구가 이야기를 할 때는 잘 들어줄 수 있어야 함을 이야기해 주었고, 나○○이 표현하고자 했던 이야기를 다시 나누며, ("나○○은 놀이터에서 미끄럼틀을 혼자서 탔구나!, 정말 재미있었겠다") 상황을 정리해 주었다.

자유놀이시간이나 소그룹활동시간에 나○○의 말에 "야! 뭐라고 하는거야?" 또는 "똑바로 얘기를 해야지" 등의 이야기를 하여 교사가 개입한 적이 몇 차례 있었지만, 그룹의 전체적인 분위기가 표현된 적은 처음이여서 많은 생각을 하게 되었으며, 그 상황 당시 빠른 판단으로 최선의 방법이라 결정하여 상호작용하였으나, 혹 더욱 좋은 방법이 있지 않았을까 고민을 하게 되었다. 그 당시 상황에서 겉으로 보이기에 나○○이 상처를 받거나 그 후 평소와 다른 행동의 변화나 심경의 변화가 있어 보이지 않아 다행이기는 하나, 현재 나○○의 발음 그대로 내년에 만 4세 반에 가게 된다면 또래 간 의사소통이 원활하지 않을 것으로 예상되며, 대그룹활동시간에 현재 같은 상황이 더욱 빈번해질 것이라는 생각이 들어 걱정이 되는 상황이다.

나○○에게는 놀이 위주의 언어활동으로 정확하게 발음하기, 동화책 보기 등의 활동을 하고 있고, 다행히 이러한 언어활동을 즐거워하여 꾸준히 지속하고 있다. 대그룹활동 시에는 교사가 의도적으로 나○○의 이야기에 호응을 해주거나, 칭찬을 해주어 그룹 속 영아들이 가질 수 있는 분위기를 변화시키고자 노력하고 있다. 그래서인지 그 이후에는 그와 같은 상황이 연출되지는 않았지만, 올바르게 대처하고 있는지 더욱 좋은 지도방법은 없는지 고민이 되는 요즘이다.

① 기본적인 배경인 사건 발생 장소, 시간, 관련된 인물들과 특성을 분석하기

② 수업 사례에 포함된 문제를 찾아 다양한 관점에서 분석하기

③ 문제해결을 위해 교사가 가지고 있는 전문적 지식을 적용시켜 보기

④ 수업 사례를 쓴 교사의 입장에서 문제를 해결해 보기

⑤ 수업 사례를 읽은 사람의 관점에서 새로운 대안 생각해 보기

❹ 수업 사례 평가하기

레빈(Levin, 1993)은 수업 사례를 통하여 교사의 사고과정을 분석하기 위해 수업 사례의 형태와 질, 완성성, 정교성 등을 고려하여 다음과 같은 7개의 질문에 대한 반응을 4점 척도로 점수화하는 것을 개발하였다. 척도의 질문은 다음과 같다.

- 수업 사례에서 어떤 일이 일어나고 있는가?(수업 사례에 제시된 상황과 문제들을 이해하는 데 중요하다고 생각되는 것을 요약하라)
- 수업 사례에서 이슈가 무엇이라고 생각하는가?(수업 사례를 읽으며 어떤 질문들이 생기는가?)
- 위의 질문에서 제시한 질문이나 문제가 왜 중요하다고 생각하는가?
- 이러한 문제를 해결하기 위한 다른 방법들은 어떤 것들이 있는가?
- 나는 수업 사례에서 제시된 문제들을 어떠한 자료를 이용하여 어떤 순서로 어떻게 해결하겠는가?
- 수업 사례의 저자가 제시한 질문들에 답변하라.
- 수업 사례에 관하여 어떠한 정보가 더 필요하며 무엇을 더 알고 싶은가?

(2) 개념도

❶ 개념도의 정의

개념도란 전체 학습영역 내에 포함되어야 할 개념을 규정하고 이 개념들을 가장 일반적이고 포괄적인 개념들로부터 가장 덜 일반적이고 특정한 개념들로 이루어지도록 위계적으로 배열을 조직한 것이다(Novack & Gowin, 1984). 개인으로 하여금 어떤 분야에 대해 알고 있는 내용을 위계에 따라 배열하고 관계있는 개념끼리 연결하여 그 관계를 진술하도록 하면 한 개인이 가지고 있는 특정한 분야의 내용에 대한 개념이 분화하고 확장되어 가는 것을 알 수 있다(성원경 · 이춘자 · 김양은, 2010). 따라서 개념도 그리기는 개인적으로 교사의 지식을 어떻게 조직하는지를 조사할 수 있는 중요한 도구이다. 지식의 구조와 적용은 매우 밀접한 관계가 있고 개념도가 교사 개인이 가지고 있는 지식구조를 합리적으로 정확하게 나타낸다면 개념도 내의 차이점을 통해 교사 개인이 사용하는 지식의 형태를 알아낼 수 있으며 교사의 교과에 대한 지식을 대표적으로 분석해 볼 수 있다.

개념도를 통해 교사가 가지고 있는 지식을 알아내기 위해서는 다음과 같은 절차를 거쳐야 한다고 제시하였다.

먼저 특정 주제에 대해 학습할 개념을 파악하여 모두 적고, 파악된 개념들을 포괄적인 상위개념과 좁은 하위개념으로 분류하여 상위-하위 순으로 조직한다(Novack & Gowin, 1984). 그 다음 개념들 간의 관계를 연결어를 사용하여 서로 유의미하게 연결하고 연결되는 두 개념을 묶는 연결어를 적은 후, 작성된 개념도를 전체적으로 보면서 다른 개념들의 무리 속에 있거나 몇 단계의 위계를 건너서 있는 개념들끼리 선으로 연결하고 연결어를 적으며, 이를 횡적 연결이라 한다(임승렬, 2001).

❷ 개념도 작성

노박과 고윈(1984)이 제시한 개념도 작성의 방법이다.

첫째, 특정 주제에 대해 학습할 개념을 파악하여 모두 적는다. 이 단계에서는 개인이 그 주제나 학습내용을 보는 시각과 개념도를 만드는 목적에 따라 나열되는 개념이 다를 수 있다.

둘째, 파악된 개념들을 포괄적인 상위개념과 특수하고 좁은 하위개념으로 분류하여 상위-하위의 순서로 조직한다. 이 단계에서 개념들 간의 위계와 포함관계를 결정한다. 개념도는 작성하는 교사에 따라 강조하는 것이 달라지므로 같은 개념일지라도 교사 개인이 갖고 있는 지식에 따라 위계가 달라질 수 있다.

셋째, 개념들 간의 관계를 연결어를 사용하여 유의미하게 연결하고 연결되는 두 개념을 묶는 연결어를 적는다.

넷째, 작성된 개념도를 전체적으로 보면서 다른 개념들의 무리 속에 있거나 몇 단계의 위계를 건너서 있는 개념들끼리 선으로 연결하고 연결어를 적는다. 이러한 연결을 횡적 연결이라고도 한다.

개념도는 특정 주제에 대한 개인의 이해 정도를 나타내기 때문에 개념도 속에 나타난 명제가 같더라도 개인이 갖고 있는 관련된 선행지식이나 사고의 경향, 개념도의 목적에 따라 달라지므로 한 가지 모범형이 있을 수 없다(임승렬, 2001).

❸ 개념도 분석

개념도는 여러 방법으로 분석될 수 있는데, 노박과 고윈(1984)은 개념도의 구성요소를 분석하는 방법으로 명제, 위계, 상호연결선, 예 등을 분석하였다. '명제'는 개념에 연결된 개념과 개념, 개념과 예, 예와 예 등을 연결해 주는 선이며, '위계'는 보다 일반적인 개념을 상위개념에 그에 종속되는 개념을 하위에 배치하여 타당성이 있는 위계로 개념이 조직된 수준을 의미한다. '상호연결'은 하나의 개념에 대한 위계의 일부분과 다른 위계의 일부분이 연결된 경우를 의미하며, '예'는 하나의 개념과 관련된 특정한 상황이나 사물에 대한 설명을 구체적으로 제시한 경우로 이러한 요소에 따라 점수를 부여하여 분석하는 방법이 있다(박상희 · 이효숙, 2007).

머젠돌러와 삭스(Mergendoller & Sacks, 1994)는 개념도의 특성을 개념도의 구조화 정도와 개념도의 각 범주가 얼마나 위계적이고 통합되어 있는가를 보는 것으로 깊이(평균 깊이, 전체 깊이)와 밀도를 통해 알 수 있다고 하였다. 개념도의 깊이는 점수가 높을수록 개념도의 구조가 잘 조직된 것을 의미하며, 밀도는 각 범주가 얼마나 위계적이고 통합적으로 구성되어 있는가를 보여 준다(박상희 · 이효숙, 2007).

모린-데시머(Morine-Dershimer, 1993)는 개념도의 주제를 범주화하고 중앙값과 특성값을 산출하여 개념도를 분석하였다. 중앙값과 특성값은 각 개념들의 중요도와 지식의 분화 정도를 알아볼 수 있는 방법으로, 중앙값은 개념이 개념도에 나타난 수준에 따라 결정되는데, 값이 1에 가까울수록 중요한 개념이다. 특성값은 특정 범주와 관련된 개념의 수에 의해 결정되는데, 특정개념에 나타난 개념의 총 수를 전체 개념의 총수로 나눈 것으로, 점수가 1에 가까울수록 다른 개념에 비해 해당개념의 지식 분화가 잘 된 것으로 개념도에서 차지하는 비중이 높다고 해석된다.

이상과 같이 개념도의 분석방법은 양적인 분석방법이 있으며, 옌센과 위니츠키(Jensen & Winitzky, 2002), 킨친과 해이(Kinchin & Hay, 2000)는 지식을 보다 정확히 이해하기 위해서는 개념도상에 나타난 결과를 양적으로 분석하는 것과 더불어 공통적 용어와 같은 내용을 분석하는 것이 함께 이루어져야 함을 제안하였다(성원경 · 이춘자 · 김양은, 2010). 임승렬(2001)은 개념도를 양적으로 분석하는 방법은 개념도가 지닌 풍부한 정보들, 즉 핵심개념들의 내용, 연결사의 유형, 개념들 간의 관계의 특성 등을 고려하지 못하는 단점을 가지고 있다고 지적하며, 교사의 개념도는 양적인 분석과 더불어 질적인 분석이 동시에 이루어져야 한다고 제안하였다.

표 7-1은 머젠돌러와 삭스(1994)가 제안한 개념도 분석방법으로, 개념도의 깊이와 밀도를 계산하는 방법이다.

표 7-1 | 개념도

깊 이	밀 도
• 개념도의 깊이=평균깊이+전체깊이 • 평균깊이=각 수준 $\times \dfrac{\text{그 수준의 NN의 총합}}{\text{총 NN}}$ (NN은 다음 수준의 종속개념이 있는 상위개념이나 종속개념을 의미) • 전체깊이=각 수준×그 수준의 NN의 총합	• 상위개념의 수를 센 후 그 수만큼 칸을 만들고 가장 많은 수의 위계를 가진 상위개념을 찾아 위계의 수를 센 후 그 수만큼 줄을 만든다. • 첫 번째 줄에 상위개념 수만큼 1을 적고 두 번째 줄에 각 상위개념별로 두 번째 위계수준에 속하는 개념의 수를 세어 적는다. • 위의 과정을 모든 위계수준의 수가 세어질 때까지 반복하고 칸에 기록된 수를 모두 합한 후 이를 칸의 수로 나눈다.

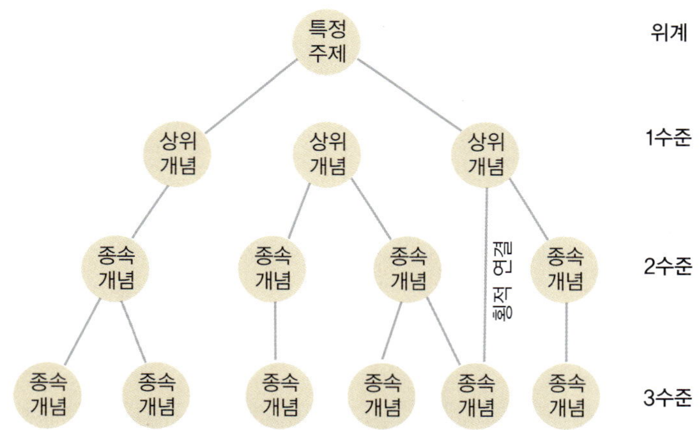

그림 7-3 | 개념도의 구성요소

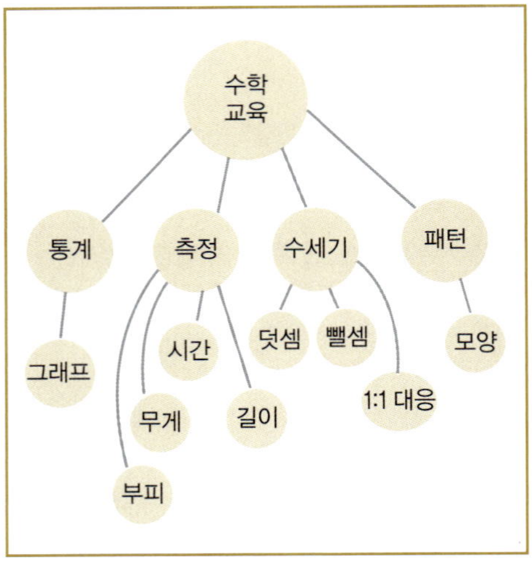

- 평균깊이 = $\dfrac{[(1\text{수준}\times4)+(2\text{수준}\times0)]}{4} = 1$
- 전체깊이 = $(1\text{수준}\times4)+(2\text{수준}\times9) = 22$
- 개념도의 깊이 = 23

A	B	C	D	
1	1	1	1	4개의 범주(상위개념 수)
1	4	3	1	2번째 수준의 종속개념 수

- 개념도의 밀도 : $\dfrac{13(\text{총개념 수})}{8(\text{칸의 수})} = 1.63$

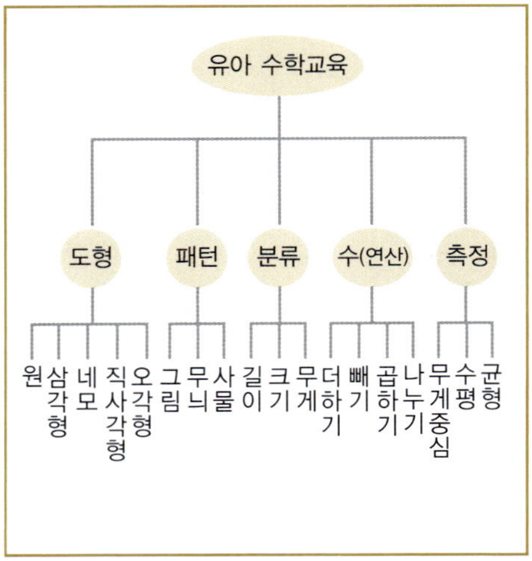

- 평균깊이 = $\dfrac{[(1\text{수준}\times5)+(2\text{수준}\times0)]}{5} = 1$
- 전체깊이 = $(1\text{수준}\times5)+(2\text{수준}\times18) = 41$
- 개념도의 깊이 = 42

A	B	C	D	E	
1	1	1	1	1	5개의 범주(상위개념 수)
6	3	3	4	3	2번째 수준의 종속개념 수

- 개념도의 밀도 : $\dfrac{24(\text{총개념 수})}{10(\text{칸의 수})} = 2.4$

그림 7-4 | 유아 수학교육에 대한 개념도 사례

(3) 포트폴리오

❶ 포트폴리오의 정의

포트폴리오는 개인의 수행결과를 모아 둔 자료집을 의미한다. 특히, 예비교사들의 포트폴리오는 대학을 다니는 동안 교과목을 통해 자신이 습득한 교수기술 및 지식, 결과물 등을 체계적으로 수집하여 구성한 모음집이다(박은혜, 2013). 포트폴리오는 '개인의 능력, 생각, 흥미와 성취에 대한 증거를 포함하는 그릇' (Partin, 1995)이라고 할 수 있으며, 자기평가를 통해 자기 주도적인 학습을 가능하게 하고 자신의 생각이나 교수행위를 되돌아 볼 수 있도록 하는 반성적인 사고의 경험을 제공한다. 포트폴리오 작성을 통하여 자신의 신념에 대해 깊이 생각할 수 있는 기회를 제공하며 의미 있는 변화를 가져다 줄 수 있는 유용한 학습도구이다(하은옥 · 허우정, 2006).

포트폴리오를 통해 예비교사들은 자신의 교수활동에 대해 반성적으로 사고할 수 있으며, 교수전략을 세우고, 교사 자신의 신념에 대해서도 살펴볼 수 있다. 또한 포트폴리오 작성을 위해 교사들은 반성적 사고를 목적으로 자료를 수집하여 구성하기 때문에 교사들의 학습을 발전시키는 데 도움을 준다. 즉, 포트폴리오는 개인적 지식과 이론적 지식을 교육현장의 실천적 지식과 연결하는 다리와 같은 역할을 한다.

임승렬(2000)은 포트폴리오의 특징을 다음과 같이 제시하였다.

첫째, 포트폴리오는 교사와 학생의 활동을 담고 있다. 교수활동에 관한 비디오나 단원계획과 같은 자료들을 통해 실제적인 교수활동의 증거와 함께 학생활동의 예들도 포함되어 있어서, 동료교사들과 토론을 위한 자료로 활용될 수 있다.

둘째, 포트폴리오는 구조화되어야 하고 분명한 목적을 갖고 있다. 포트폴리오는 특별한 목적을 위해 수집된 정보들을 전문적인 표준이나 학교 또는 개인의 목적에 따라 체계적으로 구조화된 모음집이다. 교수활동에 대한 공정하고 참된 모습을 전달하기 위해, 교사의 잘못된 교수활동도 가치 있는 자료가 될 수 있다.

셋째, 포트폴리오는 오랜 기간에 걸쳐 다양한 상황에 따른 교수와 학습과정이나 결과를 보여 준다. 따라서 수업의 장 · 단점이나 수업전략을 파악할 수 있다.

넷째, 포트폴리오를 구성하는 과정은 교사의 반성적인 사고활동이 수반된다. 단원계획, 유아의 작품과 같은 교수활동자료들은 교사의 반성적인 설명이나 비평과 함께 제시되어야 한다.

다섯째, 포트폴리오는 협력을 요구하는 활동이다. 자신의 교수활동이나 작품을 기록하고 반성적으로 생각하면서 동료, 유아, 학부모와의 의견교환이나 상호작용이 이루어지며, 이러한 내용이 포트폴리오 구성에 포함된다.

여섯째, 포트폴리오는 궁극적으로 교사의 교수활동과 유아의 학습 정도를 개선하는 데 도움을 준다.

❷ 포트폴리오 작성

포트폴리오에 무엇을 포함시켜야 하는가를 결정하기 위해서는 다음과 같은 질문에 답을 해봄으로써 필수적으로 포함시켜야 할 요소를 결정할 수 있다(Worth et al., 1993 ; 임승렬, 2001 재인용).

- 누가 그 포트폴리오의 의도된 독자인가?
- 그 독자는 교사의 교수활동과 학습에 관하여 무엇을 알고자 하는가?
- 선정된 기록물은 교사의 성장에 관하여 어떤 측면을 보여 줄 수 있는가?
- 어떤 종류의 근거가 교사가 어느 정도로 발전하고 있는가를 가장 잘 보여 줄 수 있는가?
- 포트폴리오에 최상의 작품만 포함시킬 것인지, 또는 교사의 성장에 관한 진보적인 기록을 포함시킬 것인지, 아니면 둘 다 포함시킬 것인가?
- 포트폴리오에 최종작품 이외에 아이디어, 초안, 수정본 등을 포함시킬 것인가?

이러한 내용이 결정되면 포트폴리오를 잘 조직하는 것이 중요하다. 임승렬(2001)은 포트폴리오를 조직하는 방법을 다음과 같이 제시하였다. 먼저 포트폴리오를 조직하는 기준을 정하고, 포트폴리오에 있는 모든 자료들에 날짜를 적어 넣는다. 평가의 자료로 활용되기 위한 포트폴리오는 작품 자체보다는 그 작품이 나오게 된 사회적 맥락이나 작업의 진행과정, 평가 대상자의 의도 및 평가자의 판단 등이 간단하게 기록되어야 의미 있는 평가작업이 이루어질 수 있다.

표 7-2 는 티칭 포트폴리오의 일반적 구성요소이다.

표 7-2 | 티칭 포트폴리오의 일반적 구성요소

영 역	구성요소
목표	자신의 교육철학기술, 교육목적 등의 기술
교수활동	수업계획, 학습자료, 수업전략, 학생활동의 증거들, 학급경영전략 등
평가	자기평가, 동료평가, 학생평가 등
개인경험	이력서, 자격증, 수상기록, 추천서 등
성찰	자기반성(저널), 정보 및 자료수집 노력, 전문성의 개발계획 등
의사소통	학부모, 학생, 동료교사와의 면담, 서신, 회의, 설문조사 등

출처 : 손영민(2011). 교육혁신을 위한 교사교육.

예비교사들의 포트폴리오에는 개인의 배경, 이력서, 학습 및 교수목표, 교수철학, 예비교사로서의 교육경험, 기타 활동사항 등이 포함될 수 있다(김민정, 2006). 유아교사를 위한 포토폴리오의 구성요소로는 교수비디오, 학생들의 반응 및 결과물, 동료교사의 평가, 수업에 관련된 전반적인 수업자료, 학습지도안 등을 제안할 수 있다(유수경 · 황해익, 2006). 예비교사와 유아교사의 포트폴리오 구성요소를 토대로 예비유아교사의 포트폴리오에는 개인배경, 전공과정 이수 시 제출했던 교수계획 · 실행 · 평가 및 결과물, 보육실습 시 경험한 교수학습 · 영유아지도 · 학급운영 · 실습평가 등이 포함되고, 기타 개인을 나타낼 수 있는 자격증 · 성적증명서 · 수상 경력 · 보육 관련 취미 및 봉사활동 등이 포함될 수 있다(박은혜, 1993). 다음은 예비유아교사들의 포트폴리오에 포함될 수 있는 내용들이다.

- 개인 배경
- 전공과정에 대한 자료
- 교육실습 및 보육실습에 대한 자료
- 자신에 대한 기타 자료

(4) 저널 쓰기

❶ 저널 쓰기의 정의

저널 쓰기는 교사들이 수업에 대해 개인적인 관점을 가지고 기록하는 다양한 형체의 글쓰기를 의미하며, 학습의 기록, 개인의 경험 재구성, 다른 활동의 기초자료 제공, 대화 수단 등의 목적으로 사용할 수 있다. 잉거와 클라크(Yinger & Clark, 1991)는 교사들이 저널 쓰기를 통하여 자신이 무엇을 알고 있는지, 자신이 무엇을 느끼는지, 자신이 무엇을 하고 있는지 그리고 왜 하는지의 이유를 알 수 있도록 하기 때문에 저널 쓰기는 전문성 향상에 필수적인 조건이 된다고 주장하였다.

저널 쓰기는 개인적 차원의 글쓰기인 일기와는 다른 전문성을 가진 교사로서의 의견을 기록하는 것으로, 교사에게 경험의 재구성을 통해 현장의 경험을 이론적으로 분석하는 기회를 제공한다. 또한 저널 쓰기는 작은 사건이지만 문제의 원인을 규명해 보고자 노력하고 비판적으로 검토해 보며, 앞으로의 대응책을 모색하게 하므로 구체적인 교수행동과 직결된다. 즉, 저널 쓰기는 교사들이 자신의 실천행위에 대해 개인적인 관점을 가지고 기록하는 다양한 형태의 글쓰기를 의미하며, 타인과의 담론을 통해 교수-학습에 대한 의미를 찾아가는 과정을 의미한다(이은상 외, 2013).

예비교사들은 저널 쓰기를 통해 교육의 전체를 보다 객관적으로 분석하고 평가할 수 있는 비판적 사고능력을 기르게 된다. 프란시스(Francis, 1995)는 예비교사의 경우 자발적 · 능동적으로 반성reflection에 참여하지는 않기 때문에 교사교육과정에서 구조화되고 체계적인 반성적 저널 쓰기가 필요하다고 강조하였다. 즉, 예비교사는 반성적 저널 쓰기를 통해 자신의 존재를 드러내고 현상의 존재론적 의미를 탐색할 수 있다(Kettle & Sellars, 1996). 조덕주 · 곽덕주 · 진석언(2008)은 예비교사들의 반성적 사고수준 향상에 저널 쓰기가 효과적이며, 저널에 대한 피드백이 유의미함을 보고하였다.

❷ 저널 쓰기의 실제

저널은 일정한 형식이나 주제 없이 자연스럽게 기술할 수도 있고, 특정한 주제나 형식을 정하고 그에 따라 작성할 수도 있다. 주제 없이 저널을 쓸 경우, 자신과 관련된 내용을 기록할 수 있으며, 좌절이나 기쁨과 같은 자신의 감정을 표현할 수 있다. 특정한 주제를 정하고 쓸 경우 유아의 문제, 동료나 원장과의 인간관계, 교수행위와 관련된 사건이나 문제 등을 기록할 수 있다.

Case 저널 쓰기의 예 1 : 유아의 문제행동에 관한 저널

한 흥미영역에서만 활동을 너무 오래 하는 아이들 때문에 다른 아이들이 그 영역의 활동에 참여하지 못해 기분이 상하고 상실감을 느끼는 문제를 어떻게 해결할 것인지 고민이다. 활동 중심 프로그램에서는 아이들이 이름표를 활동 영역에 붙이고 정해진 시간만큼 활동하고 또 다른 영역으로 이동하는 방법도 실시하고 있기는 한데 이 방법을 우리 반에도 적용하려면 이런 문제가 줄어들지…. 그리고 무엇보다 아이들에게 충분히 탐색할 수 있는 시간을 주어야 한다는 이론적 측면도 간과할 수 없어 고민이다.

출처 : 이세나(2007). 저널 쓰기 활동이 유치원교사의 문제해결능력에 미치는 영향.

Case 저널 쓰기의 예 2 : 유아와의 상호작용에 관한 저널

유아가 '못하겠어요' 라는 말에 그 유아에게 시간을 주지 않은 채 자기 소개에서 듣기를 바라는 말과 행동을 교사가 대신해 주었다. 유아가 생각할 수 있는 시간을 주고 유아 스스로 이야기할 수 있도록 도와주어야 했는데…. 교사 스스로도 이런 상황에 대해 어떻게 대처해야 할지 모르고 얼버무리는 경우가 된 것 같다. 유아 자신의 생각을 표현하고 자신감 있게 행동하는 것들은 많은 시간이 필요하다는 것을 알고, 유아들 내면에 있는 것들을 이끌어 내기 위해 교사 자신이 노력해야 하겠다.

출처 : 이세나(2007). 저널 쓰기 활동이 유치원교사의 문제해결능력에 미치는 영향.

(5) 실행연구

❶ 실행연구의 정의

교사가 자신의 지식을 이용하여 또 다른 지식을 재생산해 내고 이를 수업이나 교육활동 개선에 활용하기 위해서는 교육현장에서의 실천적 반성과 적극적 탐구가 필요하다. 이처럼 교육적 상황에 대한 깊은 이해를 위해 교사에 의해 수행되는 체계적이고 의도적인 탐구를 실행연구라 한다(이명숙, 2001). 즉, 실행연구는 교사 주도 교육의 변화와 개혁을 시도하는 연구방법으로서, 교사가 자신의 교수 실천을 개선하기 위해 자신이 가르치는 학교나 학급에서 체계적이고 의도적으로 수행하는 연구이다(염지숙, 2001). 교사들로 하여금 스스로의 교수행위를 점검하여 현장의 질적 개선을 도모할 수 있는 유용한 방법으로 교육현장에서 활용가능한 대안적 방법이라 할 수 있다.

실행연구과정에 대해 레빈(Lewin)은 다시 생각하기, 성찰하기, 논의하기, 다시 계

획하기, 이해하기, 터득하기가 실행연구에서 나선형으로 순환되는 중요한 요소라고 하였으며, 케미스(Kemmis)는 계획, 실행, 관찰, 반성, 수정된 계획, 실행, 관찰, 반성이 실행연구의 사이클을 이룬다고 했다(Kemmis & McTaggart, 2000 ; 이부미, 2010 재인용).

케미스와 맥타가트(Kemmis & McTaggart, 1982)는 실행연구의 절차를 다음과 같이 제안하였다. 먼저 1단계에서는 문제가 되는 점을 발견한다. 2단계에서는 발견한 문제를 해결하거나 개선하기 위한 방법을 생각한다. 3단계에서는 해결방법을 실제에 적용해 본 후 4단계에서 실행 결과를 관찰하고 검토해 보는 과정을 거쳐 문제가 해결되었다면 종료하고, 해결되지 않은 경우 2단계로 돌아가 새로운 대안을 생각해 보는 순환적인 과정에 따라 이루어진다.

그림 7-5 는 케미스와 맥타가트(1982)가 제시한 실행연구의 절차이다.

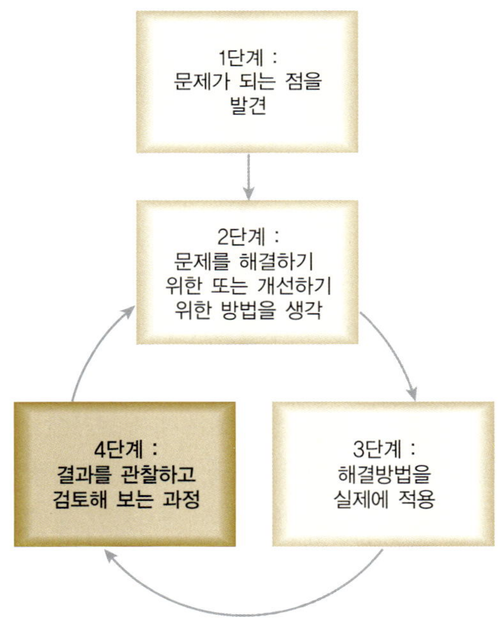

그림 7-5 | 실행연구과정

염지숙(2001)은 유아교육기관에서 실행연구를 통해 교사 스스로 자신의 교수실천을 평가해 볼 수 있으며, 새로운 교수법을 적용하는 데 도움을 받을 수 있고, 자체 내 평가에 의한 운영 개선에도 도움을 줄 수 있다고 하였다. 이러한 실행연구를 통해 교사는 스스로 자신의 교수행위를 비판적으로 바라보고, 반성할 수 있으며, 자신이 속한 영유아교육기관을 변화로 이끌 수 있다. 특히, 예비교사는 교사교육과정에서 유아교육현장을 방문하여 연구문제를 선정하고 교육상황을 분석하여 여러 해결점을 모색해 보는 탐구과정을 경험해 보는 것은 중요한 의미를 갖는다. 이는 예비교사들이 단지 교육의 대상에 머물지 않고 주체로 나서도록 할 뿐만 아니라 이들이 배운 이론과 실제를 접목하도록 하는 기회가 될 수 있다(김남희 · 손유진, 2008).

❷ 실행연구의 실제

다음은 경력교사들의 전문성을 개발하기 위한 목적으로 실행연구를 활용한 사례로 실행연구의 구체적 절차와 내용은 그림 7-6과 같다. 연구결과 실행연구과정은 잠정적 연구단계–연구초기단계–연구진행단계–연구결과 공유하기–다시 연구하기 단

그림 7-6 | 실행연구의 구체적인 절차와 내용

출처 : 이부미(2010). 공동육아교사들의 협력적 실행연구경험에 대한 탐색.

계-미완성의 마무리 단계로 이루어졌다. 또한 실행연구과정에서 교사연구자들은 연구주제와 초점 구성, 자료수집방법, 관찰자 시점, 자료분석과정에 이르기까지 연구자로서의 실제적 과정을 경험하는 동시에 연구의 기쁨과 좌절이라는 정서적 경험을 한 것으로 나타났다.

3. 영유아교사의 전문성과 실천적 지식

1) 실천적 지식의 개념

유아교육현장은 복잡하고 불확실하며, 정해져 있는 각본이 있는 곳이 아니다. 어떠한 상황에서 어떠한 문제가 발생할지 알 수 없는 역동적인 교실현장에서 교사가 어떠한 문제에 직면했을 때, 교사는 객관적으로 존재하는 이론이나 지식들을 적용하기보다는 교사가 알고 있는 지식을 현장의 특성을 고려하여 적용하게 된다(고미경, 2007). 교사는 이러한 과정을 통해 자신이 직전교육과정에서 배운 이론적 지식을 교육현장에 그대로 적용하는 것이 아니라, 교육현장의 상황에 적합한 이론적 지식과 자신의 가치관이나 경험을 토대로 교사 스스로 구성한 지식을 형성하는데, 이를 실천적 지식이라 한다.

엘바즈(Elbaz, 1983)는 실천적 지식이란 복합적이고 실제적인 전문적 지식으로서 교사 개개인이 가지고 있는 지식을 실제 상황에 맞도록 자신의 가치관이나 신념을 바탕으로 종합하고 재구성한 지식이며, 무엇을 어떻게 가르쳐야 한다는 교육의 방향과 교수방법을 설정해 주는 지식이라 하였다. 실천적 지식의 내용은 과목에 대한 지식, 교수방법에 대한 지식, 자아에 대한 지식, 학교 환경에 대한 지식으로 구분된다(Elbaz, 1981).

베이자르와 버루프(Beijaard & Verloop, 1996)는 실천적 지식은 학습자의 요구와 흥미의 이해, 발달수준과 학습방식 진단 및 측정, 수업 및 학급운영기술과 관련된 경험을 포함하며, 교사로서 겪은 경험을 통해 형성되는 것으로 교사가 어떤 행동을 실행할지 안내해 주고 결정하게 도와주는 역할을 한다고 하였다. 또한 실천적 지식의 특징은 교사마다 지니고 있는 독특한 개인적인 지식, 교실상황에 적응되고 또한 그 안에서 정의된 맥락적 지식, 교수경험을 통해 형성되고 발전되며, 명확하게 정의내릴 수 없는 암묵적인 지식, 교사의 실천을 주도하며, 가르치는 과목의 내용과 관련되는 지식으로 설명한다.

클래디닌, 코루넬리와 룰렛(Cladinin, Cornelly & Roulet, 1998)은 실천적 지식을 전수되거나 학습된 이론적 지식이 아니라 교사가 학교현장에서 업무를 수행하기 위해서 교사의 가치, 신념 등을 포함시켜 본인이 가지고 있는 지식 이상으로 새롭게 창출한 지식을 개인적 실천지식personal practical knowledge이라 하였다. 또한 실천적 지식은 단순한 이론의 적용이 아니라 유아교육현장이라는 독특한 공간 속에서 유아와 교사의 역동적인 상호작용을 통해 나타나는 교육현상을 끊임없이 의문시하고, 이를 해결하기 위해 사고하고, 탐색하며, 탐색의 결과를 반성적으로 사고함으로써 축적된다(박승순 · 이수정 · 홍희숙, 2004).

드리엘(Driel, 2000)은 실천적 지식의 특징을 다음과 같이 제시하였다.

첫째, 타인의 직접적인 도움 없이 자기 자신의 경험을 기초로 형성되고 축적되어 다양한 상황에 적절하게 활용할 수 있는 활동-지향적 지식이다. 둘째, 개인의 가치가 반영되고 특별한 상황과 관련된 개인적 · 맥락적 지식으로서, 현장에서 일어나는 교사의 모든 행동과 판단의 근거로 사용된다. 셋째, 자신이 알고 있다는 것을 깨닫지 못하는 암묵적 지식이다. 넷째, 과학적 지식, 일상적 지식, 경험적 지식들이 복합적으로 관여되어 형성된 통합적 지식이다. 다섯째, 신념과 지식이 공동으로 작용하지만 신념이 더 관여되어 형성된 지식이다(고미경, 2007).

실천적 지식에 대한 여러 학자들의 의견을 종합해 보면, 실천적 지식이란 교사가 교육현장에서 경험을 통해 스스로 터득하고 생성한 교사 개인의 고유한 지식이라 할 수 있으며, 교실현장과 교사가 서로 상호작용하며 형성된 지식이라 할 수 있다.

2) 실천적 지식의 구성요소

엘바즈(1983)는 실천적 지식을 지식, 정향, 구조의 세 가지 측면으로 구분하였다. 지식은 교육과 관련된 내용 지식이고, 정향은 앞서 배운 지식이 실제 상황에서 인식되는 방식을 말하며, 구조는 반성적 사고를 지속함으로써 교수수행에 대한 나름의 틀을 만들어 내는 교수수행에 대한 가치관을 형성해 가는 것을 의미한다. 실천적 지식의 구성요소 중 정향은 상황, 개인, 사회, 경험, 이론 정향으로 구분된다(고미경,

2007 ; 이은상 외, 2013).

첫째, 상황적 정향은 교실의 특정한 집단의 유아들을 대상으로 가르치는 데서 발생하는 특정한 요구를 말한다. 실천적 지식은 이러한 상황적 특징에 맞게 형성되며 또한 이러한 상황에서 효과적으로 사용될 수 있다. 이러한 상황적 특성을 바탕으로 교사는 기존의 자신이 가지고 있는 지식을 재구성 · 재조직하여 사용하게 된다. 둘째, 개인적 정향은 실천적 지식을 형성할 때 이미 가지고 있는 지식이나 이론들 이외에 영향을 미칠 수 있는 교사 자신이 가지고 있는 느낌, 목적의식, 관점 등과 같은 개인적 요소를 말한다. 교사의 권위와 관련한 상황 및 교실에서 일어나는 다양한 상황에 대하여, 개인적으로 의미 있는 방법을 지향하는 데 관여한다. 셋째, 사회적 정향은 사회적으로 바람직하다고 인정되는 여러 요인들을 의미한다. 넷째, 경험적 정향은 실천적 지식을 형성할 때 영향을 미치는 교사의 경험이다. 교사가 경험의 의미를 새롭게 구조화하고 또 다른 교수상황에서 적절하게 반응하도록 도와준다. 마지막으로 이론적 정향은 교사가 배운 이론이나 지식을 의미한다. 같은 이론이나 지식이라 하더라도 교사가 실제현장에서 얼마나 어떻게 활용하느냐에 따라 형성되는 실천적 지식의 내용에는 큰 차이가 있을 수 있다. 또한 교사가 어떤 교사양성과정을

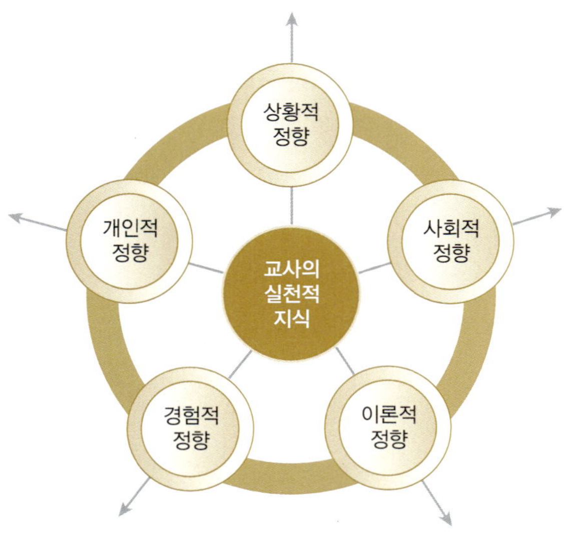

그림 7-7 | 실천적 지식의 구성요소

거쳤느냐에 따라서도 실천적 지식형성에 영향을 미치는 이론과 지식의 깊이가 좌우될 수 있다.

이를 그림으로 나타내면 그림 7-7과 같다.

실천적 지식의 형성에 영향을 주는 요소는 다양하며 각 교사마다 각 요소의 비중 또한 다를 것이다. 앞서 살펴본 다섯 가지 요인에 의해 형성되는 교사의 실천적 지식은 교사가 현장에서 내려야 하는 수많은 의사결정들의 기초를 제공해 주며, 교사의 경험과 반성을 통해 계속적으로 변화한다. 따라서 교사양성과정이나 현직교육과정에서 교사들이 당면한 문제를 최선의 방향으로 판단하고 결정할 수 있는 능력과 태도를 길러주는 것 또한 중요하다.

3) 실천적 지식형성과정

교사의 실천적 지식은 애초에 형성된 상태로 머물러 있는 것이 아니라, 시간이 흐르고 경험이 축적됨에 따라 끊임없이 변형되고 재구성되며 새롭게 창조된다는 점에서 역동적 지식이라 할 수 있다. 이러한 실천적 지식의 형성에는 교직경험을 통한 교수실천(Carter, 1990 ; Elbaz, 1981)과 직전교사교육과정이 직접적으로 관여된다(Diaz, 1994)고 밝혀졌다. 최근에는 실천적 지식이 동료교사들의 실제에 대한 관찰이나 그들과의 대화를 통해 형성되고 발전되어 나간다(김민정, 2010, 2012 ; 엄훈, 2004 ; 서경혜, 2010 ; 소경희 · 김종훈, 2010 ; Borko, 2004 ; Lieberman & Mace, 2008 ; Putnam & Borko, 2000)는 측면에서 사회적 측면의 형성과정도 그 중요성이 강조되고 있다. 이와 같은 과정에서 교육실습, 수업행위와 이에 대한 반성, 그리고 수업연구는 실천적 지식의 형성에 있어 핵심이 된다. 실천적 지식의 형성과정은 다음의 사례를 통해 잘 드러나 있다.

Case 예비교사의 실천적 지식형성과정에 대한 사례

다음은 예비영유아교사가 교과목에서 현장 중심 미술수업을 실시하고, 개념도, 저널과 면담을 통해 지식의 변화 양상을 살펴본 사례이다.

1. 반응적 교육과정운영에 대한 인식

> "너희들이 만약 고흐라면 구름을 어떻게 표현하고 싶니?"라고 물었더니 "나는 그렇게 잘 못 그리는데…" 하면서 그리기 싫어했다. 유아가 그림을 그리고 싶지 않다고 말하자 당황해서 우리 조 친구들에게 도와달라고 눈빛을 보냈지만 아이들도 당황하기는 마찬가지였다. (중략) 아직 경험이 적어서 그렇겠지만 계획과 달리 진행되면 어떻게 해야 할지 모르겠고 당황하여 우왕좌왕하게 된다.

예비교사들은 유아를 대상으로 미술활동을 진행하면서 활동을 계획할 때 미처 예상하지 못한 유아들의 다양한 흥미와 반응을 경험하게 되었다. 이와 같은 경험에서 예비교사들은 교사의 계획과 유아의 흥미 사이에서 당황스러움과 갈등을 경험하면서 교육과정운영에서 흥미를 고려하는 것이 무엇인지에 대해 생각해 보게 되었다.

> 제가 단순히 생각했던 흥미라는 것이 실제 활동에서는 활동 전체를 이끌어 가는 방향을 결정하게 된다는 것을 알게 되었어요. 예를 들면, 교사가 직접 계획한 대로 도입, 전개, 마무리로 끌어가지 않더라도 유아들이 재미있어 하면 그 방향으로 자연스럽게 흘러간다는 것을 느낄 수 있었고 또 한 가지는 융통성인데… 저번에 핸디코드 활동에서 한 유아가 "선생님 여기 핸디코드에 색깔을 섞어보고 싶어요"라고 이야기했을 때 물감을 제공했더니 유아들이 더 큰 흥미를 가지는 것을 보았어요. 유아의 흥미에 대해서 교사가 "오늘은 색깔을 섞는 활동이 아니야"가 아니라 유아의 요구를 충분히 반영해서 수용하는 것이 더 중요하다는 것을 느낄 수 있었어요.

예비교사들은 교실에서 일어나는 다양한 돌발적 상황으로 인해 교사의 계획대로 활동을 진행하는 것은 불가능하며 유아들의 흥미와 요구에 따라 교육과정을 반응적으로 운영할 때 더 큰 교육적 효과를 거둘 수 있다는 것을 체험을 통해 터득하게 되었다.

2. 교사개입에 대한 다양한 탐색과 깨달음 : 유아의 행동을 들여다보고 기다리기

> 구름의 느낌이 어떠냐고 아이들에게 물어봤을 때 "푹신푹신한 것 같아요. 구름빵 같아요." 그런 식으로 다들 "○○ 같아요"라고만 대답을 해서 교사가 "왜 그렇게 생각을 했니?"라고 물었는데 아이들이 "그냥요" 하면서 갑자기 소심해졌어요. 이렇게 질문을 반복하니까 아이들이 대답을 잘 안 해서 어떻게 질문해야 할지 난감했어요.

예비교사들은 유아들과 미술활동을 진행하면서 언제, 어떻게 상호작용해 주어야 하는지에 대해서 갈등하였다. 유아의 활동에 무조건 개입하는 것이 아니라 관찰을 통해 적절한 개입시기를 찾아야 하고 교사-유아의 상호작용뿐 아니라 유아-유아의 상호작용, 유아-자료와의 상호작용이 이루어질 수 있도록 기다려주는 것도 중요하다는 것을 깨닫게 되었다.

3. 유아의 개별성에 대한 이해

> 똑같은 7세지만 언어수준이 조금씩 다 다르더라구요. 어떤 아이는 그냥 "나무!" 이렇게 말하는 아이가 있는가 하면 어떤 아이는 "어두운 부분은 어두워서 바지 같고 밝은 부분은 잎사귀 같아요." 이런 식으로 이야기를 하더라고요. 그러니까 옆에 있던 아이도 "어! 나도 그런 거 같은데!" 이런 식으로 말을 하더라고요. 단답형으로 말했던 아이도 옆에 있는 아이의 표현을 듣고 배우니까 좋은 것 같아요.

예비교사들은 자신들의 예상보다 높은 수준의 유아들을 경험하기도 하고 때로는 기발하고 창의적인 생각을 표현하는 유아들을 경험하면서 유아들의 무한한 가능성과 창의적 능력에 놀라움을 금치 못했다. 이와 동시에 이러한 개별 유아에게 적합한 미술활동을 계획하고 전개하기 위해서는 교사의 능력과 역할이 중요하다는 인식을 갖게 되었다.

4. 생활 속 미적 체험의 중요성 인식 : 미술은 그리기, 만들기 그 이상의 것

> 미술활동이라고 하면 애들한테 주로 그리는 것만 하잖아요. 그런데 이번에 감상이란 걸 하면서 눈으로 보고 마음으로 느껴보도록 했던 것이 좋았던 것 같아요. 또 감상하면서 생각했던 것들을 다음 표현활동으로 이어갈 수 있다는 것도 처음 알았어요. 그래서 감상이 중요하다고 깨달았어요.

미술활동은 교사가 유아들에게 작품을 만들어 내도록 가르치는 과정이 아니라 유아 스스로 느낄 수 있는 경험의 기회를 제공하는 것이라는 인식을 하게 되면서 예비교사들은 결과물보다는 미술의 과정에 초점을 두게 되었다.

예비교사들은 현장 중심 미술수업을 통해서 미술교육에 대해 지식이 확장되고 통합적으로 재구성되었을 뿐 아니라 강의를 통해 이론적으로 알고 있었던 유아의 흥미와 개별성, 상호작용, 유아미술에 대한 의미와 생각들을 재구성하고 실천적 지식을 가질 수 있었다.

Case 경력교사의 실천적 지식형성과정에 대한 사례

다음 사례는 영유아교사 교육과정에 나타난 실천적 지식을 분석한 사례이다.

1. 교육과정의 계획

1) 생활주제 안에서 교육내용을 정한다.

손 교사는 생활주제를 유아기에 다루어야 할 큰 교육내용의 영역으로 생각한다. 생활주제는 가르쳐야 할 내용의 범위를 정해 주므로 연령별로 문학적 접근법이나 프로젝트를 하더라도 생활주제 안에서 주제와 내용을 선정한다.

> "어쨌든 교육과정에서 하라고 한 생활주제에서 벗어나기는 좀 그런 것 같아요. (중략)모든 게 다 연관되어 있더라고요. 예로 씨앗을 하면서도 봄이랑 연결할 수도 있는 거고. 제가 뭐 생활도구에서 사진으로 연결하지 않을 수도 있는 건데 그걸 생활주제와 이렇게 연결을 시켜서 우리는 생활주제에, 7차 교육과정 안에서 활동을 진행하고 있다는 걸 보여 주는 그런 의미가 있는 것 같아요."

손 교사는 다양한 접근법을 활용하더라도 생활주제 안에서 내용과 활동을 정함으로써 국가수준에서 제시한 교육과정을 가르치게 되는 것이며, 유아는 같은 주제의 내용을 학습하게 된다고 생각한다.

2) 주제에 맞는 이야기 나누기와 활동을 정한 다음 목표를 기술한다.

손 교사는 교육과정을 계획할 때 주제에 맞는 활동을 먼저 계획한 후 목표를 정한다. 생활주제의 내용 안에서 주제를 정한 후 주제의 흐름에 해당하는 활동을 먼저 고르고 활동이 포함하고 있는 주요내용을 간추리는 방식으로 계획을 한다.

> "처음에 계획을 하면 큰 주제가 있고 이런 쪽으로 와야겠다는 카테고리가 있잖아요. 그러면 거기 안에서 주제를 먼저 적어요. 내가 이렇게 시작해서 이렇게 마무리 해야지…. 그러면 먼저 생각했던 범위 안에서 그 주제 흐름대로의 제목을 만들어 놓고 거기에 해당하는 활동들을 먼저 적는 거거든요. 순서로 보면 활동을 먼저 하고 그 다음에 내용, 목표를 풀어 쓰는 것 같아요."

손 교사는 이야기 나누기를 하루 활동의 시작이자 소주제의 축약이며, 하루 활동의 흐름을 결정하는 기준으로 활용한다.

2. 교육과정의 실행

1) 목표주제에 맞게 활동을 이끌어간다.

손 교사는 교육과정을 실행할 때 주제와 관련해서 정해진 것, 할 것은 해야 한다고 생각한다.

> "제가 예측하지 못했던 이야기가 나올 수 있어도 마무리 짓는 것은 어쨌든 결론은 모아야 하는 것이기 때문에 그럴 때 조금 제가 해놓았던 것을 생각 많이 하는 것 같아요. 아, 내가 오늘 뭐하기로 했었지 하면서 속으로…. 오늘 제가 계획한 게 있으니까, 하려고 계획한 거잖아요. 그러니깐 아무래도 그렇게 하려고 하죠."

손 교사는 유아들이 원하는 놀이만을 하기보다 유아의 흥미에 맞고 발달에 자극이 되는 교사가 계획한 활동을 실행해야 한다고 생각한다.

2) 이야기 나누기로 소주제를 소개하고, 자유선택활동에서 풀어낸다.
손 교사는 교육과정을 실행할 때 이야기 나누기로 하루의 소주제를 소개하고 자유선택활동에서 소주제에 맞는 활동으로 연결하여 풀어낸다.

> "만약에 오늘 같은 경우 흙을 탐색한 걸 얘기한다 하면 그러면 자유선택활동을 먼저 할 수도 있는 거고, 그거에 대해서 정리하는 시간 '어떤 걸 탐색했니? 느낌이 어땠니?' 이런 식으로 이야기 나누기가 꼭 시작점이 되진 않지만 어쨌든 활동의 소주제들의 집약이랄지…. 그날 하루 소주제의 집약이 이야기 나누기죠."

손 교사의 이야기 나누기는 소주제를 전달하는 시간이고, 유아들이 주제에 대한 이해가 생기면 자유선택활동이나 다른 집단활동에 적용될 수 있다고 생각한다.

3. 교육과정의 평가

1) 오늘 하루 어떠했나, 내일은 이렇게 해야겠다를 평가한다.
손 교사는 교육과정을 평가할 때 오늘 하루 활동을 점검하고 내일의 계획을 수정 · 보완한다.

> "내가 이렇게 계획했지만 전날 아이들이 이런 반응이 나왔기 때문에 다음날 주안에 있었던 계획안을 수정할 수 있잖아요. 그런 게 일일 계획안에 기재가 돼야 하는 거니깐. (중략) 근데 그렇게 하다보니깐 평가하면서 정리하는 거 같아요. 오늘 하루 그랬었구나를 생각하면서 내일은 어떻게 해야겠구나 하는거죠."

손 교사는 하루 일과가 끝나면 계획한 하루의 활동이 어떻게 실행되었는지 그 과정과 유아들의 반응을 평가하면서 내일의 교육계획에 대해 수정할 것과 확장할 것을 점검한다.

2) 유아가 활동에 관심을 가지고 즐겁게 참여하였는가를 평가한다.
손 교사는 활동을 평가할 때 유아들이 많은 관심을 가지고 즐겁게 활동에 참여하였는가를 중요하게 생각한다.

> "흙 무게 재는 게 있었거든요? 자기가 해보고 싶은 흙을 이름을 적고 어떤 흙이 제일 무거운지 예측을 해서 실제로 계량스푼에 떠가지고 깎아서 샬레에 넣어서 재봤거든요. 저는 어렵지 않을까 했었는데 애들이 다 숟가락부터 들고 하고 싶어 하는 거예요. 나중에 가장 기억에 남는 활동이 뭔지 그림으로 그렸는데 흙 무게 재는 게 가장 재밌었다고 그러더라고요. 어렵지 않을까, 할 수 있을까 했는데 생각보단 수업이 잘 되어서 좋았어요."

손 교사는 유아들이 관심을 많이 보이고 잘 참여하여 반응이 좋았던 수업이 잘 된 수업이어서 이후 교육과정을 계획할 때 반영하려고 한다.

출처 : 이성희 · 박은혜(2012). 유치원교사의 교육과정계획 · 실행 · 평가에 나타난 실천적 지식 분석.

Chapter 8

영유아교사의 장학

Chapter 8
영유아교사의 장학

1. 장학의 개념

장학supervision은 어원상 'superior'와 'vision'의 합성어로 'superior'는 '높은 곳' 또는 '우수한'이란 뜻이고 'vision'은 '본다' 또는 '감시한다'는 뜻이다. 이와 같이 장학은 '우수한 눈으로 본다'는 의미를 지니는 것으로 좋은 지식, 경험, 도움, 조언 등을 나누는 것을 의미한다. 장학에 대해 라벨(Lovell, 1975)은 수업장학행위는 학생에게 학습기회를 계속적으로 제공하고 이를 실현하며 또 이를 변화시켜 계속적으로 개선해 나가는 방법을 활용하여 교수행위체제와 상호작용시킬 목적으로 조직이 공식적으로 제공하는 부가적인 행위체제다'라고 정의한 바 있다.

장학은 크게 협의의 개념과 광의의 개념으로 정의할 수 있는데, 이를 살펴보면 다음과 같다(고미경, 2007).

＊협의 개념의 장학 교사가 직접적으로 관계된 교수-학습상황에 국한된다. 교수-학습상황에 영향을 줄 수 있는 제반적인 상황들을 지원한다. 교수-학습방법을 개선하는 데 도움을 주고 교사의 주된 관심에 많은 지원을 해줄 수 있다는 장점이 있지만, 교육현장에서 이루어지는 전체적인 상황에 주목할 수 없다는 단점이 있다.

＊광의 개념의 장학 교육에 관련된 모든 교사의 역할을 지원하는 것이다. 따라서 행정적인 업무, 부모와의 관계, 교육과정의 설계, 교실현장에서의 수업의 개선까지 모든 것을 포괄한다. 교사에게 전체적인 안목을 줄 수 있다는 장점이 있으나, 장학의 범위가 너무 넓어서 형식적일 수 있다는 단점도 있다.

최근 장학은 행정기관의 공식적인 지도를 통해 이루어는 '역할'로서의 장학에서 상호협력적인 '과정process'으로서의 장학에 대한 요구가 높아지고 있다. 이는 장학을 '역할role'로 볼 경우, 장학의 주체가 영유아교육기관이나 교사가 되기보다는 외부인사가 되어 장학의 초점이 교수능력의 향상보다는 평가가 강조되며 장학받는 사람보다는 장학하는 사람의 입장에서 이루어질 수 있기 때문이다. '역할'로서의 장학과 '과정'으로서의 장학이 갖는 특성을 살펴보면 다음과 같다(이윤식, 1999 ; 고미경, 2007).

＊'역할'로서의 장학 장학사(관) 또는 일부 교육행정가들이 수행하는 공식적인 지도, 조언활동을 의미한다. '누가 하는가?'에 그 초점이 있으며, 장학을 제공하는 사람과 장학을 받는 사람의 상하관계가 형성되어, 교사는 장학의 대상으로서 피동적이고 수동적인 존재가 되며 '주어지는 장학'을 받게 된다.

＊'과정'으로서의 장학 교육활동의 개선을 위하여 활용될 수 있는 공식적 또는 비공식적, 전문적 또는 일상적 지도와 같은 좋은 기술, 정보, 아이디어 경험, 도움, 조언들을 서로 나누는 활동을 의미한다. '어떻게 하는가?'에 관심이 있으며, 장학에 참여하는 사람들 간에 협동적 관계가 전제되고, 교사는 장학에 보다 능동적이고 적극적으로 참여하게 되기 때문에 '협력적 장학'이 이루어진다.

이와 같이 장학이 무엇이냐에 대한 개념은 매우 다양하나 공통적으로 장학은 교사의 전문성과 실제 교실에서 이루어지는 의사결정 및 교육활동에 지대한 영향을 미치는 과정임을 알 수 있다. 최근에 장학은 교육현장의 목소리를 중심으로 이루어질 때 효과적이라는 관점이 지배적이라는 측면에서 현장 주도의 다양한 장학의 방법 개발 및 적용을 통해 장학의 궁극적 목적에 이르고자 하는 시도가 필요하다.

2. 장학의 기능

영유아교육기관의 교사는 교직생활을 하는 동안 교육에 대한 가치관, 신념, 태도, 지식, 기능, 행동에 있어 양적으로든 질적으로든 많은 변화와 발달을 경험하게 된다. 이러한 변화가 바람직하게 이루어지기 위해서는 반드시 적절한 장학지도가 함께 이루어져야 하며(임승렬 · 김희진, 2002 ; 조혜경, 2006), 이는 장학의 본질적 기능을 통해 가능해진다.

주삼환(2003)에 따르면 장학의 본질은 ❶ 교사의 교수행위변화를 위하여 계획적 · 공식적으로 그리고 직접적으로 도와주고, ❷ 교사와 학생 사이에서 상호작용하는 교육과정을 잘 마련하도록 노력하며, ❸ 교육자료와 학습환경을 개선하는 것에 있다. 이러한 장학의 기능은 어느 측면을 강조할 것인가에 따라 그 내용이 달라질 수 있으며 학자들의 견해를 제시하면 표 8-1과 같다.

표 8-1 | 장학의 기능

올리바(Oliva, 1976)	정대범(1996)	이윤식(1999)	주삼환(2003)
• 수업개선기능 • 교과과정 개발기능 • 교사의 발전기능	• 관리기능 • 전문적인 지도기능 • 협동적 조언	• 교원의 성장 · 발달을 돕는 기능 • 교육과정운영의 효율화를 돕는 기능 • 경영의 합리화를 돕는 기능	• 수업개선의 기능 • 교육과정 개발 기능 • 교사의 전문적 성장을 돕는 기능

이와 같이 장학의 기능은 학자들마다 또는 시대적 흐름에 따라 다를 뿐이지 수업을 향상 또는 개선해야 한다는 데는 이견이 없다. 즉, 근본적인 장학의 기능은 학생의 학습을 촉진하기 위한 '수업개선'이라 할 수 있으며 이는 다음의 그림 8-1을 통해 설명될 수 있다.

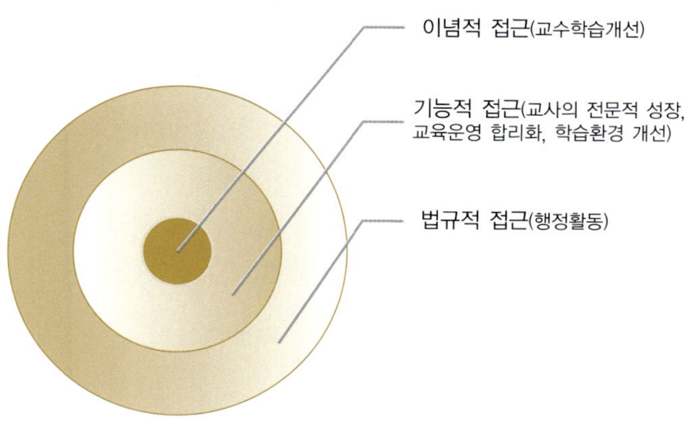

그림 8-1 | 장학의 기능

출처 : 주삼환(2003). 장학의 이론과 기법.

이를 종합하면 장학의 기능은 행정적 목적보다 수업 개선 목적을 위주로 한 역할이 되어야 하며, 그 목적에 있어 결과의 잘못을 가려 행정적 제재를 가하는 것이 아니라 문제점을 발견하고 함께 문제를 해결하는 기능(강영삼, 2005)을 다해야 함을 시사한다. 또한 유아교육 분야에서 장학은 행정적인 측면보다는 교사의 전문성 발달을 돕기 위한 방안으로 인식되고 있으므로 '교사교육'이라는 전체적인 틀 안에서 논의하는 것이 바람직하다고 하겠다.

3. 장학의 유형

장학의 유형은 장학의 목적, 대상, 방법에 따라 교육행정기관 주도의 종합장학, 표집장학, 요청장학, 개별장학 등과 교육현장 주도의 자율장학, 임상장학 등으로 다양하게 구분된다. 이 중 장학의 대표적 유형인 수업장학과 임상장학, 상호협력적 장학인 동료장학, 자기주도적 장학인 자기장학을 중심으로 살펴보고자 한다.

1) 수업장학

(1) 수업장학의 개념

수업장학Instructional supervision은 장학의 목적을 수업개선에 두고, 가능한 수업개선에 직접적으로 도전하려고 하는 장학을 수업장학이라고 할 수 있다(주삼환 외, 2005). 글릭먼 등(Glickman et al., 2001)은 수업장학의 5대 업무로 교사들에 대한 직접적인 원조, 협력적 개발, 직업적 발달, 커리큘럼 개발, 행동연구로 정의하였으며 이를 구체적으로 살펴보면 다음과 같다(송정원, 2008 재인용).

＊직접적인 원조 교실 내 교육을 관찰, 지원하기 위해 교사와 개별적이면서 지속적으로 접촉하여 이루어지는 개별적 지원을 말한다.

＊협력적 개발 공통적인 교육문제들을 교사들이 함께 모여 결정하는 것을 말한다.

＊직업적 발달 학교 또는 학교시스템에 제공, 지원하는 교사의 학습기회를 말한다.

＊커리큘럼 개발 교실 내 지도내용, 계획, 재료들을 수정, 변경하는 것을 말한다.

＊행동연구 학습 향상을 목적으로 학교, 교실 내 활동을 연구하는 교사의 체계적인 연구활동을 말한다.

교사의 수업기술과 방법의 개선을 초점으로 하고 있는 수업장학은 본질적으로 개선과 평가의 기능을 갖는다. 그러나 이 두 기능은 장학활동의 과정에서 서로 갈등을 일으키며 장학자들에게 평가의 필요성과 교사들의 수업과정을 지원해야 하는 역할 사이에서 역할상 갈등을 겪게 한다(신현석, 2000). 송정원 등(2008)의 연구에 따르면 수업장학에서 피장학자인 초임교사들은 대부분 장학을 '지원'으로, 경력교사들은 '평가'로 받아들이는 것으로 나타났다. 따라서 피장학자가 장학을 받아들이는 관점이 다르다는 측면에서 장학자는 장학 실시 이전에 수업장학이 갖는 기능이 긍정적으로 인식될 수 있는 분위기와 여건을 마련하여야 한다.

(2) 수업장학의 과정

수업장학의 과정은 수업장학의 모형을 제시한 연구자(Acheson & Gall, 1987 ; Cogan, 1973 ; Goldhammer, Anderson & Krajewski, 1980)들의 견해에서 살펴볼 수 있다. 학자들이 제시한 수업장학의 과정은 명칭상 구분은 있지만 공통된 단계가 있다. 이를 3단계로 압축하면 수업계획을 협의하고 수업을 관찰하여 분석하며 관찰한 결과에 대하여 협의를 거쳐 피드백을 제공하는 과정으로 볼 수 있다. 이와 같은 장학의 과정을 비교하여 제시하면 표 8-2 와 같다.

표 8-2 | 수업장학의 과정

코간(Cogan, 1973)	골드해머와 동료들 (Goldhammer et al., 1980)	애치슨과 갤 (Acheson & Gall, 1987)
1단계 : 교사와 장학담당자 관계 확립 2단계 : 교사와 공동으로 수업계획 3단계 : 교사와 공동으로 수업 관찰	① 사전협의회	① 계획협의회
4단계 : 교실수업 관찰	② 수업 관찰	② 수업 관찰
5단계 : 교수-학습과정 분석	③ 협의회 전략 및 계획	③ 피드백 협의회
6단계 : 협의 전략계획 7단계 : 협의회	④ 사후협의회	
8단계 : 후속계획	⑤ 사후협의회 내용분석	

출처 : 정태범(2002). 장학론을 재구성.

(3) 수업장학의 효과

수업장학은 현직교사의 전문성인 수업방법 개선과 수업기술을 향상시키기 위해 실시되나 궁극적으로는 교사의 교수 · 학습에 대한 질 향상을 통해 유아의 성장과 발달을 촉진시키고자 하는 것에 있다. 정상녀(2013)의 연구에 따르면 현장의 유아교사와 예비유아교사에게 팀티칭 현장수업장학을 실시한 결과, 예비유아교사가 교육현장을 이해하는 데 실제적인 도움을 주고 개인의 교수효능감에 긍정적인 영향을 미치는 것으로 나타나 수업장학이 현직교사뿐만 아니라 예비영유아교사에게도 필요한 과정임을 시사하였다.

그러나 일반적으로 원장이나 원감에 의해 수업장학이 이루어지는 영유아교육기관의 상황을 고려할 때 교사들은 장학에 대한 부담을 크게 느끼게 되므로 자신의 능력을 평가받는 느낌을 배제시키고 자발적인 참여를 통하여 운영되도록 하여야 한다.

2) 임상장학

(1) 임상장학의 개념

임상장학Clinical Supervision은 1960년대 하버드 대학 직전교육 프로그램에서 코간(Kogan)과 그의 동료들에 의해 개발되었다.

임상Clinical이란 말이 뜻하는 것처럼 의사가 환자를 치료하듯 장학요원과 교사 간의 1 : 1의 친밀한 대면적 관계face to face 속에서 교사의 전문적인 실제를 향상시키는 데 초점을 둔다. 이러한 특성으로 인해 임승렬(2009)은 장학요원과 교사의 사전 친밀성을 강조하였고, 장학요원은 교사의 발달수준과 관심사를 고려해야 한다고 하였다. 임상장학의 특징을 구체적으로 살펴보면 다음과 같다(Goldhammer, Anderson & Krajewski, 1980)

- 교수개선을 위한 기술이다.
- 수업과정에 대한 세심한 개입이다.
- 목표 지향적으로서, 교사의 개인적인 발전에 대한 요구와 학교의 요구 간에 조화를 이루고자 한다.
- 교사와 장학사 간의 전문적인 관계에 기초를 둔다.

- 임상장학에서는 상호 간의 높은 신뢰를 요구하는데, 이는 성장에 대해 이해하고 지원하는 데 기본이 된다.
- 융통성이 있으며 계속적인 변화를 요구하면서도 매우 체계적이다.
- 이상과 실제 간의 차이를 줄이기 위해 생산적인 긴장을 일으킨다.
- 장학사가 교수학습에 대한 분석과 생산적인 인간관계 형성에 대하여 많은 것을 알고 있다고 가정한다.
- 장학사에게 관찰기술 측면에서의 기초훈련은 물론 효과적으로 장학을 실천하기 위한 계속적인 교육을 요구한다.

이상에서 살펴본 바에 의하면 임상장학은 교사의 교수개선을 목적으로 교사와 장학요원이 상호협력적인 관계를 유지하며 교수-학습과정을 향상시키는 체계적인 과정임을 알 수 있다.

(2) 임상장학의 과정

임상장학의 선구자라고 할 수 있는 코간(Kogan, 1973)은 장학요원과 교사 간의 관계 형성, 수업계획, 관찰전략 계획, 수업관찰, 교수-학습과정 분석, 협의전략 계획, 협의회, 재계획 수립의 8단계 과정으로 진행되는 임상장학의 모형을 제시하였다(박혜경, 2006 재인용). 표 8-3은 코간이 제시한 장학순환모형을 영유아교육기관 현장에 맞게 수정하여 8단계의 순환모형으로 제시한 레이먼과 티에스-스프린탈(Reiman & Thies-sprinthall, 1999)의 장학모형을 적용한 사례이다.

표 8-3 | 장학순환 적용모형

단 계	장학순환 적용모형	➡	실제 적용사례
1단계	교사와 장학요원 간의 관계확립	➡	• 지도교사와 멘티와의 원활한 소통을 위한 관계 맺기 – 개인시간 갖기(성향이해) – 나의 퍼즐(개별관심도 및 신념이해)
2단계	장학활동을 위한 학습활동계획	➡	• 장학을 위한 목표, 수업지도 전략, 다양한 문제상황에 대한 계획하기 – 검사 도구를 이용하여 교사의 현재개념수준과 기질, 교육과정에 대한 관심도 분석하기 – 관찰 및 분석자료를 이용하여 장학의 방향과 주제 계획하기
3단계	수업 관찰계획하기	➡	• 장학의 목표도달을 위해 수업행동 관찰내용과 자료수집방법에 대해 협의하기 – 사전협의회 진행하기
4단계	수업 관찰	➡	• 멘티의 수업을 관찰하고 다양한 방법으로 기록화하기 – 객관적 자료수집을 위하여 기술 및 녹화하기
5단계	교수 · 학습과정 분석	➡	• 수업 관찰자료를 활용하여 계획한 학습목표에 성취도를 분석하기 – 지도교사는 관찰내용을 기초로 교사의 상호작용과 교수 · 학습방법을 분석하기 – 멘티교사는 수업분석표를 이용하여 자기수업 평가하기 – 저널 쓰기 – 교육 사례 쓰기
6단계	협의회 계획하기	➡	• 분석내용을 기초로 사후협의회 계획하기 – 사후협의회의 진행방법 계획하기
7단계	장학협의회 실시	➡	• 앞서 계획한 내용에 따라 장학협의회를 실시하기 – 교수 · 학습방법 분석자료를 활용하여 사후협의회 진행하기
8단계	다음 장학계획 수립	➡	• 협의회 결과 반영을 위한 재계획하기 – 사후협의회 시간에 통합하여 적용하기

출처 : 이현옥 · 김향자 · 김혜선 · 김연진 · 양미현(2010). 유아교육기관의 원내자율장학.

이러한 과정에서 특히 장학협의회를 통해 이루어지는 장학요원과 피장학요원 간의 능동적이며 협력적인 대화와 반성은 피장학요원의 전문적인 지식발달에 결정적인 요인이다(Strong & Baron, 2004 ; Wang, Strong & Odell, 2004). 표 8-4는 장학협의회과정을 제시한 사례이다.

표 8-4 | 장학협의회 사례

초점	행동
1. 감정	• 수업이 끝났습니다. 기분이 어때요? → 대체로 80-90%는 만족하지만 그래도 아쉬움과 함께 변화와 성장했다는 뿌듯함이 동시에 느껴지네요. • 연습수업에서부터 열심히 노력하는 선생님을 지켜봐서인지 오늘 수업 기대가 됐어요.
2. 학습목표	• 오늘 수업의 학습목표가 달성되었는지에 대해서 이야기해보시겠어요? → 그림책을 읽으며 영아의 자발적 발화를 촉진, 확장하는 것과 자연스런 마무리와 회상하기를 하고자 했는데, 몇몇 친구들이 연습과정보다 더 많은 발화를 해주었고 마무리와 회상하기도 자연스럽게 진행된 것 같아 학습목표가 달성되었다고 생각합니다. • 그동안 선생님과는 영아와의 상호작용에 대해 자주 이야기했는데, 이번 장학을 통해서 선생님이 상호작용에 자신감과 안정감을 찾은 것 같아요. 그림책 읽기 활동뿐만 아니라 영아들과 생활하면서 늘 상호작용 원리를 생각하면서 생활한다면 영아반교사로서 더 성장해 나갈 수 있으리라 생각됩니다.
3. 학급운영	• 학급운영이 수업을 지원하였나요? → 전에는 그림책 읽기에 관심이 없어 했던 영아들과 함께 활동할 때는 다른 영아들까지 방해를 해서 힘들었는데 그 친구들이 연습과정을 통해 그림책을 보는 태도가 달라져서 수업에 안정감을 준 것 같아요. • 초반에 그림책 읽기 활동에 관심 없어 하는 영아들이 있었으나 선생님의 연습수업을 통해 다양한 시도와 방법으로 영아들의 관심을 불러일으키도록 한 노력 때문에 이제는 영아들이 그림책에 관심이 많아져서인지 수업도 안정적으로 진행된 것 같아요.
4. 교수행동의 초점	• 교수행동의 초점은 달성되었나요? → 영아들이 그림책에 관심을 많이 보이고 저도 영아와 그림책을 보면서 상호작용이 많이 증진된 것을 볼 수 있어요. • 제가 보기에도 5회에 걸친 연습수업을 관찰하면서 그림책의 내용에 따라 조금씩 다르지만 수업 회차가 증가할수록 교사와 영아의 상호작용이 증진되고 여유 있게 활동한다는 생각이 들었어요. 오늘 수업에서 보니 피드백과 설명하기에 많은 변화가 있었던 것 같아요. 대체로 상호작용이 안정적으로 이루어지고 있으므로 지속적으로 상호작용을 적용하는 연습이 필요한 것 같아요.

5. 다음 장학활동계획의 초점	**• 다음번 장학활동계획의 초점은 어떤 것으로 할까요?** → 요즘 우리반 아이들이 2학기가 되고 많이 성장해서인지 놀이가 너무 과격해지고 행동도 거칠어진 친구들이 몇 명 있어서 반 분위기가 전체적으로 그렇게 흘러가는 것 같아요. 숲속1반 선생님하고 다음 장학은 영아의 행동지도에 대해서 했으면 좋겠다고 이야기 했어요. **• 제가 보기에도 요즘 영아의 행동에 많은 변화가 있는 것 같아서 영아의 행동지도에 대해 알아보면 좋을 것 같아요.**

출처 : 서영미(2001). 교사-영아 그림책 읽기 상호작용 증진 임상장학 사례연구.

(3) 임상장학의 효과

임상장학은 교사들이 장학의 과정에서 자신들이 미처 발견하지 못하고 있는 약점을 찾아 보완하는 기회를 갖게 해줌으로써 자신의 전문성을 증진시키는 데 직접적인 도움이 된다(Kogan, 1988). 이러한 임상장학의 성패는 교사의 관심사나 전문성의 수준, 교사의 이전 경험 등과 같은 교사의 개인적인 특성과 근무기관의 특성(박혜경, 2006) 및 장학요원의 개념수준에 달려 있다. 또한 장학요원과 교사와의 수준 차는 교사들에게 장학요원에 대한 부정적인 태도를 발생시킬 수 있으므로 임상장학 시 장학담당자의 교육전문성이 강조되어야 한다.

장학요원의 개념수준으로 인하여 발생하는 임상장학의 어려움을 살펴보면 다음과 같다(이현옥 · 김향자 · 김혜선 · 김연진 · 양미현, 2010).

❶ 개념수준이 낮은 장학요원(지도교사)의 어려움

- 멘티(교사)의 성향을 파악하고 현재수준을 이해하는 데 어려움이 있다.
- 지도방법에 있어 자기가 알고 있는 획일적 방법만을 적용하려고 하기 때문에 멘티(교사)와의 원활한 의사소통에 문제가 발생한다.
- 멘티(교사)에게 적극적인 피드백을 제공하지 못하므로 지도교사로서의 역할에 대한 위축이 될 수 있다.

❷ 개념수준이 높은 장학요원(지도교사)의 어려움

- 지도교사의 관찰에 의한 멘티가 만족할 만한 협의진행이 이루어지기보다는 일방적이고 형식적인 협의진행이 이루어지기 때문에 협의에 대한 거부감이 발생한다.

- 멘티는 스스로 필요로 하는 장학지원을 지도교사로부터 받지 못했을 경우 지도교사에 대한 신뢰도가 낮아진다.
- 반성적 사고 및 재도전의 기회가 약화됨에 따라 멘티 자신의 수준이 처음보다 낮아질 수도 있다.

3) 동료장학

(1) 동료장학의 개념

동료장학peer supervision은 일반적으로 둘 이상의 교사가 서로의 수업을 관찰하고 피드백을 제공하며 공동의 관심사나 경험에 대해 연구하는 공식화된 과정이다(이윤식, 1999 ; 조부경, 2005 ; Glatthorn, 1984). 그러나 최근에는 기존의 동료장학의 개념에서 벗어나 소모임과 생활방식에 대한 교사 간의 상담과 같이 영유아교사 간의 정보, 아이디어, 도움, 충고, 조언을 주고받는 행위들도 넓게는 동료장학에 포함시키고 있다. 즉, 동료장학은 수업능력 제고와 전문성 신장이라는 공동의 목표를 위하여 공식적으로든 또는 비공식적으로든 동료교사들끼리 함께 협동하는 장학이라 할 수 있다.

주삼환(2003)이 제시한 동료장학의 특징을 살펴보면 다음과 같다.

- 동료의 관계성은 비교적 반형식적이고 반제도적일 필요가 있다.
- 교사들은 적어도 두 번 이상 서로 수업을 관찰하고, 관찰 후에 협의회를 가져야 한다.
- 교사 간의 관계성은 상호우호적인 동료관계여야 한다.
- 교사 간의 관계성은 평가적이 아니어야 한다.

이 외에 동료장학의 특징을 학자들의 견해에 따라 제시하면 표 8-5와 같다.

표 8-5 | 동료장학의 특징

학 자	공식성	동료관계	협의 · 토의를 통한 환류 제공	참여자의 자율성과 자발성
이윤식(1999)	○	○	○	○
주삼환(2003)		○	○	○
글래트혼 (Glatthorn, 1984)	○	○	○	

이상에서 살펴본 바와 같이 동료장학의 목적은 교사의 교수기술 향상뿐만 아니라 실제 직면하는 문제나 어려움을 공유하고 해결해 감으로써 교사의 전문성 발달을 도모하는 것임을 알 수 있다(조부경, 2005). 특히, 동료장학은 영유아교사들이 가장 선호하는 자율장학의 형태이며(윤석가, 2001) 장학인력이 부족한 영유아교육현장의 실정을 고려할 때 유용하게 적용될 수 있다.

(2) 동료장학의 과정

동료장학의 형태는 2, 3명의 교사가 서로 바꾸어 관찰하는 소규모의 프로그램에서부터 한 팀의 교사들이 수업기능의 여러 측면에서 협동하는 종합적인 계획에 이르기까지 다양하다. 동료장학은 여러 가지 형태로 팀을 구성하여 이루어질 수 있는데, 조부경(2005)이 제안한 몇 가지 팀 구성의 실제를 살펴보면 ❶ 경력교사와 초임교사의 팀 구성, ❷ 경력교사 또는 초임교사의 팀 구성, ❸ 관심 있는 장학주제별 팀 구성, ❹ 교사의 전문성발달수준별 팀 구성, ❺ 교사와 장학담당자(원장, 원감, 장학사 등) 간의 팀 구성, ❻ 원내 동료교사 간의 팀 구성, ❼ 인근 영유아 동료교사 간의 팀 구성을 통해 가능하다.

동료장학의 방법은 일반적인 장학의 방법과 동일하지만 동료교사 간에 함께 공유하고 협의하는 과정에 초점을 둔다. 이러한 동료장학의 방법에는 반성적 저널 쓰기, 관찰하기, 수업 사례 분석, 전문서적 읽기 및 토론하기, 동료교사 간 협의하기, 교사 이야기 쓰기 등이 있다. 이 중 몇 가지 구체적 방법에 대해 살펴보면 다음과 같다.

＊동료교사 간 협의하기 교사는 기관장과의 수직적인 관계에서 오는 부담감이 없기 때문에 동료 간의 협의과정을 통해 많은 것을 배울 수 있다. 상호 신뢰할 수 있는 동

료끼리 교육계획안을 함께 작성한 뒤 서로 분석해 보거나 구체적 교수방법에 대해 협의할 수 있는 기회는 교사의 교수법에 도움이 된다.

＊전문 서적 읽기 교사의 읽기 능력의 차이를 인정하고 책을 읽는 능력이 부족한 교사의 경우는 어렵지 않은 적절한 자료를 제공하여 지속적으로 격려함으로써 편안함을 느끼고 전문서적 읽기의 필요성을 인식할 수 있게 해주는 것이 중요하다.

＊반성적 저널 쓰기 교사가 자신이 무엇을 알고 있는지, 자신이 무엇을 느끼는지, 자신이 무엇을 하고 있는지, 자신이 왜 해야 하는지를 고려함으로써 반성적 사고를 기르는 데 도움이 된다. 또한 저널 쓰기는 자신의 감추어진 신념들을 드러내어 검토하고 분석할 수 있는 기회를 제공해 준다.

이러한 장학의 방법은 교사의 관심사나 그 분야에 대한 발달수준을 고려하여 각 교사에게 적절한 방법을 활용하는 것이 중요하며, 교사의 역할이나 위치, 교사가 속한 기관의 상황에 적합한지를 고려하여 효과적으로 활용해야 한다(조부경 · 백은주 · 서소영, 2000). 이에 따른 영유아교육현장에서의 실시과정을 제시하면 표 8-6과 같다.

표 8-6 | 다학급 유치원 동료장학 일정안

월	주 제	활 동
3월	대인관계능력 배양	• 개인정보 공유하기 • 관심사에 대한 상호 이해하기 • 개인 신상에 대한 정보 공유하기 Ⅰ • 개인 신상에 대한 정보 공유하기 Ⅱ
	지원적 환경 : 원의 운영관리	하고 싶은 일 / 하고 싶지 않은 일 협의하기
4월	지원적 환경 : 원의 운영관리	• 동일연령학급 담임교사의 협의회 시간 관리하기 • 협의회 구성원의 역할 분담하기
	교직관, 가치관, 교육신념 확립	장학에 대한 신념 평가하기
	대인관계능력 배양 : 동료교사 이해	우리학급 특색 소개하기
	교수기술 향상	자신 있는 수업 실시하기
5월	교수기술 향상 : 교육이론 심화	교육이론 심화하기
6월	교수기술 향상 : 장학기술 향상	동료끼리 짝이 되어 도움주기

6월	교수기술 향상 : 장학기술 향상	동료끼리 짝이 되어 도움주기
7월	교수기술 향상 : 교사역할 수행점검	한 학기 동안의 역할수행 되돌아보기
	자아상 확립 : 교육관 점검	'좋은 교사'에 대한 이미지 드러내기
8월	자아상 확립 : 자아정체성 점검	교사가 된 이유 함께 공유하기
9월	교수기술향상 : 연구능력 배양	연구기술 습득하기
	지원적 환경조성 : 원의 운영관리	의사전달장애 극복하기
10월	교수기술 향상	새로운 이론 습득하기
11월	교수기술 향상 : 유아발달이해 증진	같은 형태의 수업 함께 해보기
12월	교수기술 향상 : 교육활동평가	만족스러운 교육활동 소개하기
1월	지원적 환경조성	직원 여행하기
2월	교수기술 향상 : 연구능력 향상	연구팀 구성하기

출처 : 조부경(2005). 교사의 전문성 신장을 위한 동료장학자료.

Case 동료장학의 사례 : 자신 없는 활동에 대한 지식과 기술 습득하기

● **활동목표**

교사 스스로 가장 자신이 없고 개선될 필요가 있다고 생각하는 활동에 대해 문제점을 발견하고, 이에 대해 수정·보완하여 새로운 방안을 강구한다.

● **활동방법**

*** 사전 협의하기** 협의를 통하여 두 교사는 가장 자신이 없는 활동이 무엇인지 이야기 나누고, 그 활동에 대해 어느 시간대에 어떤 방법으로 무슨 내용을 수집할 것인지 협의한다.

> 수업 분석을 위한 자료는 수업 녹화 테이프를 주로 사용하지만, 유아-교사의 언어적 상호작용에 초점을 맞출 경우에는 녹음을 하는 것도 유용하고, 활동의 내용에 대한 분석을 위해서는 교수계획안이 활용될 수도 있다.

*** 활동 녹화, 녹음 혹은 관련 자료 수집하기** 특정 활동을 녹화 혹은 녹음하고, 그 활동시간에 대해 계획된 문서 자료 등을 수집한다(활동결과 예시 1 참고).

> 녹음 및 녹화자료는 10분 이내의 분량만을 활용하여 분석하는 시간이 부담을 주지 않도록 하는 것이 바람직하다.

*** 자신의 수업 분석하기** 녹화된 필름을 보거나 녹음 내용을 들으면서 교사-유아 간 상호작용의 형태, 활동의 내용 및 방법의 적절성, 유아의 참여 정도 등에 대하여 분석하고 필요시에는 간략하게 기술해 둔다(활동결과 예시 2 참고).

* **수업분석을 위한 협의하기** 수업 관련 자료와 교사 자신의 수업 분석내용을 토대로 교사의 수업을 분석한다.

두 교사의 것 모두를 하기에 시간 부담이 크므로 순서를 상의하여, 1-2주 간격으로 한 교사씩 순차적으로 하거나, 두 교사의 수업 분석을 위한 협의시간을 일주일에 한 번씩 갖는 것도 좋다.

● 활동결과 예시 1 : 교사의 자신 없는 활동에 대한 계획안

활동명	뜨고 가라앉는 물건들
활동자료	나무 블록, 플라스틱 블록, 플라스틱 상자, 쇠구슬, 스티로폼, 양초, 포일, 동전, 지우개, 고무찰흙, 종이카드, 과일 혹은 채소, 옷감, 비닐, 색지, 물을 채운 큰 플라스틱 상자
활동형태	자유선택활동 : 과학영역
활동목표	'물보다 비중이 큰 물체는 가라앉고, 물보다 비중이 작은 물체는 물에 뜬다'는 것을 안다.
활동내용	• 준비된 자료를 탐색한다. – 이 물건들을 가지고 뭘 해보고 싶니? – 혹시 이 물건들을 가지고 물에서 해보고 싶은 게 있니? • 자료들을 물속에 넣어보며, 어떤 현상이 나타나는지 관찰하고 자유롭게 이야기한다.
유의점/확장활동	• 조형활동 : 뜨는 물건을 이용하여 배 만들기 • 과학활동 : 만든 배를 띄워보기 • 과학활동 : 집에서 가져온 물건들로 뜨고 가라앉는 활동해보기

● 활동결과 예시 2 : 자신 없는 활동에 대한 교사의 자기 분석내용

좋았던 점
- 물놀이 활동은 유아들에게 흥미로운 주제였다.
- 다양한 놀잇감의 제공은 유아들이 탐색에 몰입할 수 있도록 해주었다.
- 유아들이 스스로 탐색할 수 있도록 충분한 시간을 준 것이 좋았다.

고려할 점
- 어떤 사고의 확장이나 개념의 변화 없이 단순한 놀이형태로 진행되었다.
- 교사의 적절한 개입이 부족하였다.
- 활동 목표가 유아의 발달수준에 적합하지 않은 듯하다.
- 활동을 전개, 확장, 심화하기에 뜨고 가라앉는 활동은 쉬운 주제가 아니었다.

출처 : 조부경 외(2005). 교사의 전문성 신장을 위한 동료장학자료.

(3) 동료장학의 효과

동료장학의 긍정적 효과는 전통적인 장학이 거리감이 있고 서로를 잘 모르는 가운데 실시되어 교사들이 피동적으로 움직이기 쉬운 데 반해, 교사들이 가지고 있는 자원과 전문성을 최대한 활용하므로 장학이 자주성과 동기에 바탕을 두고 진행되며 협력적인 조직풍토를 형성할 수 있도록 돕는다. 또한 동료장학은 교사를 단순히 가르치는 사람으로부터 연구자의 수준으로 격상시키고 반성적 실천을 할 수 있도록 격려하며(주삼환, 1998), 교사의 일에 대한 자신감, 만족감 및 동기 유발 등을 크게 증가시키고 동료교사들끼리 상호협력하여 전문성 발달을 이루어가도록 한다(조부경 외, 2005).

반면 동료 간의 협력을 강조하므로 장학으로 인해 오히려 동료관계가 나빠지거나 부정적인 조직문화가 형성될 수 있으며 단일 또는 학급 수가 적은 영유아교육기관의 교사는 동료장학 실시가 어렵다는 것이 현실적인 문제의 하나로 제기되고 있다. 또한 장학자로서 전문적인 훈련을 받지 않은 교사들이 고도의 전문성이 요구되는 장학을 수행하므로 어려움이 뒤따를 수 있으며, 과중한 업무와 동료교사와의 부적절한 상호작용이 장학을 방해하는 요인이 되므로 주의를 기울여야 한다(엄기영, 1993 ; 이영자 · 권영례, 1997 ; 임기범, 1991 ; 주삼환 역, 1986).

4) 자기장학

(1) 자기장학의 개념

자기장학self-supervision은 교사 개인이 자신의 전문적 성장을 위하여 스스로 체계적인 계획을 세우고 이를 실천해 나가는 활동으로서 교사 개인이 주체가 되어 전문적 발달을 추구하는 장학이다(이윤식 · 강호경, 2007).

자기장학의 개념에 대하여 정의한 글래트혼(1997)은 자기분석slef-analysis과 자기평가self-appraisal system의 두 가지의 의미를 내포하고 있다고 하였으며 예이거(Yager, 1987)는 자기장학이 자기인식self-awareness, 자기실행self-action, 자기평가self-evaluation가 계속적인 피드백을 받으면서 반복적으로 일어나는 과정이라고 하였다.

성인학습자로서 교사는 자기 지향적이며, 개별 독립학습을 통해 어떤 기술과 정보를 얻기 원하며, 개별화된 자기 개발 프로그램을 더 선호하는 특징을 가지고 있기 때문에 외부의 간섭이나 통제를 받지 않고 스스로 계획을 세우고, 이를 실천에 옮기며 그 결과에 대한 자기반성과 자기수정을 추구해 나간다(김정한, 2002). 따라서 자기장학은 자기실현의 욕구가 높고, 자기지향성이 강한 유아교사와 규모가 작고, 업무 특성상 교사가 단독으로 교육활동을 수행해야 할 경우가 많은 영유아교육기관에 적합한 장학의 유형이라 할 수 있다. 또한 교사는 전문직 종사자로서 교사의 전 생애에 걸쳐 자기성장과 자기발전을 위해 끊임없이 노력해야 한다는 당위성 측면에서 자기장학의 중요성은 강조되고 있다.

(2) 자기장학의 과정

자기장학의 영역은 교사의 전문적 발달과 관련된 모든 영역이 포함된다. 즉, 자기장학은 수업지도능력의 재고뿐만 아니라 교사의 교육철학과 교육목표 · 계획, 생활지도, 특별활동지도, 교육기자재 활동, 학급관리 · 경영, 교육정보 · 시사, 학부모 · 지역사회와의 유대, 그리고 각종 교육문제의 이해 등을 포함하는 제반영역에서 실시될 수 있다. 자기장학의 구체적 방법을 제시하면 다음과 같다.

알아두기

자기장학의 구체적인 방법

- 스스로 자신의 수업을 녹음 또는 녹화하고 이를 분석하여 자기반성, 자기발전의 자료로 삼는 방법
- 스스로 교사평가 체크리스트를 이용하여 자신의 교육활동을 평가 분석하여 자기반성, 자기발전의 자료로 삼는 방법
- 자신의 수업이나 특별활동지도, 생활지도, 학급경영 등에 관련하여 학생들과의 면담이나 학생들을 대상으로 한 의견조사를 통하여 자기반성, 자기발전의 자료를 수집하는 방법
- 1인 1과제 연구 혹은 개인(현장)연구 등을 통하여 자기발전을 도모하는 방법
- 교직활동 전반에 관련된 전문서적이나 전문자료를 탐독 · 활용하여 자기발전의 자료로 삼는 방법
- 교직 전문단체, 연구기관, 학술단체, 대학 또는 사회기관이나 단체 등 전문기관을 방문하거나 전문가의 면담을 통하여 자기발전의 자료를 수집하는 방법
- 교육활동에 관련이 되는 현장에 대한 방문이나 견학 등을 통하여 자기발전의 자료를 수집하는 방법
- 각종 연수회, 교과연구회, 학술발표회, 강연회, 시범수업 공개회 등에 참석하거나 학교 상호방문 프로그램에 참가하여 자기발전을 도모하는 방법
- TV와 라디오 등의 방송매체가 제공하는 교원연수 프로그램이나 교원연수와 관련된 비디오 테이프 등의 시청을 통하여 자기발전을 도모하는 방법
- 인터넷을 이용하여 각종 교육 관련 기관, 단체 등에서 자기발전의 정보자료를 검색, 수집하는 방법

출처 : 이윤식(2004). 학교경영과 자율장학을 재구성.

자기장학의 과정은 ❶ 자기장학계획의 수립단계, ❷ 자기장학의 실행단계, ❸ 자기장학의 결과협의단계로 구성된다. 이를 구체적으로 나타내면 그림 8-2와 같다.

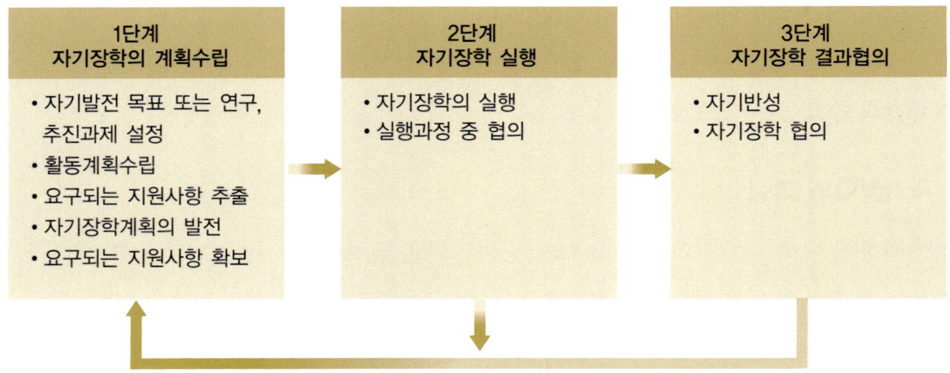

그림 8-2 | 자기장학의 모형

출처 : 이윤식(1999). 장학론.

(3) 자기장학의 효과

자기장학은 시간 활용에 있어 효율적이어서 자신의 시간을 잘 활용할 수 있는 유능한 교사에게 적합한 장학이라 할 수 있다(Sergiovanni & Starratt, 1983). 또한 교사가 자기장학자로서 역할과 책임을 담당할 의무와 권리를 가지고 자율적인 분위기 속에서 스스로 자기장학활동에 참여한다면 지시나 간섭에 의한 다른 장학보다는 전문성 신장 및 수업개선을 위한 보다 큰 효과를 기대할 수 있다.

> 제가 자만했던 점도 없지 않았던 것 같아요. 자료를 찾아보기보다는 내 머릿속에 있는 것을 꺼내서 했던 것 같은데 책도 보고 하니까 많이 도움이 되었고요. 내 스스로를 변화시킨다는 거였고. 그러면서 차츰 변화되는 것을 느꼈거든요. 그러니까 자기장학이란 제가 알고 있던 부분이랑 새로운 것을 접목시켜서 지금 새로운 방향에 발맞춰 가는 것, 그리고 하려고 노력하는 자세 아닐까요?
>
> 출처 : 김남숙(2012). 어린이집교사의 수업분석을 통한 자기장학 경험의 이해.

> 나의 수업을 관찰하면서, 내가 수업하면서 항상 아이들을 어떤 규칙이나 대형 안에 꼭 맞게 하려하면서 아이들이 흐트러지는 모습을 항상 지적하고 어떤 활동이든 차분하게 하고자 하는 모습들을 발견하였다. 신체표현이나 움직이는 활동을 할 때는 아이들이 자유롭게 표현하고 흥분할 수도 있는데, 흐트러지는 모습을 싫어했던 것 같다. 수업이 거듭될수록 아이들의 개별적인 표현에도 신경을 쓰고 자유롭게 해주려고 많이 노력은 했지만 아직도 많이 부족한 것 같다.
>
> 출처 : 문혜련(2013). 유아교사를 위한 기본동작 수업장학 사례연구.

반면 자기장학은 교사 자신의 타성에 의해 형식적으로 진행될 수 있으며 외부의 간섭을 거의 받지 않으므로 자기관리에 어려움이 있는 교사에게는 효과가 적게 나타날 가능성도 존재한다는 측면에서 유의하여야 한다.

> 객관적인 분석이 조금 어렵지 않을까 생각이 돼요. 다른 사람이 봐주면 아주 날카롭게 판단해 주겠지만 내가 나 자신을 분석해야 된다고 생각을 할 때 아무리 객관적으로 분석을 한다고 해도 조금은 주관적인 부분이 들어가지 않을까 그런 것이 조금 염려가 됩니다.
>
> 출처 : 김남숙(2012). 어린이집교사의 수업분석을 통한 자기장학 경험의 이해.

4. 장학담당자의 자질과 역할

장학담당자의 전문적인 역할수행은 장학의 성패를 좌우하는 중요한 요인이다. 최근에는 다양한 사회적 변화와 교사의 발달특성 등에 따라 장학담당자에게 요구되는 자질과 역할은 매우 다양하며 양질의 우수한 장학담당자의 배치가 요구되고 있다.

1) 장학담당자의 자질

21세기에 요구되는 장학담당자는 전문적 지식과 기술을 가지고 과거와는 다른 역할을 수행해야 한다. 또한 장학이 아무리 좋은 목적을 가지고 있어도 이러한 일을 해낼 수 있는 담당자가 없으면 효과적인 실천이 이루어질 수 없다. 이러한 역할을 담당하는 장학담당자는 장학행정조직에서 장학업무를 수행하는 장학사(관), 연구사

(관)뿐만 아니라 교육행정조직의 교육감, 교육장, 원장(감)을 포함하여 원내의 부장교사, 동료교사까지도 포함한 장학을 담당하는 모든 자라 볼 수 있다.

장학담당자는 교사의 행동을 변화시키고 교사들이 자신을 신뢰하고 영향을 받아들일 수 있는 능력을 소유하고 있어야 한다. 따라서 장학담당자는 장학의 기능을 성공적으로 수행하기 위해서 바람직한 인성적 자질과 전문적 자질을 갖추어야 하며 학교가 지역사회의 지원을 필요로 하고 학교의 공적 관계가 복잡해질수록 인간관계 기술을 가진 높은 자질의 지도성이 요구되고 있다(김정한, 2002 ; 정태범, 2002).

맥킨과 밀(McKean & Mill, 1964)은 장학담당자가 갖추어야 할 자질로 인성적 자질과 전문적 자질을 구분하여 제시하였으며 이를 살펴보면 표 8-7과 같다.

표 8-7 | 장학담당자에게 요구되는 인성적 자질과 전문적 자질

자 질	내 용
인성적 자질	• 존경과 신뢰를 얻는 능력 : 뛰어난 능력, 성실성, 타인의 개성 존중 • 감정이입과 감수성 : 타인의 기분과 반응에 대한 뛰어난 감수성 • 열성 : 타인에게 전파되어 업무 완수에 큰 활력이 됨 • 창의성 : 기존의 것을 탈피하여 보다 바람직하고 생산적인 방법 탐색 • 유머 : 부드러운 분위기 조성능력 • 가치판단에 대한 융통성 : 가치판단에 있어 균형 감각과 상대적이고 다양한 관점에 대한 이해 • 성실성 : 성실한 자세와 행동 • 남에게 도움을 줄 수 있는 능력 : 풍부한 지식, 아이디어, 경험을 소유한 자원인사 역할을 함
전문적 자질	• 폭넓은 교양 : 일반지식, 여러 교과에 대한 식견, 다양한 취미, 학교 및 지역사회 구성원에 대한 이해와 원활한 의사소통 • 풍부한 전문교육 : 장학 및 교육과정에 관한 이론과 실제에 관한 교육이수, 장학 업무 관련 교육 이수 • 교수기술 : 풍부한 교수학습경험을 밑바탕으로 교수기술 시범 가능 • 장학담당자의 역할에 대한 명확한 인식 : 장학의 궁극적 목적이 교수 · 학습과정의 발전임을 인식, 교사 스스로 변화하도록 도와줌 • 지도성 기술 : 시범이나 문제해결을 통해 타인을 지도하거나 집단 내 잠재한 지도성을 찾아내 나타나게 함 • 학습자료와 교수방법에 관한 지식 : 학습자료의 활용법을 숙지하고, 새로운 교수방법에 관한 정보와 지식을 갖춤 • 교수학습요소를 확인 · 평가하며 교사와 교수학습의 요소 및 과정에 관해 토론할 능력을 갖춤 • 과정과 결과의 중요성에 관한 인식 : 장학의 과정은 정당해야 하며 바람직한 변화나 발전을 추구하는 장학의 결과는 중요함을 인식 • 실험과 연구에 관한 숙련성 : 실험과 연구에 관심이 있는 교원들을 도와줄 수 있는 능력이 있음 • 전문적 및 인성적 성장을 계속할 의욕과 능력 : 전문성 신장을 위해 노력하며, 인성 면에서도 원숙한 인간으로 발전하기 위해 노력함

출처 : 강영삼 · 이윤식 · 조병효 · 주삼환 · 진동섭(1995). 장학론.

전통적으로 장학요원은 현명해야 하고 언제나 반듯하고 보살피는 태도를 보여 주는 학식 있는 사람이어야 한다는 생각이 지배적이다. 이러한 장학요원에 대한 이상적인 신화들은 결국 장학담당자의 인간성을 부인하게 만들기 때문에 득보다 해가 더 많다(박은혜 · 이현옥 · 임승렬 역, 2004)는 주장이 제기되기도 한다. 이와 같은 견해에서 장학요원은 자신에게 솔직해지는 것이 중요하며 자신이 편견이나 선입관을 가지고 있다면 이를 인간적인 측면의 부분으로 인정해야 한다. 즉, 장학담당자의 솔직함은 선입관과 불공정함을 극복하는 첫 단추가 될 수 있다는 의미에서 솔직함을 통해서 좀 더 책임감 있는 장학요원의 역할을 기대할 수 있게 될 것이다.

2) 장학담당자의 역할

학교현장의 장학을 지도하는 장학담당자의 역할 중 가장 중요한 것은 수업개선을 위해 교사를 도와주는 것이다. 학자들이 제시한 장학담당자의 역할을 제시하면 다음과 같다.

버치와 댄리(Burch & Danley, 1980)는 장학담당자의 역할을 ❶ 조정가로서의 역할, ❷ 자문가로서의 역할, ❸ 집단지도자로서의 역할, ❹ 평가자로서의 역할로 제시하였다. 이러한 역할은 당위적인 역할로서 다른 학자들에 의해서도 공통적으로 주장되고 있는 것들이다.

데이비스(Keith Davis)는 학교계층상에서 중간자로서의 역할, 주변인으로서의 역할, 교사로서의 역할, 인간관계 전문가로서의 역할, 인간자원 연결자로서의 역할로 구분하여 제시한 바 있다(송미섭 · 아동환, 2002 재인용).

정태범(2002)은 장학담당자의 역할로서 전문가로서의 역할, 조정자로서의 역할, 개혁주도자로서의 역할을 제시하였다. 이를 구체적으로 살펴보면 다음과 같다.

첫째, 전문가로서의 역할은 교육과정, 수업개선, 교사들의 발전에 있어서 전문가로서의 자문을 하며 개인에게 집단적으로 전문성에 근거한 조언을 해야 한다. 또한 교수지침, 수업방법의 개발을 통하여 새로운 수업방법, 교수이론과 정보 등을 현장교사에게 제공하고 자문하는 것을 말한다. 둘째, 조정자로서의 역할은 교과영역 조정, 교육 프로그램의 조정, 교수자료 및 각종 장학행정, 공문서 조정, 교사집단 내의 업무조정, 지역사회와의 관계에서 대민업무 조정, 신임교사의 지도 및 현직교육계획 실시, 학부형과의 협의 등에서 인적 자원과 물적 자원을 적절히 배치 · 배분하는 것을 말한다. 셋째, 개혁주도자로서의 역할은 장학담당자는 학교현장을 변화시키고 발전을 앞당기는 역할을 수행할 수 있는 능력을 필요로 하기 때문에 학교교육의 문제점을 파악하고 발전을 촉진할 수 있는 지식과 경험을 가지고 있을 필요가 있다. 또한 교육발전에 대한 세계적 안목을 가지고 현장을 분명하게 분석하여 문제를 제시하고 방안을 설정하여 지도할 수 있는 능력을 가져야 한다.

이상과 같은 장학담당자의 역할수행은 교사들로부터 신뢰와 존중을 받을 수 있도록 하나 자기 자신에 대한 개선의 의지를 통해 가능함을 시사한다. 따라서 장학담당자가 전문적 역할수행이 이루어지고 있는지 자기평가의 기회를 갖는 것은 매우 중요하며 다음 장학담당자의 자기평가 도구를 활용하여 점검해 볼 수 있다.

Activity 1 장학담당자의 자기평가 체크리스트

1 다음의 각 문항을 읽고, 자신을 잘 나타내는 번호에 √ 표시를 한다.

번호	문 항	매우 그렇다 ⑤	그런 편이다 ④	보통이다 ③	안그런 편이다 ②	전혀 아니다 ①
1	나는 교사들이 나를 편안하고 접근하기 쉽게 생각하도록 한다.					
2	나는 유머감각을 유지한다.					
3	나는 교사들의 개인적인 욕구나 일에도 관심을 갖는다.					
4	나는 교사들의 장점을 파악하고 이를 발전시키려고 한다.					
5	나는 내가 말하기보다는 교사들의 말을 경청한다.					
6	나는 교사들과 원활하게 의사소통을 한다.					
7	나는 교사들과 우호적인 관계를 유지한다.					
8	나는 화제가 불쾌하고 교사의 태도가 화나게 할 때에도 침착하게 교사와 대면할 수 있다.					
9	나는 일상생활이나 업무처리에서 교사들에게 모범을 보이고 있다.					

10	나는 교사들 간의 갈등을 해소할 수 있다.					
11	나는 교사들의 새로운 교육방법과 기술을 시도하도록 격려한다.					
12	나는 교사들에게 적절히 책임을 위임하여 그들의 능력개발을 유도한다.					
13	나는 교사들이 지도력을 개발하도록 기회를 제공하고 격려한다.					
14	나는 교사들의 의견이나 아이디어를 존중한다.					
15	나는 교사들의 직무상 스트레스를 감소시켜 주기 위하여 노력한다.					
16	나는 교수-학습환경을 분석할 수 있다.					
17	나는 행동 · 태도와 직무수행에서 일관성을 유지하려고 노력한다					
18	나는 교사들로 하여금 스스로 자기장학활동을 하도록 격려한다.					
19	나는 교사들로 하여금 협동적으로 동료장학활동에 참여하도록 격려한다.					
20	나는 학교가 속해 있는 지역사회의 특성을 잘 이해하고 있다.					
21	나는 교사들에게 많은 교수-학습자료를 제공해 주고 활용하도록 지원한다.					
22	나는 교사들에게 교육활동에 관련된 좋은 정보와 아이디어를 제공해 준다.					
23	나는 수업체제(수업과정, 방법, 절차)를 설계하고 개발할 수 있다.					
24	나는 학습의 영역 및 학습의 수준 차원에서 수업목표를 분석할 수 있다.					
25	나는 수업과제를 평가 · 분석할 수 있다.					
26	나는 수업관찰도구를 활용하여 자료를 수집하고 이를 분석할 수 있다.					
27	나는 수업상황을 분석하고 수업과정에 기여하거나 저해하는 요소를 분석할 수 있다.					
28	나는 수업방법 및 기술을 교사들에게 시범보일 수 있다.					

29	나는 수업 관찰 후 효과적으로 장학협의회를 실시할 수 있다.
30	나는 연구를 수행하는 데 필요한 기술(연구설계, 교육측정, 통계 등)이 있다.

출처 : 이윤식(1999). 장학론 : 유치원 · 초등 · 중등 자율장학론.

2 다음의 자아개념 하위영역에 따라 점수를 환산하여 기록한다.

하위영역	문항번호	문항 수	영역별 나의 점수	영역별 동료 점수
인화적 기술	1–10	10		
경영적 기술	11–20	10		
실무적 기술	21–30	10		
	계	30		

최근 장학은 교육의 질 향상을 위해 국가 간에 경쟁하는 현재의 시점에서 매우 중요한 의미를 갖는다. 이는 지식정보화사회에서 중요한 지식과 정보가 산업사회에서처럼 정형화되어 만들어 낼 수 없고, 교육과 학교에서 만들어 내고 장학을 통해서 교육의 질을 향상시켜야 하기 때문이다(주삼환, 2003). 그러나 이러한 이유로 장학의 본질은 잊고 수단적인 것에 매달리거나 집착하는 현상이 발생하지 않도록 장학에 대한 관심과 노력이 함께 요구된다.

Chapter 9

영유아교사의 정서

Chapter 9

영유아교사의 정서

1. 영유아교사의 직무와 정서노동

영유아교사는 영유아, 교사, 부모, 원장 등 사람들과 다양한 맥락 속에서 정서적 상호작용을 하고 관계를 맺는다. 따라서 영유아교사가 교육현장에서 경험하는 다양한 정서와 정서관리방안을 살펴보는 전문적인 직무수행을 가능하게 한다.

1) 정서노동의 개념

정서노동은 기관 내 혹은 사회문화적인 맥락에서 특정한 목적을 달성하기 위해서 외현적으로 적절한 정서를 표현하여 상대방이 편안하고 일정한 상태의 정서를 유지하도록 만드는 행동으로 기관의 규칙과 가치에 부합하는 정서를 표현하는 것이다(Hochschild, 1983). 또한 호흐실드(Hochschild, 1983)는 정서노동은 소속된 기관이 가지고 있는 목적을 달성하기 위해 개인이 수행하는 것으로 정서관리 그 자체가 개인이 제공하는 서비스의 일부가 되고 재화창조의 가치를 가지는 도구이자 목표라고 하였다. 일반적으로 노동으로 정의되어 있는 육체노동과 정신노동 외에 정서노동은 인간의 정서가 임금의 대가로 통제되고 관리될 수 있다는 점에서 또 하나의 노동으로 개념화되었다(권혜진, 2009).

그림 9-1 은 정서노동의 과정을 도식화한 것이다.

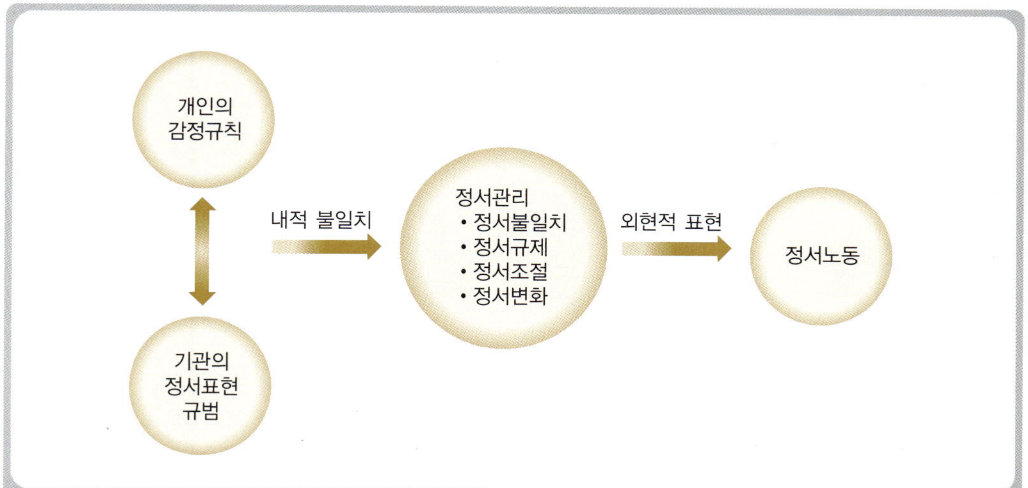

그림 9-1 | 정서노동과정

출처 : 이진화(2007). 보육교사의 정서노동과 개인 및 기관의 정서변인, 직무만족도, 소진과의 관계.

그랜디(Grandey, 2000)는 정서노동을 개인이 조직의 목표를 달성하기 위해서 수행하는 정서의 표현과 정서조절의 과정으로 정의했으며, 길스트랩(Gilstrap, 2005)은 이를 실제적 정서와 외현적 정서의 일치 정도에 따라 크게 세 가지로 나누어 설명했다.

첫째, 자연적 행동은 개인이 실제 느낀 정서를 기관의 정서표현규범에 따라 나타내야 할 때 거의 정서적인 노력을 기울이지 않고 외현적으로 표현하는 것이다. 둘째, 표면적 행동은 기관의 정서표현규범에 부합되도록 하기 위해 개인이 실제 느끼지 않았지만 자신의 정서적 행동을 조절하고 변화시켜서 나타내는 것을 의미한다. 표면적 행동은 기관에서 요구하는 정서와 개인이 실제 지각하는 정서가 일치하지 않는 경우가 있기 때문에 이런 경우 개인이 정서를 조절하기는 하지만 실질적인 감정의 변화가 나타나지 않는다. 셋째, 내면적 행동은 기관의 정서표현규범에 부합되는 가장 적절한 정서행동을 하도록 개인이 느끼는 감정을 연습하고 실제로 경험하기 위한 노력을 기울이는 것으로 내적인 감정에 변화가 있다는 점에서 표면행동과 차이가 있다.

정서노동이 자연행동으로 나타날 때 그 직무의 특성이 개인과 적절하게 조화된다고 볼 수 있으며, 특히 다른 유형의 강도 높은 표면적 행동을 하는 개인에 비해서 정서적 소진이 적고 직무에 대한 열의를 오래 유지할 수 있다고 한다(Brotheridge & Lee, 2002 ; Grandey, 2000). 정서노동의 유형은 교사에게 주어진 역할과 기대수준, 교사 개인의 정서적 특성에 따라 다양하게 나타날 수 있으며, 이러한 특성에 적합한 정서관리가 필요하다.

다음의 자료를 통해 자신의 정서노동의 유형을 확인해 볼 수 있다.

Activity 1 정서노동의 유형

1 다음의 각 문항을 읽고, 자신과 가장 가까운 곳에 √ 표시를 한다.

내 용	전혀 아니다 ①	가끔 그렇다 ②	보통 그렇다 ③	자주 그렇다 ④	항상 그렇다 ⑤
나는 교사로서 효과적으로 교육실제를 운영하기 위해…					
1. 긍정적 정서(칭찬함, 격려함 등)를 어려움 없이 표현한다.					
2. 내가 느끼는 정서와 관계없이 긍정적인 정서를 갖고 있는 것처럼 꾸며서 표현한다.					
3. 교사로서 긍정적인 정서들을 표현하기 위해 노력한다.					
4. 영유아들이 나타내는 정서에 별다른 노력이나 꾸밈 없이 쉽고 자연스럽게 반응한다.					
5. 필요하다면 내면에서 느끼는 정서와는 달리 긍정적인 분위기를 형성하기 위해 실제로 느낀 정서를 숨긴다.					
6. 필요하다면 나는 가장된 행동을 해서라도 긍정적 정서를 표현한다.					
7. 긍정적인 정서(칭찬함, 격려함 등)를 진심으로 표현한다.					
8. 필요하다고 생각되면 긍정적인 정서를 표현하기 위해서 스스로 노력한다.					

9. 영유아교사로서 표현하도록 기대되는 긍정적인 정서(칭찬함, 격려함 등)를 실제에서도 경험하기 위해 노력한다.
10. 보육교사라는 직업에 적합한 긍정적 정서(칭찬함, 격려함 등)를 표현하기 위해서 일종의 가면을 쓰고 있다.
11. 실제로 느낀 정서들을 긍정적인 정서로 바꾸어 표현하기 위해 노력한다.
12. 내가 갖고 있는 정서와는 일치하지 않지만 영유아들에게 긍정적인 정서를 표현한다.
13. 영유아교사로서 기대되는 정서(칭찬함, 격려함 등)를 표현하기 위해서 노력한다.

2 다음의 정서노동의 유형에 따라 점수를 환산하여 기록한다.

정서노동의 유형	문항 수	문항번호	유형별 나의 점수
자연적 행동	3	1, 4, 7	
표면적 행동	5	2, 5, 6, 10, 12	
내면적 행동	5	3, 8, 9, 11, 13	

출처 : 이진화(2007). 보육교사의 정서노동과 개인 및 기관의 정서변인, 직무만족도, 소진과의 관계.

2) 직무만족도

직무만족은 한 개인이 경험한 직무를 바탕으로 평가한 결과로 긍정적인 정서적 상태, 직무를 수행하면서 갖게 되는 정서적 반응에 초점을 두고 정의하였다(Alderfer, 1972 ; Beatty & Schnier, 1981 ; Locke, 1976). 여러 학자들이 직무만족도에 대해 다양한 정의를 하고 있으나 공통적으로 직무만족도를 매우 주관적인 개념으로 제시하고 있다.

직무만족도에 대한 다양한 정의를 종합해 보면, 직무만족도는 자신이 수행한 직무를 스스로 평가하거나 직무를 통해 얻게 되는 경험을 평가함으로써 가지게 되는 감정 또는 정서적 상태를 말한다(이운성, 2013). 특히, 영유아교사의 직무만족도는 교사들이 직무를 수행하는 과정뿐만 아니라 결과에서 종합적으로 느끼는 자아충족감, 성취감, 만족감의 정도를 평가한 것이라 할 수 있다.

조르데-블룸(Jorde-Bloom, 1989)은 유아교육환경에서 직무만족에 영향을 미치는 다섯 가지 하위요인으로 동료교사와의 관계, 원장과의 관계, 직무 자체의 특성, 보수와 승진 기회, 근무환경을 제시하였다. 이에 이분려(1998)는 '어린이집에 대한 느낌'을 추가하였다. 이에 대해 살펴보면 다음과 같다.

❶ 동료교사와의 관계

교사들이 그들 동료로부터 격려와 지지를 받는다고 지각하는 정도이며, 상호복지에 대한 관심과 상호존중에 기초하여 신뢰관계를 형성해 온 정도를 포함한다.

❷ 원장과의 관계

원장의 능력에 대한 교사들의 일반적인 평가뿐만 아니라 교사들이 자신들의 수행에 대해 받는 피드백의 양과 질을 모두 포함한다.

❸ 직무 자체의 특성

교사들은 그들의 직무특성을 평가할 때 질적이고 양적인 면을 모두 포함시킨다. 개인의 일에 대한 질적인 면은 즐거움을 본질적인 원인을 찾아내고 교사들의 요구를 충족시키려는 정도를 말하고, 양적인 면은 교사들이 수행해야 하는 업무의 양과 업무를 성취하는 데 드는 시간구조를 말한다.

❹ 보수와 승진의 기회

보수는 자신이 일하는 것에 대한 보상체제에 대하여 교사가 만족하는 정도의 급여, 상여금, 수당 등을 포함한 정규 급여를 의미한다. 개인의 직업선택에 있어 중요한 요인으로 작용할 뿐만 아니라 종사자의 직무만족과 능률에 결정적인 영향을 미치는 요소이다.

❺ 근무환경

영유아교육환경에서 직무구조는 시간의 유동성, 교사 대 영유아의 비율, 적당한 휴식 등을 조정해 주는 업무방침과 물리적 환경에 대한 심미적인 질, 소음수준, 환기, 채광 및 온도, 적당한 공간배열 등을 포함하고 있다.

❻ 기관에 대한 본인의 느낌

재직 중인 영유아교육기관에 대한 교사의 정서적인 부분으로 근무 태도에 많은 영향을 미친다.

다음의 자료를 통해 직무만족도를 확인해 볼 수 있다.

Activity 2 직무만족도 체크리스트

1 다음의 각 문항을 읽고, 자신과 가장 가까운 곳에 √ 표시를 한다.

내 용	전혀 그렇지 않다 ①	별로 그렇지 않다 ②	보통 이다 ③	자주 그렇다 ④	매우 그렇다 ⑤
■ 동료교사와의 관계					
1. 동료 교사들은 나에게 관심이 있다.					
2. 나는 동료교사들과 잘 지낸다.					
3. 동료교사들과 나는 사적인 관심사에 대해 서로 함께 이야기를 나눈다.					
4. 동료교사들을 서로 알고 지내기가 어렵다.*					
5. 동료교사들은 나의 업무수행에 결정적인 영향을 미친다.					
6. 나는 동료교사들에게 신뢰감을 못 느낀다.*					
7. 동료교사들은 내게 매우 비협조적이다.*					
8. 나와 동료교사들은 생각과 자료를 서로 주고받는다.					
9. 동료교사들과 나는 경쟁적이다.*					
10. 동료교사들은 나를 격려하고 지지한다.					
소 계					

■ 원장과의 관계					
11. 원장은 나의 업무를 존중한다.					
12. 원장은 너무 바빠서 내가 어떻게 일을 하고 있는지 모른다.*					
13. 원장은 내가 하는 일에 지나치게 관여한다.*					
14. 원장은 나에게 도움이 되는 평가를 제공해 준다.					
15. 원장은 나의 의견을 묻는다.					
16. 원장은 직무수행능력이 뛰어나다.					
17. 원장은 의존할 만하지 못하다.*					
18. 원장은 내가 새로운 아이디어를 시도하는 것을 격려한다.					
19. 원장은 내가 부적절한 사람이라고 느끼게 만든다.*					
20. 원장은 예측 불가능한 사람이다.*					
소 계					
■ 직무 자체					
21. 나는 나의 업무에 대한 통제권을 갖고 있다.					
22. 내가 하는 일은 도전적이고 매력적인 것이다.					
23. 내가 하는 일은 학부모에게 존경받는 일이다.					
24. 내가 하는 일은 잡무가 많다.					
25. 내가 하는 일은 단조롭다.*					
26. 내가 하는 일은 창의적이지 못하다.*					
27. 나는 일을 처리하는 데 항상 시간이 부족하다.*					
28. 내가 하는 일은 유아들의 삶에 중요한 영향을 미친다.					
29. 내가 하는 일에 내가 받은 교육의 적용이 잘 안 이루어진다.					
30. 내가 하는 일은 나에게 성취감을 준다.					
소 계					

■ 근무환경					
31. 나는 일하는 시간을 융통적으로 조정할 수 있다.					
32. 내가 근무하는 곳의 교사와 유아의 비율이 적당하다.					
33. 나는 항상 내가 필요로 하는 물건이 어디에 위치하고 있는지 안다.					
34. 나는 교사라는 직업에 대해 답답함을 느낀다.*					
35. 내가 일을 좀 더 잘하기 위해서는 새로운 설비와 자료가 필요하다.*					
36. 내가 근무하는 곳은 실내 장식이 잘 되어 있다.					
37. 내가 근무하는 곳은 매우 청결하다.					
38. 내가 근무하는 곳에는 사적인 대화를 나눌 수 있는 장소를 발견하기 어렵다.*					
39. 내가 근무하는 곳은 정책과 절차가 명료하다.					
40. 내가 근무하는 곳은 소란스럽다.*					
소 계					
■ 보수와 승진 기회					
41. 내가 받는 보수는 적당하다.					
42. 내가 받는 보수는 경력과 능력을 고려해 볼 때 공정하다.					
43. 내가 받는 보수는 동료교사들과 비교해 볼 때 공정하다.					
44. 나는 장래성이 없는 일을 하고 있다.					
45. 상여금, 건강보험, 퇴직금 보장제도가 부적절하게 되어 있다.*					
46. 나는 언제든지 해직당할 가능성이 있다.*					
47. 나에게 주어지는 휴일과 방학은 충분하다.					
48. 내가 받는 보수는 받아야 하는 것보다 적다.*					
49. 나에게 승진, 발전의 기회가 너무 제한되어 있다.*					
50. 나는 내년에 나의 보수가 인상될 것이라고 기대한다.					
소 계					

■ 기관에 대한 본인의 느낌					
51. 나는 적어도 2년 이상 근무할 생각이다.					
52. 나는 종종 그만둘 생각을 한다.*					
53. 나는 단지 시간을 보내고 있는 중이다.*					
54. 나는 우리 원에 대해 자부심을 느낀다.					
55. 나는 우리 원에서 전념해서 일하지 못한다.*					
56. 나는 업무시간 외에도 노력을 많이 기울인다.					
57. 나는 우리 원을 그만둔 후에 이곳에 무슨 일이 일어나는지에 대해 신경 쓰지 않을 것이다.					
58. 나는 우리 원만큼 좋은 곳을 발견하지 못했다.					
59. 나는 우리 원에서 전념해서 일한다.					
60. 나는 때때로 이 직업에 발목을 잡힌 느낌이다.*					
소 계					
※ 문항 계산방법 : * 표시가 있는 문항은 역으로 계산(즉, 5 → 1, 1 → 5)					

출처 : 박은혜(2013). 유아교사론.

2 다음의 직무만족도의 요인에 따라 점수를 환산하여 기록한다.

직무만족도의 요인	문항번호	요인별 나의 점수
동료교사와의 관계	1-10	
원장과의 관계	11-20	
직무 자체	21-30	
근무환경	31-40	
보수와 승진 기회	41-50	
기관에 대한 본인의 느낌	51-60	

3) 직무스트레스

스트레스는 개인의 심적 안정이나 타인과의 조화에 커다란 장애가 되는 육체적 · 정신적 긴장을 일컫는데(문태형, 2003), 스트레스 사건 그 자체보다는 개인이 이를 어떻게 인지하고 평가하느냐에 따라 그 정도가 달라지며, 스트레스 상황을 어떻게 대처하느냐에 따라 적응의 차이가 나타난다(Folkman & Lazarus, 1984 ; 박지호, 2011 재인용). 교사들이 교육상황에서 겪는 스트레스에 어떻게 대처하느냐는 교사의 교육적 열의 및 몰입에 영향을 줄 수 있다. 보육교사의 직무스트레스는 보육의 질에 직접적인 영향력을 미칠 뿐 아니라 직무만족과 소진에 간접적으로 영향을 주는 것으로 나타났다(구은진 · 김광은, 2005 ; 권혜진, 2005 ; 정혜옥 · 이옥형, 2011).

도일(Doyle, 1986)은 학급에서 이루어지는 교육을 복잡함, 모호함, 예측 불가능함 등으로 특징지었다(신옥순, 1998). 이와 같이 교사들은 교육현장에서 끊임없이 발생하는 문제상황과 마주하게 된다. 이러한 상황은 교사들의 교육적 열의를 상실하게 하고 교사의 사기를 저하시키며, 교사들의 의욕 저하는 영유아교육의 질적 수준을 떨어뜨릴 수 있기 때문에 궁극적으로 교사들이 영유아에게 양질의 교육을 제공할 수 없게 된다. 따라서 교사들이 자신이 겪고 있는 문제상황이나 스트레스상황에 어떻게 대처하느냐는 영유아교육의 질에 커다란 영향을 미치는 요소라 할 수 있다.

다음의 자료를 통해 교사의 직무 스트레스 정도를 확인해 볼 수 있다.

Activity 3 직무 스트레스 체크리스트

다음의 각 문항을 읽고 자신과 가장 가까운 곳에 √표시를 한다.

번호	내 용	전혀 그렇지 않다 ①	별로 그렇지 않다 ②	보통이다 ③	비교적 그렇다 ④	매우 그렇다 ⑤
1	활동에 참여하지 않으려는 영유아에게 동기를 부여하는 데 힘이 든다.					
2	내가 맡은 학급에는 항상 문제를 일으키는 유아들이 있다.					
3	내가 담당하고 있는 학급의 유아 수가 너무 많다.					
4	나는 유아들을 적절히 통제하지 못한다.					
5	부적응 아동을 어떻게 지도해야 할지 모르겠다.					

6	수업 및 학급운영을 위하여 준비하는 것 이외의 기타 잡무를 정해진 근무시간 내에 마치기에는 시간이 부족하다.
7	교육활동에 필요한 수업자료가 너무 부족하다.
8	학습활동을 계획하고 조직하는 데 너무 광범위한 능력이 요구된다.
9	우리 유치원은 사무직원의 도움이 거의 없다.
10	나는 현재의 내 업무를 감당하기 어렵다.
11	수업 및 학급운영을 위해 준비할 시간이 충분하지 않다.
12	필요 이상으로 행사가 너무 많다.
13	청소, 설거지, 차량 지도 등의 잡무가 너무 많다.
14	교구 제작에 대해 과다한 요구를 받고 있다.
15	우리 유치원(어린이집)은 교사들을 위한 행정적 지원이 부족하다.
16	유치원(어린이집)운영이 교육 실제와 맞지 않는다.
17	나의 의견이 무가치하게 받아들여질 때가 있다.
18	권한에 비해 너무 많은 책임을 부여한다.
19	우리 유치원(어린이집)은 좋은 수업에 대한 인식이 부족하다.
20	유치원(어린이집)에 관련된 많은 문제에 대해 내가 어떻게 생각하는가를 허심탄회하게 말할 수 없다.
21	내가 맡은 학급의 일에 대해 상사의 간섭이 심하다.
22	우리 유치원(어린이집) 운영방식은 일관성이 없다.
23	나는 교사들 간의 분위기가 갈등적인 유치원(어린이집)에서 근무한다.
24	교수-학습활동을 도와줄 보조교사가 부족하다.
25	우리 유치원(어린이집) 교사들 간에는 서로 협조하는 정신보다는 경쟁이 심하다.
26	우리 유치원(어린이집) 교사들 간의 관계가 좋지 않다.
27	우리 유치원(어린이집)에는 자기에게 부여된 업무를 적절히 수행하지 않는 교사들이 더러 있다.

28	우리 유치원(어린이집)의 교사들 간에는 파벌이 존재한다.
29	우리 유치원(어린이집)은 교사들 간에 의사소통이 잘 이루어지지 않는다.
30	많은 학부모들이 유치원(어린이집) 문제에 관해 무관심하다.
31	리 유치원(어린이집) 학부모들은 유치원(어린이집) 문제에 지나치게 관여한다.
32	우리 유치원(어린이집) 학부모들은 유치원(어린이집)에 많은 것을 요구한다.
33	학부모와의 관계가 원만하지 못하다.
34	영유아들 간의 싸움이나 안전사고 등으로 유치원(어린이집)에 항의하는 학부모가 많다.
35	의 보수는 나의 임무와 책임에 상응하지 못한다.
36	급여일의 변동이 잦다.
37	영유아들을 가르치는 일에 보람을 느끼지 못한다.
38	(미혼자의 경우) 결혼 후에도 근무하고 싶지만 유치원(어린이집)에서 원하지 않는다. (기혼자의 경우) 결혼 후 가정생활과 직장생활을 병행하는 데 많은 어려움이 있다.
	평균

출처 : 박은혜(2013). 유아교사론.

2. 가르침에서 정서의 역할

교사들이 갖는 정서는 교육현장이라는 특정한 상황과 그 속에서 함께 상호작용하는 대상에 의해 영향을 받으며, 그러한 정서적 영향은 교사들의 실제 행위에 다시 영향을 준다(서정아, 2010). 즉, 영유아교사의 정서는 영유아교육이라는 특수한 상황 속에서 영유아교사의 행동과 사고를 연결짓고 결정하는 중요한 역할을 한다.

교사의 정서에 대한 연구에서는 정서가 교사의 삶과 불가분하게 연결되어 있음을 강조한다(Zembyles, 2004). 영유아교사는 영유아와의 상호작용으로 인해 스트레스를 받거나 교수상황에서 예측하지 못한 상황으로 인해 다양한 감정의 변화를 경험하기도 한다. 이러한 감정변화를 적절히 조절하고 통제하는 것은 교사역할수행에 있어 중요한 요소라 할 수 있다.

가르치는 일은 매우 정서적인 성격을 지니며 교사의 업무에 핵심이 됨에도 불구하고(Hargreaves, 1994, 1998 ; Mahony, Menter & Hextall, 2004 ; Zembylas, 2003), 정서적인 측면이 객관적인 기준으로 측정하기 어려운 특성이 있기 때문에 그 중요성이나 가치가 지식 중심의 교수자질에 비해 소홀히 여겨져 왔다(Constanti & Gibbs, 2004). 그러므로 교사의 정서에 대해 아는 것은 교사와 교사의 삶을 이해하는 데 있어 필수적이라 할 수 있다. 영유아교사의 정서와 관련된 최근의 연구들은 효과적인 돌봄과 가르침을 위해 영유아교사의 정서가 중요한 역할을 한다고 강조하고 있다.

교사가 교육현장에서 느끼는 긍정적 정서와 부정적 정서는 다음과 같이 정리할 수 있다(서정아, 2010 ; 박은혜, 2013).

＊긍정적 정서를 경험하는 경우

- 영유아들이 각 발달영역에서 성장해 가는 것을 볼 때
- 영유아로부터 사랑과 감사가 담긴 편지를 받을 때
- 영유아들이 교사의 수업에서 긍정적으로 반응하며 잘 따라올 때
- 놀이에 몰두해 있는 유아의 모습을 볼 때
- 오랜 시간이 지난 후 졸업생이 다시 찾아올 때
- 영유아들과 개별적으로 대화하고 놀이에 참여하며 농담을 주고받을 때
- 학부모가 교사를 따뜻하게 배려할 때
- 조직구성원들이 협력하여 함께 일을 하고 도와줄 때
- 자신의 전문성 신장을 위해 노력할 때

＊부정적 정서를 경험하는 경우

- 영유아들이 교사의 바람과는 다른 반응을 보일 때

- 학부모가 교사에게 예의 없이 대할 때
- 수업을 방해하는 유아가 많이 있을 때
- 신체적으로 피곤할 때
- 조직구성원들이 서로 배려하지 않거나 독립적으로 일을 수행할 때
- 전문성 신장을 위해 충분한 시간이 주어지지 않을 때

이상과 같은 교사의 긍정적인 정서경험은 교사로서 갖게 되는 사명감이나 교직 및 직무수행에 대한 확신으로 이어져 영유아교사로서 더 높은 비전을 추구하고 열정적이며 헌신적인 교사상을 갖고 자신의 직무에 몰두할 수 있도록 하는 원동력이 되기도 한다. 반면, 부정적인 정서경험은 자신의 직무수행 전반에 대한 혼동과 불만, 회의 등으로 이어지거나 갈등을 일으켜 직무수행에 대한 몰입을 방해하는 중요한 요소로 작용하기도 한다(박은혜 · 고재천, 2008 ; 조운주, 2007). 따라서 교사가 긍정적인 정서경험을 통해 교직에 열정을 가지고 몰입할 수 있도록 가르침에서 교사가 경험하는 정서의 중요성이 강조되어야 한다.

3. 정서이해

젬비라스(Zembylas, 2007)는 교사가 자신의 정서적 경험을 교사 자신, 타인(유아, 동료교사), 그리고 교수학습이 일어나는 사회 정치적 맥락의 측면에서 이해하는 것을 정서적 지식이라 정의하고, 이 정서적 지식이 교수와 개인성의 교차점이라 설명했다. 따라서 정서는 교사교육에서 분리되거나 교사가 된 이후에 무시되어서는 안 되며, 역량을 갖춘 교사가 되려면 교사는 교육철학, 현장의 언어, 교육과정, 교과에 대해 알고 있는 바와 정서적 이해 간의 교차점을 찾을 수 있어야 한다.

정서이해는 다른 사람의 경험의 장으로 들어가서 같거나 비슷한 경험을 하는 상호주관적인 과정이다(Denzin, 1984). 즉, 정서이해는 다른 사람이 경험하는 정서를 주관적으로 해석하는 것이다(박은혜, 2013). 가르치는 일과 배우는 것에는 항상 교사와 학생의 정서적 차원이 존재한다(Hargreaves, 2002)는 관점에서 볼 때 교육현장에서 교사의 정서적인 노력, 특히 영유아를 가르치고 보호하는 교사의 정서에 대한 이

해는 중요하다.

다음은 교사가 교수상황에서 경험한 자신의 정서를 탐색할 수 있는 방법의 예이다.

Case **반성적 정서저널의 예**

1. 내가 경험한 정서 쓰기

이번 주는 우리 유치원의 장학 주간이었다. 원래에는 지난 주였는데, 장학사께서 당일 날 아침 다음 주로 미루자고 연락이 와서 한 주 미루어진 상태라 다들 기운 빠지고 정신적으로 스트레스를 받고 있는 상태라 예민해져 있었다. 장학 전날 당일 수업 준비로 인해서 늦게 퇴근했다. 그런 당일 날 장학사께서 수업이 다 끝나가는데, 안 오시는 것이었다. 원장님도 아침부터 대기상태고, 교사들 또한 아침부터 긴장하고 있었는데, 장학사는 안 오고…. 그렇게 기다리고 있는데, 유치원으로 전화가 왔다. 1시 이후에 원에 갈 것 같다고. 결국 장학사는 수업 다 끝나고, 차량지도까지 다한 3시에 원에 도착했다. 결국 수업도 못보고 서류만 잠깐 보다가 내년도 유치원 평가하는 것에 대해서 이야기하다가 교실 환경 조금 보고 갔다. 장학사가 가고, 그냥 조금 어이없었다. 2주 전부터 준비하고 기다렸는데 너무 허무하게 장학이 끝나서 기운이 빠졌다. 아무리 바쁘다고 해도 한 주 미룬 약속에 지각까지 하다니… 참 기분이 별로였다.

2. 내가 경험한 감정표현 뒤돌아보기

오늘은 식사시간이었다. 평소 편식하는 한 유아가 먹기 싫은 채소를 멀리 떨어뜨려 버리는 것이었다. 화가 났지만 나는 모른 척 하고 다 먹을 때까지 지켜본 후 그 유아가 자리를 정리하고 있을 때 누가 이 채소를 떨어뜨린 것이냐고 물어보았다. 그 유아는 아무렇지 않게 다른 유아를 가리키며 "저 아이가 그랬어요!" 하는 것이다. 끝까지 거짓말을 하는 유아에게 너무 화가 났고 "그래 그럼 선생님이 찍어놓은 카메라를 보고 와야겠다."고 하니 그 남자유아는 당황하며 내 앞으로 왔다. 상황을 보며 거짓말을 때때로 하는 유아에게 너무 화가 났다. 그래서 그 유아가 무서워하는 옆반 선생님에게 끌고 가 혼내달라고 하며 두고 왔다. 한참이 지나 그 유아가 왔다. 나는 그동안에도 화가 가라앉지 않아 다시 그 유아를 불렀다. 내 앞에 두고 무엇을 잘못했는지 물어보고 먹기 싫은 음식을 또 버리고 거짓말을 할 것이냐고 물으며 화가 난 이유를 이야기해 주었다. 그 유아는 울며 안 그러겠다고 하였지만 유독 내가 없을 때 친구를 괴롭히고 거짓말하는 그 유아가 너무 미웠다. 그럴 때마다 참고 참았지만 화가 풀리지 않아 많이 혼이 나고 온 그 유아를 마지막에 안아주지 못했다. 아무리 유아들이 잘못을 해도 우리반 유아들이기에 내가 이해했어야 하는데… 그것을 참지 못하고 유아에게 상처를 준 것 같아 마음이 아프다. 앞으로 조금 더 참고 이해하며 우리반 유아들은 내가 해결할 것이다.

출처 : 안혜준(2010). 유아교사의 반성적 정서저널 쓰기 과정의 의미 탐색.

Activity 4 정서경험 일지

일자		날씨		유발시간		유발대상	
정서상태	기쁨 즐거움 희망 자부심 고마움 공포 불안 분노 슬픔 혐오 경멸 당혹감 수치심 죄책감					정서수준	1–100

정서 유발상황

정서해석

출처 : 서기원(2013). 특성화고등학교의 체육교사가 직무수행 중에 경험하는 정서 탐구.

표 9-1 | 반성적 정서저널 쓰기를 위한 체크리스트	
정서저널의 영역	**반성적 질문**
감정의 인식, 평가, 표현	• 나는 내가 어떻게 느끼는지 잘 인식할 수 있었나? • 나는 영유아들이 어떻게 느끼는지 잘 인식할 수 있었나? • 영유아들이 화났을 때, 슬퍼할 때, 지루해 할 때 등을 알아차릴 수 있었는가? • 감정인식을 높일 수 있기 위해서 내가 할 수 있는 일은 무엇인가?
정서와 정서적 지식 이해	• 내 감정을 표현할 수 있는 단어를 잘 찾아내는가? • 나는 영유아들이 기분이 좋을 때 뿐만 아니라 나쁠 때에도 자신의 감정을 적절히 표현하도록 도와줄 수 있었는가? • 나는 무엇이 영유아들을 특정한 방식으로 느끼고 행동하게 만드는지에 대해 잘 이해하는가?
감정의 반성적 조절	• 나는 예상치 못한 일이 생겼을 때 대처를 잘 했는가? • 나는 매우 어려운 상황에서도 내 행동을 스스로 잘 조절했는가? • 나는 영유아들 앞에서 자기 조절을 역할모델링 할 수 있으며 이런 순간을 나중에 이들이 유사하게 감정 조절할 수 있는 교육적 순간으로 활용할 수 있는가?

출처 : 안혜준(2010). 유아교사의 반성적 정서저널 쓰기 과정의 의미 탐색.

4. 행복한 영유아교사가 되기 위한 방법

영유아교사에게 행복한 사람의 특성을 적용한다면 행복한 영유아교사는 삶을 보다 긍정적으로 보고, 더 건강한 생활을 하며, 스트레스에 잘 대처하고 직무에 보다 적극적인 개입을 하며, 만족하고, 열정을 가지고 영유아를 대할 것이라 기대할 수 있다. 교사의 이러한 행동특성은 영유아에게 직 · 간접적 영향을 주어 유아 또한 행복한 삶을 영위할 수 있는 가치와 태도를 습득하는 데 도움을 줄 수 있을 것이며 나아가 교육현장의 질적 고양에 기여할 수 있다. 행복한 영유아교사가 되기 위해 직무를 효율적으로 관리하기 위한 시간관리방법과 스트레스 관리방안에 대해 살펴보고자 한다.

1) 시간 관리하기

영유아교육기관에서의 일과는 빠르게 지나간다. 화살처럼 빠르게 지나가는 일과에서 교사들은 시간부족으로 인해 자신이 계획한 일을 충분히 실행하지 못하는 경우가 있다. 다음 사항들은 교사의 효율적 시간관리를 돕기 위해 새이퍼(Saifer, 2005)가 제안한 몇 가지 방법들이다.

❶ 우선순위 정하기

- 할 일들의 목록을 만들어 매일 목록에 그날 이루어져야 할 일들을 순위대로 강조하여 열거한다. 하루일과에서 그날의 목표 혹은 강조사항을 노트에 적을 수 있게 항상 수첩이나 메모장을 가지고 있어야 한다.
- 앞으로의 회의, 마감날짜를 달력에 기입하여 그것을 참고한다.

❷ 계획하기

- 교수활동에 필요한 자료를 구입하고, 견학 일정을 조정하며, 기타의 일을 할 시간이 허락되도록 적어도 2주 정도 먼저 교실활동을 계획하는 것이 좋다.
- 계획에 필요한 시간과 노력을 줄일 효율적인 계획도구를 사용해야 한다. 일반적인 형식으로 일하려고 노력하는 것은 부적절한 계획으로 끝날 수도 있다. 교사에게 적합한 수업계획 형식을 찾아내거나 개발한다.
- 계획 형식에는 교사의 교실계획, 최우선 사항, 목적의 항목이 포함되어야 한다.

❸ 목적 정하기

- 교사는 시간을 잘 활용하기 위해, 자신과 교수를 위한 개인적인 목적을 정해야 한다. 예를 들어, 교사의 교수활동을 위한 목적은 영유아들이 보다 독립적이 되도록 격려하거나 그들을 음악활동에 적극적으로 참여시키는 것을 의미한다.
- 목적을 향해 일하고 성취할 실제적인 목적을 선정한다. 교사는 성취감과 통제할 수 있다고 느낄 것이다.

❹ 위임하기

- 동료교사들, 보조교사들, 원장이나 주임교사에게 약간의 할 일과 책임을 위임하는 것이 좋다. 예를 들면, 만약 교사에게 음악에 재주가 있는 보조교사나 동

료교사가 있다면, 그 보조교사나 동료교사는 모든 음악활동을 계획하고 수행하는 것을 즐길지 모른다. 그러면 교사는 자신의 업무량을 덜면서 보조교사나 동료교사에게 호의를 베풀게 되는 것이다.

• 교사가 하기 싫어하는 모든 일을 다른 교직원에게 위임하지 않도록 주의한다. 만약 교사가 어떤 일을 하기 싫어하다면, 보조교사나 동료교사들 또한 그럴 것이다.

2) 스트레스 관리하기

스트레스 대처방식이란 개인의 수용능력을 초과한다고 평가되는 특정한 외적·내적 요구를 다루려는 개인의 인지적이고 행동적인 노력들로 끊임없이 변화시키는 과정의 개념이다(Lazarus & Folkman, 1986). 이 정의에 따르면 대처에는 다음과 같은 세 가지의 주요한 측면이 있다.

첫째, 대처는 과정 지향적이라는 것이다. 둘째, 대처를 맥락적인 측면에서 보아야 한다는 것이다. 셋째, 좋은 대처 또는 나쁜 대처라는 가설을 미리 설정해서는 안 된다. 대처는 스트레스를 다루어 나가는 노력이다.

스트레스의 대처는 긴장, 위기감, 부담과 관련된 요구를 극복하고 감소시키기 위한 인지적이고 행동적인 노력이라고 볼 때(권영희, 2010), 적절한 상황대처능력을 통하여 정서적 완충장치를 마련하는 것이 무엇보다 필요하다.

표 9-2는 스트레스 대처방식에 관한 다양한 유형이다.

표 9-2 | 스트레스 대처방식

대처방식	변 인	내 용
도전적 대처	적극적	• 무엇을 해야 할지 알기 때문에 더 열심히 준비한다. • 업무 준비에 최선을 다한다. • 업무에 더욱 집중한다. • 좋은 결과를 얻기 위해 노력한다. • 어려워도 끝까지 도전한다.

도전적 대처	전략적	• 업무를 위한 구체적인 계획을 세우고 실천한다. • 업무에 대비해서 중요한 진행을 스스로 정리해 보고 직접 연습해 본다. • 최선을 다해서 시간을 안배하고 계획을 세운다. • 업무시간을 효율적으로 사용한다. • 부족한 부분을 집중해서 연구한다.
	긍정적	• 내가 맡은 업무를 준비하면서 무엇인가 생산적인 일을 하고 있다고 생각한다. • 업무에 대해 밝은 면을 보려고 한다. • 내가 맡은 업무에 준비가 힘들어도 긍정적으로 생각하도록 한다. • 나는 이번 일을 인간적인 성숙을 위한 기회로 삼는다. • 업무를 통해서 나 자신이 발전하는 것을 느낀다.
정서 완화적 대처	자기 격려	• 업무의 결과에 대해 지나치게 신경을 쓰지 않도록 달랜다. • 실패한다고 해서 그리 심각한 문제는 아니라고 스스로 위로한다. • 어차피 감당할 업무라면 마음을 편안히 먹는다. • 상황이 지금보다 더 나쁠 수도 있음을 상기한다. • 최선을 다할 뿐 실패에 대하여 걱정하지 않는다.
	긴장 완화	• 어떤 방법으로든 기분을 풀어 버린다. • 산책이나 다른 운동을 한다. • 나름대로 긴장을 푸는 방법을 사용한다. • 업무를 잘 끝낸 다음의 모습을 상상한다. • 기분 전환이 될 만한 말을 자신에게 한다.
회피적 대처	소망적 사고	• 시간이 지나면 모든 것이 해결될 것이라고 생각한다. • 갑자기 내 실력이 향상되는 공상을 해본다. • 기적이 일어나 내가 맡은 중요한 업무가 최소화되기를 바란다. • 내가 지금 처한 상황보다 더 좋은 경우를 상상하거나 공상한다. • 업무에서 빨리 해방되었으면 좋겠다는 생각을 한다.
	자기 비난	• 평소의 게으름을 탓한다. • 업무 준비를 소홀히 한 것을 후회한다. • 나의 어리석음을 한탄한다. • 나의 능력 부족을 원망한다. • 내 자신의 능력을 의심한다.
	일탈 행동	• 업무 부담에서 벗어나기 위하여 다른 일에 관심을 쏟는다. • 평소보다 잠을 더 많이 잔다. • 업무와 관련된 생각을 하지 않으려고 한다. • 업무를 포기하고 싶은 생각이 든다.

출처 : Folkman, S. & Lazarus, R. S.(1984). Stress, appraisal, and coping.

새이퍼(Saifer, 2005)는 심신이 지쳐 있는 교사의 스트레스 감소를 위한 방안을 다음과 같이 제시하였다.

❶ 지지집단 찾기

교사의 감정과 좌절에 대한 지지를 해줌으로써 도울 수 있는 워크숍, 협의회, 회의들을 연결해 주는 것을 후원하는 단체에 참여한다. 많은 교사들이 공통의 걱정과 유사한 문제를 가진다는 사실에 안심하고 효과가 있는 해결책을 토의하며 공유함으로써 많은 것을 얻을 수 있다.

❷ 휴식하기

퇴근 후 경쾌하게 걷거나 운동하고, 윈도 쇼핑을 하며, 좋은 소설을 읽는다. 교사에게 정신적 휴식을 주는 것은 정신건강을 좋게 유지하고 피로를 막는 데 필수적임을 기억한다.

❸ 교사 자신의 건강 돌보기

동료들과 운동 동호회를 만들고 필요한 만큼 몸에 좋은 음식을 먹고 잠을 자야 하며 아프면 집에 있어야 한다. 만약 에너지 수준이 좋다면, 교사는 그날의 도전에 더 잘 대처할 수 있을 것이다.

❹ 혼자서 일하지 않기

교사를 도와줄 보조교사가 있다면, 영유아들을 안내하고, 질서를 유지하며, 개별화하는 것, 그리고 안전문제에 있어서 도움을 받을 수 있다. 만약 위급한 상황이 발생한다면, 다른 사람이 나머지 영유아들을 맡고 있는 동안 한 사람은 다친 유아와 함께 있을 필요가 있다.

❺ 통제력 갖기

교사라는 직업의 여러 가지 측면들에 대한 제어력의 부족은 스트레스의 큰 근원이 될 수 있다. 모든 성인들은 그들의 생각을 시도해 보고, 기회를 잡고, 실수를 통해 배우고, 변화시킬 수 있음을 알 필요가 있다.

❻ 교사의 한계

교사는 자신의 한계를 가지고 있어야 한다. 영유아교사들은 일반적으로 매우 헌신적이고, 관대한 사람들이지만, 종종 거절하는 것에 문제를 갖고 있다. 문제가 있는 가족의 치료자 역할을 하거나 일이 끝난 후 도움이 필요한 가족을 돕는 데 교사의 시간을 쓰는 것은 숭고한 일이지만, 반드시 요구되는 것은 아니다.

❼ 목표 세우기

모든 사람은 자신이 어딘가 방향을 가지고 돌진하고 있다는 느낌을 가질 필요가 있다. 그 느낌을 이룰 방법으로 목적을 세워야 한다. 교사가 목적을 가지고 있을 때 훨씬 덜 지치게 될 것이다. 교사는 주임교사, 원장, 상담가, 혹은 더 나은 영유아교사가 되기를 원할지 모른다. 목적이 어떻든 하나를 정하고 그것을 이루는 데 필요한 단계를 적어본다(예 : 상위 학위를 받거나, 매달 전문서적 한 권 읽기 등), 그리고 그것을 향해 일하기 시작한다.

❽ 재미있게 지내기

교사의 일을 더 재미있게 만드는 것은 피로를 막기 위해 교사가 할 수 있는 유일하게 가장 중요한 일일 것이다. 교사가 이것을 할 수 있는 몇 가지 방법을 소개하면 다음과 같다.

- 다른 직원들과 정기적인 모임 갖기
- 학급의 유아들과 유머를 사용하기
- 학급의 유아들이 부모들과 다른 교사와 이야기할 재미있는 일 나누기
- 재미있는 노래 부르기
- 우스꽝스러운 일 해보기

영유아교사의 직무스트레스는 직무수행이나 직무만족도 등에 직접적 영향력을 행사하며, 직무스트레스가 지나치면 교사의 책무성, 근무의욕, 효율성, 사기 저하와 함께 교사의 정신적 · 신체적 건강을 손상시킨다. 따라서 영유아교사들은 직무스트레스를 감소시키기 위해 개인적으로 긍정적인 방법으로 스트레스를 대처하고 스스로 스트레스를 관리하는 자세를 가져야 할 것이다.

Chapter 10

영유아교사의 조화로운 관계 형성

Chapter 10
영유아교사의 조화로운 관계 형성

1. 영유아교사의 만남과 관계 맺음

'좋은 교육'이 실현되기 위해서는 교육에 영향을 주는 다원적인 현실들 multiple realities이 서로 조화로운 관계를 맺으며 상생해야 된다. 영유아교사가 동료교사 및 원장, 부모, 지역사회와 조화로운 관계를 형성하는 것은 효과적인 직무수행의 성패를 좌우하기도 한다. 따라서 영유아교사는 다양한 연령, 계층, 집단으로 이루어진 구성원들과 성공적인 관계를 맺기 위한 노력이 필요하다.

1) 인간관계의 중요성

교육이란 인간다운 본질을 실현해 나가는 삶의 방식으로 좋은 만남과 관계를 전제로 한다(김성숙 · 임주연, 2012 ; 노상우, 2012). 영유아교사는 유아, 부모, 동료교사, 원장이나 원감, 혹은 지역사회 등 다양한 사람들과 교육적, 업무적, 인격적 관계를 맺어야 하며, 소규모 집단인 영유아교육기관의 특성상 사적이며 공적인 관계를 넘나들게 된다. 따라서 영유아교사가 효과적으로 직무를 수행하기 위해서는 다른 사람과의 상호작용을 통해 원만한 관계를 맺고 유지하는 능력(박지환, 2012)이 요구되는데, 이를 인간관계능력이라 할 수 있다.

인간관계가 바르게 이해되기 위해서는 다음과 같은 세 가지 측면이 요구된다(송운석, 1994). 첫째, 인간에 대한 깊이 있는 이해이다. 둘째, 타인과의 관계를 다루고 타인들과 상호작용하는 과정에서 일어나는 현상을 이해하여 문제점을 해결하고자 하는 것이다. 셋째, 최소한 인간 사이에 일어나는 문제를 개선하기 위한 구체적인 방법을 제시할 수 있어야 한다. 더불어 자기 자신에 대한 인식뿐만 아니라 인간에 대한 깊은 관심, 이타적 동기, 윤리의식과 책임감 등을 바탕으로 건전하고 바람직한 인간관계를 형성할 수 있다(이경순 · 이미경 · 김경희, 2012).

교사가 경험하는 인간관계의 만족도를 증진시키는 것은 교사의 직무스트레스를 완화하고 직무 만족도를 높이는 데 효과가 있는 것으로 보고되고 있다(송선화, 2012). 또한 교사의 긍정적인 인간관계는 유아와 부모에게도 영향을 미치게 되어 질적으로 높은 수준의 교육을 제공할 수 있는 기반이 된다. 반면 교사의 인간관계능력에 대한 부족은 개인의 문제로 끝나는 것이 아니라 교육목표를 달성하는 데 있어 심각한 저해요인으로 작용되기도 한다. 실제로 교사들이 이직을 하는 원인이 되거나(임승렬 · 권혜진, 2005), 실습에서 예비영유아교사가 겪는 불안과 갈등을 발생시키는 것으로 나타났다(박은미, 2009 ; 염지숙, 2003). 따라서 예비영유아교사가 양성교육과정에서 인간관계능력을 향상시킬 수 있는 체계적인 프로그램을 경험하는 것은 성공적인 교사로서의 적응 및 긍정적인 자아 정체성 형성에 도움이 될 것이다(표창우 · 석은조, 2010).

2) 인간관계와 의사소통

영유아교사가 교직을 누구와 함께 수행하는가? 라는 관점에서 유아, 동료교사, 원장, 부모, 지역사회는 교사의 동반자가 된다. 이들 모두는 영유아교육의 주체들로 교사는 그들과의 긍정적인 의사소통을 통해 협력체계를 구축해 나가는 것이 필요하다. 특히, 영유아교육기관은 규모가 작고 인간관계가 밀접하여 의사소통의 단절 시 조직의 전체적인 운영뿐만 아니라 유아의 성장과 발달에도 부정적인 영향을 미칠 수 있으므로 바람직한 인간관계를 맺고 유지하는 것은 교직수행에 있어 중요한 부분이 된다.

(1) 의사소통의 유형

어원적으로 의사소통은 '공통' 혹은 '공유' 라는 뜻을 가진 라틴어의 'communis'

를 어원으로 하고 있다. 의사소통은 언어를 매개로 둘 이상의 사이에 경험, 생각, 의견 또는 감정이 교환되어 공통적 이해가 이루어지는 일련의 과정이라 볼 수 있다(김희수, 2010). 의사소통의 유형은 수직적 의사소통과 수평적 의사소통으로 나누어 제시할 수 있는데, 이를 살펴보면 다음과 같다(김수향 · 이용주 · 이은진, 2013).

첫째, 수직적 의사소통은 하향식 의사소통과 상향식 의사소통으로 나누어진다. 하향식 의사소통은 정보의 흐름이 조직 구성원의 지위와 역할에 따라 위에서 아래로 내려오는 상의하달이라고 불리는 것으로 권위적인 분위기를 가지며, 경직화되기 쉬운 의사소통이다. 상향식 의사소통은 아래서 위로 전달되는 의사소통으로 하의상달이라고 불리며, 중앙 집중적이고 조직 하부에 대한 상부의 간섭이 심할수록 제대로 이루어지지 않으며 개방적이고 자율적인 분위기에서 원활히 이루어진다.

둘째, 수평적 의사소통은 조직계층으로 보아 비슷한 지위들 사이에서 이루어지는 정보의 흐름으로 부서 사이에 필요한 협동적 업무수행을 위한 의사소통이다. 횡적 의사소통은 비슷한 지위, 즉 부서 간 의사소통으로 업무협의와 조정, 문제해결, 정보교환, 갈등해소의 기능을 가지고 있다.

이상과 같은 의사소통은 영유아교육기관의 일상적인 교육 · 보육업무는 물론이고 조직 내에서의 인간관계, 나아가 사회환경과의 상호작용에 영향을 미치게 된다. 이러한 이유로 영유아교육 분야에서는 교육기관이 수직적 의사소통에서 벗어나 교사들의 의사결정권 참여를 통한 직무만족과 소속감을 증대시킬 수 있는 상향식 의사소통과 수평적 의사소통이 원활하게 이루어질 수 있는 조직문화의 형성을 강조하고 있다.

(2) 효과적인 의사소통의 방법

부버(Buber, 1954)는 참된 관계를 갖도록 하는 것은 진정한 대화genuine dialogue를 통해 가능하며 이때 대화가 말의 형식을 취하든지 침묵의 형식을 취하든지 하는 것은 문제가 되지 않는다고 하였다. 진정한 대화에서 각 개인은 자신의 정체성을 갖고 대화에 참여하게 되며 책임감을 가지고 타인과의 대화에 응답하게 되는 것이다. 부버(Buber, 1954)는 진정한 대화를 가능하게 하는 조건에 대해 다음과 같이 제시하였다.

첫째, 완전한 진실성의 추구이다. 만약 우리가 어떤 문제에 관해 허심탄회하게 모든 것을 털어놓지 않는다면, 그 문제의 해결을 위해 노력하고 있는 것이라고 볼 수 없다. 즉, 우리는 단지 우리가 자신을 안심시키기 위해 말하고 있는 것일 뿐 상대방에게 말하는 것이 아니다.

둘째, 진정한 직면true confrontation이다. 대화는 타자와의 동일시에서 일어나는 것이 아닌 타자를 직면하고 타자를 타자로서 관계할 때 일어나는 것이다. 다시 말해, 상대를 올바르게 이해하고, 수용하며, 나 자신을 개발할 때 비로소 건강한 대화를 나눌 수 있는 것이다.

셋째, 프로퍼갠더propaganda를 거부하는 것이다. 이는 대화가 연극적이지 말아야 한다는 것이다. 결국 매 순간 타자와 관계에 있어 진실성이나 사고의 유연성이 없는 대화는 허구로 끝날 수밖에 없으며 서로간의 불신의 장벽만 높아지게 된다.

이와 같은 진정한 대화에 기초한 의사소통은 영유아교사직의 수행에 있어 핵심적 역할을 담당한다. 영유아교사는 대부분의 업무를 언어적 의사소통을 통해 수행하며, 동료교사와의 의사소통을 통해 교육지식의 습득은 물론 교직수행과 관련된 협력을 이끌어 내야 하기 때문이다(이대균 · 박지선, 2009 ; 김현주 · 조형숙, 2006). 이를 위한 효율적인 의사소통의 구체적 원칙을 제시하면 다음과 같다(Peter & Loma, 1987).

＊명료성 전달자가 의중을 분명히 말하고 피전달자가 쉽고 정확하게 이해할 수 있는 간결한 문장, 쉬운 용어, 체계적인 구조, 정확한 표현

＊일관성 조직의 목표와 부합되고 처음과 나중이 모순되지 않는 명령

＊적시적기성 의사소통의 적절한 타이밍

＊분포성 전달자로부터 피전달자에게 명확하게 전달

＊타당성 전달한 정보의 적당한 양과 규모

＊적응성과 통일성 적응성은 명령이나 정보전달과정에서 송신자의 융통성, 개방성, 현실적 합리성을 의미, 통일성은 각 의사소통이 조직구성원 전체를 대상으로 통일된 정책의 표현

＊관심과 수용 송신자와 수신자의 사이에서 송신요소의 관심도와 이를 받아들일 수 있는 수용자세의 가능성

이상과 같은 효과적인 의사소통의 원칙과 방법들은 조직구성원 간의 긍정적인 관계유지 및 유대감 형성과 조직의 목표에 대한 성취를 이룰 수 있도록 돕는다. 이 외에도 화자와 청자의 원만한 의사소통을 위해서는 타인이 전달하는 언어, 몸동작을 비롯한 다양한 상징을 읽을 수 있는 능력과 여러 가지 상징을 통해 자신의 생각과 감

정을 전달함으로써 목적한 바를 원만하게 성취할 수 있는 능력이 요구된다(류미향 · 김성숙, 2013).

(3) 갈등의 요인 및 관리

갈등을 관리한다는 것은 조직에 해로운 갈등을 감소시키거나 완화시키는 것을 뜻하는 것이 아니라 갈등을 용인하고 그에 대응하는 조취를 취하는 것, 그리고 나아가 조직에 유익하다고 판단되는 갈등을 조장하는 것까지를 포함하는 활동을 말한다(백은영, 2006). 인간관계에서 발생하는 갈등의 요인은 표 10-1과 같다(정동식, 1995).

표 10-1 | 갈등의 요인

요 인	내 용
관리자의 특성요인	관리자의 교양, 인격, 능력 등을 포함
환경적 상황요인	자원의 부족, 교수활동 불만, 권위주의적 장학지도 등을 포함
역할요인	역할에 대한 불만, 역할수행에 대한 갈등을 포함
개인적 상황요인	동료교직원과 비교하여 상대적으로 낮은 학력으로 인한 열등감, 조직 분위기에 적응하기 어려운 자신의 성격 등을 포함
지각 차이요인	행동 양식의 차이를 포함
소외감 요인	관리자의 무관심, 의사결정에 참여할 기회가 주어지지 않는 것에서 오는 소외감 등을 포함

이와 같은 요인에 의하여 발생하는 갈등의 수준이 지나치게 낮은 조직은 환경변화에 대한 적응성이 부족하며 진취적이고 창의적인 노력이 부족하여 발전에 문제가 생긴다. 반면, 갈등수준이 지나치게 높으면 무질서와 욕구불만으로 인해 조직원들의 협력을 구할 수가 없고 조직의 존속을 불투명하게 만든다. 즉, 동료교사와의 관계나 시설장과의 관계 등 사회적 관계에서 발생하는 갈등은 언제나 존재하기 때문에 그 갈등을 얼마나 효과적으로 해결하느냐의 여부는 보육의 질을 향상시키는 데 매우 중요한 요인이다(조태영, 2004). 라힘(Rahim, 1985)은 갈등관리 유형을 5가지로 제시하였으며 그 내용은 표 10-2와 같다.

표 10-2 | 라힘(Rahim)의 갈등관리 유형

갈등관리의 유형	내 용
통합형	• 자신과 상대방의 관심 및 문제의 본질을 정확하게 파악하고 문제해결을 위한 통합적인 대안을 도출해 내는 유형 • 의견수렴, 해결방안 모색, 협력, 정보교환 등
배려형	• 원만한 인간관계를 위해 자신의 관심사는 버려두고 상대방의 관심사를 충족시켜 주기 위해 상대방의 주장에 따름으로써 갈등을 해결하는 유형 • 양보, 부탁, 제안, 부응 등
지배형	• 자신의 관심사를 충족시키기 위해 상대방을 압도해 버림으로써 갈등을 해결하려는 유형 • 재량권 발휘, 나의 주장 관철 등
회피형	• 갈등문제로부터 물러나거나 이를 피함으로써 자신뿐 아니라 상대방의 관심마저 무시하는 유형 • 충동 피하기, 대립하기, 회피하기, 언급하지 않기 등
타협형	• 다수의 이익을 우선하기 위해 양측이 상호교환과 희생을 통해 부분적 만족을 취함으로써 갈등을 관리하는 유형 • 중간적 입장, 중도적 방안 제시, 협상 주고받기 등

출처 : 문혁준 외(2013). 어린이집 운영관리.

2. 영유아와의 관계 형성

최근 여성의 일 · 가정 양립의 확대와 핵가족화 등으로 인하여 영유아들이 교육기관에서 지내는 시간은 점차 증가되고 있다. 따라서 교사는 영유아에게 언어와 인지 학습환경을 제공하는 것뿐만 아니라 보호와 사회화 역할을 통하여 영유아가 성인과 신뢰로운 관계를 형성하고, 또래와 긍정적인 상호작용이 이루어질 수 있도록 지원할 수 있는 의미 있는 존재가 되고 있다.

1) 교사-영유아관계의 특성

교사와 유아의 안정적인 관계 형성은 영유아의 성장과 발달에 중요한 영향을 미치게 된다. 고든(Gordon, 2004)은 실패하는 교육과 성공하는 교육의 차이를 교사와 유아 사이의 관계라고 하면서 가르치는 일보다 더 중요한 것은 교사와 유아의 관계라고 강조한 바 있다. 유아기에 형성되는 교사와 유아와의 좋은 관계는 안정된 애착을 형성하고(DeMulder, Denham, Schmidt & Mitchell, 2000), 교사와의 안정애착은 영유아에게 교사의 가치관을 전달하며, 어린이집 및 유치원에서 적극적으로 참여하도록 자신감을 전달할 뿐만 아니라 교사의 사회화 방식에 더 잘 따르게 한다(이진숙, 2001).

이와 같은 교사와 유아의 관계의 질은 친밀감closeness, 갈등conflict, 의존dependency으로 분류하여 논의할 수 있다(Birch & Ladd, 1997 ; Pianta et al., 1995).

첫째, 친밀감은 온정과 개방적인 의사소통 정도를 말한다. 버치와 래드(Birch & Ladd, 1997)에 따르면 교사와 유아 간의 친밀감은 어린이집 또는 유치원환경에서 유아의 정서적 지지 및 안정감과 같은 지지원의 기능을 할 수 있다. 이와 같은 친밀감은 유아가 어린이집과 유치원 생활에 좀 더 적극적으로 참여하고 적응하는 데 도움이 될 뿐만 아니라 사회·정서발달, 언어발달, 학업수행능력 등의 측면에서 긍정적인 영향을 미치게 된다(신유림·윤수정, 2009 ; 이진숙, 2004 ; Baker, 2006).

둘째, 갈등은 교사와 유아 간의 조화로운 상호작용과 관계가 결여된 것을 의미한다. 이러한 갈등적 관계는 유아에게 스트레스로 작용하여 분노와 불안, 공포반응 및 공격성 등의 부정적인 태도를 증가시키며 교육환경으로부터 지지받고 있다고 느끼기보다는 피하고 싶고 불편한 곳으로 인식하게 만든다(구선라, 1999 ; 안선희, 2013 ; 전경아, 2003).

셋째, 의존은 유아가 교사에게 지나치게 매달리거나 의존함을 의미한다. 그러나 적절히 의존하는 유아는 주변 환경의 요구에 민감하고 다른 사람에게 강한 관심을 가지고 있기 때문에 감정조망수용능력과 사회적 기술이 높다(김용희, 1995). 반면, 학업수행능력이나 수업태도 및 참여의 측면에서는 상대적으로 낮은 수준의 학교적응과 관련이 있는 것으로 보고되고 있다.

이상과 같은 교사-유아관계의 질은 유아를 대하는 교사의 태도와 역량뿐만 아니라 교수활동에 임하는 교사의 동기와 자세에도 영향을 미친다. 따라서 교사가 유아와의 관계를 긍정적으로 인식하게 될 경우, 단지 주어진 교수활동을 수행하는 데 그치는 것이 아니라 유아의 성취를 위해 기꺼이 노력할 수 있으며, 유아를 대하는 데 있어서도 심적 부담과 불편이 줄어들게 된다(안선희, 2013).

2) 교사-영유아의 관계 증진시키기

교사가 유아와 인격적인 관계 형성을 이루는 것은 교사의 가장 큰 관심사이고 학급운영에 큰 비중을 차지하는 것이다. 이를 위해 교사는 유아를 인격체로 존중해야 하며, 유아가 가지고 있는 능력과 가능성을 인정하고 발휘할 수 있도록 긍정적인 관계를 맺는 것이 필요하다. 교사가 유아와 성공적인 관계를 형성하기 위한 태도를 살펴보면 다음과 같다(이상욱, 2006).

(1) 영유아의 행복에 관심 쏟기

모든 인간이 행복해지기 위해서 노력하며 산다면 영유아 역시 그러한 간절한 욕구와 권리가 있으므로 영유아교사는 그들의 행복에 최대의 관심을 쏟아야 한다. 따라서 교육의 방향과 목적을 영유아의 행복에 두어야 한다.

(2) 영유아의 존엄성 인정하기

교사가 영유아를 위한다는 진정한 의미는 나이와 성과 능력에 관계없이 유아를 한 인간으로서 대하는 일이다. 즉, 인간의 존엄성을 인정해 주는 자세는 '공부를 잘하기 때문에', '예쁘고 귀엽게 생겼기 때문에', '착하기 때문에' 라는 특별한 이유와 관계없이 인간으로서 그들을 위하는 생각을 갖는 것이다. 이러한 태도는 성숙한 인격의 표현이기도 하며, 교사는 영유아를 잘 대하려고 노력하면서 자연스럽게 인격이 성숙된다.

(3) 영유아를 삶의 주체로 여기기

영유아와 관계를 맺고 생활하는 모든 사람들과 교사들은 영유아를 주인공으로 여기는 자세가 필요하다. 영유아교사가 교육현장에서 영유아의 의견과 주장을 들어 주고 존중해 주고 있다면 교사는 그들을 항상 삶의 주체로 여기고 있는 자세를 가진 것이다. 이와 같은 교사의 생각은 그대로 영유아에게 전해지며 결국, 영유아들도 타인을 존중하는 사람으로 성장하게 된다.

(4) 영유아를 개성을 가진 인격체로 수용하기

유아발달의 보편적 경향성은 유아들의 발달을 돕고 유아교육의 방향성과 목적을 설정하는 데 도움을 주기 위한 것이고, 유아의 개성에 대한 수용은 유아를 이해하고 실질적으로 돕는 데 필요한 것이다. 이것을 혼돈하는 교사나 부모는 "왜 ○○이는 제 또래의 행동을 하지 못할까?"라는 평균적 사고를 가져 자신과 유아에게 어려움을 야기시킬 수 있으므로 유의하여야 한다.

(5) 영유아를 수단으로 여기지 않기

교사는 어떠한 경우든지 유아들을 목적으로 대하고 수단으로 여기지 않는 태도를 가져야 한다. 만일 어떤 경우에서든지 유아들이 수단으로 여겨지는 경우가 발견된다면 우리는 유아들을 대신하여 그들의 권리를 찾아 주는 일에 최선을 다하는 임무를 감당해야만 유아를 위하는 일이 된다. 영유아교사의 진정한 의도는 교육을 위해 유아들이 있는 것이 아니고 유아를 위해 교육이 존재한다는 것을 인식해야 한다.

(6) 영유아를 위한 계획을 진지하게 검토하기

영유아교육은 영유아를 위한 모든 활동으로 보호적 차원과 교육적 차원의 활동을 비형식적 입장에서나 형식적인 입장에서 해나가는 모든 노력이다. 영유아교사가 유아를 위한다는 미명 아래 다른 목적을 달성하려 할 경우, 유아들과 교사와 부모들에게 치명적인 손상을 입히는 결과를 가져온다. 따라서 현재의 효과보다 미래의 부작용을 가져오지 않는지를 고려할 때, 교육이 진정으로 유아를 위한 일이 된다.

3) 교사-유아의 갈등해결하기

교사와 유아 간에 갈등관계는 상호작용이 불일치하고 교사-유아관계의 결여라는 특징이 있다. 이러한 갈등관계는 유아에게 분노와 불안을 경험하도록 하며 소외감이나 외로움, 유아교육기관에 대한 부정적인 태도가 증가하고 장기적으로는 학교생활에 영향을 미치는 것으로 나타났다(Howes, Phillpsen & Peisner-Feinberg, 2000). 또한 영유아교사는 유아의 부정적인 행동이 증가할수록 스트레스를 받고 유아와 갈등적인 관계가 형성된다(강정원 · 김순자, 2006)고 보고되고 있다. 따라서 교사는 유아와의 갈등관계를 해소하기 위해 영유아의 기질이나 장애, 가정환경 등의 개인적인 특징과 교사의 교수전략, 유아교육기관의 맥락 등을 고려하여 점진적으로 해결해 나가는 것이 바람직하다.

Activity 1

다음의 사례는 유아와 교사와의 갈등상황이다. 1장의 역할놀이(role play) 수업모형 절차에 따라 친구와 내가 각각 유아와 교사가 되어 문제를 해결할 수 있는 방법을 제시해 보자.

사례 1. 나를 따르지 않는 아이

영아들을 볼 때였는데, 한 반에 두 담임이었어요. 그 아이는 우리 반이었는데, 같이 교실 쓰는 그 선생님을 더 따르는 거예요. 아기라 좋아하는 사람한테 집중하면 그 사람한테만 계속 가잖아요. 제 인상을 아기들이 좋아하지 않는데 진짜 곤란하더라고요. 그 아이 엄마 보기도 그렇고, 저만 보면 울고. 그래서 결국 원에서 상의하에 그 선생님으로 담임을 바꿨어요. 아이가 적응하고 잘 생활하는 것이 중요한 거라. 큰 애들이면 어떻게 달래보겠는데 말이 안 통하는 아가들은 힘들어요.

출처 : 박여울(2012). 유아교사의 소진 경험에 관한 연구.

사례 2. 다문화 유아와 함께 생활하기

수업을 하면서 회의가 많이 들었어요. 이야기 나누기 할 때에 하품을 하고 그 자리에 앉아 있긴 하지만 당연히 주의집중은 되지 않았어요. 훌리아나는 자기 하고 싶은 거 하고 있고 스페인말만 하고 있고… 당연히 수업 분위기도 흐려지고 훌리아나에게 눈치도 보이고 미안하기도 하지만… 앉아 있어야만 하는 현실이 미안했어요. 하지만 교사는 수업을 이끌고 나가야 하니까 어쩔 수 없어 더욱 안타까웠던 것 같아요.

출처 : 한선홍 · 이대균(2011). 외국인 유아를 지도하는 한국인 유치원교사의 어려움 및 노력.

3. 교직원과의 관계 형성

1) 동료교사와의 관계 형성

교사 간의 상호협력적인 인간관계는 교사 자신뿐만 아니라 유아, 부모에게 긍정적인 영향을 미치게 된다. 교사는 너그럽고 신뢰로운 태도로 동료교사와 관계를 맺음으로써 질적으로 우수한 교육의 제공과 효율적인 조직의 운영이 가능해진다는 것을 인식해야 한다.

(1) 교사 상호관계의 특성

영유아교육기관의 종사자들은 근무기관의 규모가 다른 조직에 비해 작고 동료교사의 수가 적기 때문에 서로에게 미치는 긍정적 · 부정적 영향력이 큰 편이다(임정수 · 이완정, 2009). 이로 인해 협동적 조직문화를 가진 학교의 교사들은 양질의 교육을 제공하기 위해 서로 협동하고, 목표 일치성이 높으며, 동료적 지원을 활발히 할 뿐만 아니라 전문성 개발을 추구한다(박신영 · 박은혜, 2011). 반면 교사가 동료 간의 관계형성이 원만하지 않거나 갈등을 해결하지 못할 경우는 교육목표달성의 저해요인으로 작용되며 직무만족도 저하로 이어져 교사의 이직에도 영향을 미치게 된다.

이와 같이 영유아교사 간의 조화로운 관계 형성은 교육의 질 뿐만 아니라 교사의 교직발달에 있어서도 중요한 요인이 된다. 따라서 영유아교사는 스스로 자신의 발전에 대해 책임감을 갖고 동료 간의 협의에 비중을 두며, 동료교사의 요구를 반영하여 협력함으로써 그 과정을 체계화하고 융통성 있게 운영하는 것이 필요하다(김혜정, 2006).

(2) 동료교사와의 관계 증진시키기

영유아교사가 동료와의 관계에 있어 책임을 다할 때 교사 간에는 긴밀한 유대관계가 생겨나고 교실 내에서 발생하는 문제에 대하여 해결할 수 있는 아이디어 및 학급운영에 관한 지식이나 정보가 활발히 교류됨으로써 교육의 질적 향상을 도모할 수 있다. 교사 상호간에 조화로운 관계를 맺기 위한 구체적인 방안들을 살펴보면 다음과 같다(민성혜 외, 2013 ; 박은혜, 2013).

❶ 동등한 지위에서의 협의와 수렴하기

영유아교사는 동료교사와 동등한 지위에서 협력하는 관계이므로 동료교사를 감독하거나 경쟁하기 위한 적대적인 관점을 가져서는 안 된다. 고든(Gorden)의 '적극적 경청'과 '나-메시지', '자기표현' 방법은 동료교사 간의 효과적인 의사소통을 이끌어내는 방법 중에 하나로 평가되고 있다(홍종관, 2001). 또한 전체 교사회의나 소모임 후에는 다른 동료교사들과 회의내용에 대한 이야기를 함께 나누어 공유하고 이에 대한 아이디어나 계획을 함께 수립하여 협의할 수도 있다.

❷ 동료들과 즐거운 경험 쌓기

영유아교사는 업무 외의 영역에서 동료교사들과 함께 즐거운 경험을 공유할 수 있는 기회를 정기적으로 갖도록 한다. 동료교사들과 업무 이외의 기타 경험을 함께 함으로써 동료들과 교육기관의 목적과 철학을 명확히 확인하고 이에 동의하여 친밀감을 돈독히 할 수 있으며 각 교사의 개인적 특성에 대해 좀 더 자세히 알 수 있다.

❸ 건설적인 동료모임 갖기

영유아교사는 유치원이나 어린이집에서 새롭게 해결해야 하는 과제나 교사들의 공유된 문제가 있다면 동료코칭, 동료 멘토링 등을 통해 새로운 아이디어와 해결책을 찾는 경험을 가질 수 있다. 또한 동료교사가 자신에게 도움이 되었던 방법이나 사례를 이야기하는 방법도 동료교사를 지원하는 데 있어 효과적일 수 있다. 여기서 더 나아가 지역별로 운영되는 학습공동체에 참여하여 새로운 정보를 공유하며 지식을 넓힐 수 있다.

❹ 문제를 방치하지 않기

영유아교사가 성공적인 인간관계를 맺기 위해서는 초기에 신뢰감이 형성되어야 하고 의사소통이 원활하게 이루어져야 하며 갈등이 생겼을 때 이를 원만히 처리할 수 있는 능력이 있어야 한다. 오히려 사소할 수 있는 문제조차도 너무 오랫동안 방치하면 서로에 대한 감정이 많이 상했거나 여러 가지 요인들로 인해 문제의 심각성이 높아지는 경우도 있다. 이런 경우에는 서로에게 지켜주었으면 하는 한계나 범위를 최대한 객관적으로 제시하고 서로 협조하도록 요구한다.

(3) 동료교사와의 갈등해결하기

영유아교사의 조화로운 동료관계는 비건설적이거나 타율적이 아니라 교육현장에서 나타나는 다양한 문제들을 해결하기 위한 자율적이고 협력적인 관계라 할 수 있다. 그러나 교사들 간의 관계를 형성하는 데 있어 자신이 해야 할 업무를 하지 않거나 다른 사람에게 미루는 책임전가의 행동, 협동과 봉사심이 부족하여 자신의 업무를 해결하는 것 외에 어떠한 노력도 하지 않는 행동, 업무처리가 미숙하여 매번 일을 늦게 처리하거나 실수가 많은 경우, 남에게 지나치게 의존하는 경향이 강하여 느슨하고 게으른 이타적인 성격은 원만한 인간관계 형성을 저해하는 요인으로 작용한다(이은상, 2013). 이에 대해 교사들이 서로에 대한 비난, 승부의식, 과도한 경쟁, 권력 유지를 위한 힘겨루기 등으로 대응하다 보면 구성원들 간에는 긴장과 불만, 갈등이 유발된다. 이와 같은 동료교사와의 갈등은 단순한 교사 개인의 문제가 아니라 교육목표를 달성하는 데 있어 저해요인으로 작용할 수 있다는 점을 인식하고 갈등을 지혜롭게 해결해 나가기 위한 자세가 요구된다.

Activity 2

다음의 사례는 동료교사와의 갈등상황이다. 1장의 역할놀이(role play) 수업모형 절차에 따라 친구와 내가 각각 동료교사가 되어 해결할 수 있는 방법을 제시해 보자.

사례 1

사실 사람인데, 생각이 다른 건 당연한거고 저도 의견을 낼 수는 있는 거잖아요. 그런데 의견을 말하라고 해놓고는 결국은 자기 뜻에 따라야 하는 거예요. 제 의견이 안 되는 이유에 대해서 말해주지도 않으면서요. 그러면서 다른 반 선생님한테 가서 제 의견이 말도 안 되는 것이라면서 험담을 하시더라구요.

사례 2

모든 경력교사가 일을 다 잘하시는 건 아니더라구요. 서류함 정리를 제대로 하지 못하셔서 제가 다시 했던 적이 많았죠. 문서번호대로 정리를 해놓으시던지 아니면 월별로 정리를 해놓고 라벨지를 붙여놓아야 다음에 그 업무를 맡은 교사가 쉽게 할 수 있는데, 그렇게 해놓지 않으셔서 제가 몇 년치의 서류를 재정리해야 했어요. 하다못해 공문을 쳐도 오타 투성이고, 형식에 맞지 않게 작성하셔서 꼭 제 손을 거쳐야 하고 (중략) 이야기를 해보려고 해도 괜히 말했다가 서로 언성만 높아질 것 같아서 그냥 참고 할 수밖에 없었어요.

출처 : 김혜윤(2010). 유치원교사의 인간관계 이야기.

2) 원장과의 관계 형성

원장은 영유아교사의 개인발전과 효율적인 업무수행에 지대한 영향을 미친다. 원장은 교사들에게 평가자가 아닌 선배교사의 입장에서 교사역할을 수행하는 데 필요한 노하우를 전달하고 교사는 원장의 경험과 식견을 존중하여 교육을 위한 가장 효과적인 방안들을 연구하기 위해 협력해 나갈 때 비로소 기관의 효율적인 운영을 기대할 수 있다.

(1) 교사-원장관계의 특성

영유아교사가 개별적으로 경험하는 원장과의 관계의 질은 교육기관에 대한 만족, 업무수행 태도, 혹은 영유아를 대하는 자세 등에 영향을 미칠 수 있다. 이는 원장과 교사의 관계는 동료교사들 간의 관계와는 달리 수직적 구조를 형성하기 때문에 원장은 심리적으로 영유아교사에게 지지요인이 될 수 있는 반면 스트레스의 원인이 되기 때문이다(안효진 · 안선희 · 문혁준, 2007 ; 조성연 · 이정희, 2010).

최근에는 원장이 어떠한 지도성과 특성을 가지고 있느냐에 따라서 조직풍토와 교사들의 직무태도 및 역할수행에 직접적인 영향을 미치게 되며, 이는 교육의 질을 결정하는 요소가 된다(김우식, 2002)고 보고되고 있다. 특히, 교사는 원장의 업무수행 능력이 높고 기관 내 인간관계에서 밀접한 상호작용을 이루어가는 효율성 리더십을 가지고 있다고 인식하는 경우에 교사효능감이 높은 것으로 나타났다(민혜영, 2010). 따라서, 영유아교육기관의 원장은 교사들의 인격을 존중하고, 개인적 의견과 제안을 수용하며, 교사들의 개인적 고충을 이해하고 그들의 능력과 가치를 인정함으로써 교사에게 마음에서 우러나오는 협력을 얻을 수 있어야 한다.

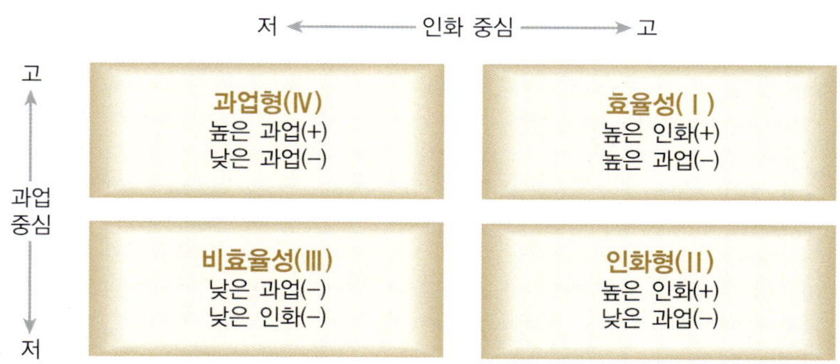

그림 10-1 | 핼핀(Halpin, 1981)의 지도 유형

출처 : 문혁준 외(2011). 보육교사론에서 재인용.

(2) 교사-원장의 관계 증진시키기

조르데-블룸(Jorde-Bloom, 1989)은 교사-원장과의 관계란 원장의 능력에 대한 교사들의 일반적 평가와 교사들의 수행에 대한 원장의 평가에 의해 이루어진다고 하였다. 이와 같은 평가가 긍정적인 관계 형성으로 발전하기 위해서는 원장은 교사에게 공과 사를 엄격히 구별하고 개인적인 충성을 기대하기보다 항상 교사를 공평하게 대해야 한다. 교사는 원장과 원감에 대해 교육선임자이자 인생의 선배, 조직의 책임자로서 인격적 존경심을 가지고 대해야 한다.

이상과 같은 영유아교사와 원장과의 관계는 교사의 성장과 발전에 도움이 될 뿐만 아니라 교육기관의 양적 · 질적 발전을 도모할 수 있다는 측면에서 서로간의 진정한 협력을 이끌어 내는 것은 매우 중요한 일이라 할 수 있다. 교사-원장 상호 간에 조화로운 관계를 맺기 위한 구체적인 방안들을 살펴보면 다음과 같다(민성혜 외, 2013 ; 이상욱, 2006).

❶ 원장의 교육철학과 신념을 이해하고 수용하기

영유아교사는 원장이 영유아교육기관을 운영하기 위해 가진 철학과 신념을 이해할 필요가 있다. 원장의 교육철학과 신념은 기관운영의 크고 작은 의사결정에 있어 그 기초가 되며 교사의 직무수행에 있어서도 영향을 미치므로 교사는 채용과정에서 자신과의 교육철학과 상충되는지 확인해 보는 것이 좋다. 또한 해당 교육기관의 교사로서 임무를 수행하기로 하였다면 원장의 철학과 신념을 이해하고 수용하기 위해 노력하여야 한다.

❷ 다양한 의사소통의 기회 갖기

영유아교사는 정기적인 회의시간에 개방적으로 의견을 이야기하고 협의에 참여하는 것이 좋다. 이때 기관운영에 관한 사안에서 자신의 입장에서만 생각하지 말고 원장이나 원감의 입장에서 그 고충을 이해하고 협력하는 태도를 가져야 한다(이상욱, 2006). 그러나 만약 원장에게 개인적으로 해야 하는 불편한 이야기나 적극적으로 건의할 이야기가 있다면 개인적인 면담을 청하여 해결방안을 찾아나갈 수 있도록 노력해 나가야 한다.

❸ 칭찬과 격려를 통해 상호 인정하기

원장과 교사는 대화의 화제에 있어 건전성과 명랑성을 유지하며 기관의 분위기를 생동감 있게 조성할 필요가 있다. 이를 위해 교사뿐만 아니라 원장에게도 칭찬이 필요하다. 예를 들어, 행사를 성공적으로 마쳤거나 새로운 프로그램에 대한 이야기가 오고간 후 "오늘 정말 좋았습니다", "좋은 경험을 하게 해주셔서 감사합니다" 등의 칭찬과 인사가 오고간다면 더욱 원활한 상호작용이 될 것이다(민성혜, 2013).

❹ 관리자를 넘어서 리더자로 발전하기

원장과 교사의 성공적인 관계 형성은 성향이 어떠한지에 따라서도 달라질 수 있다. 특히, 인간관계에 대한 태도에 있어 관리자는 가능한 감정이입의 관여 수준을 낮게 하려는 경향이 있지만, 지도자는 상대방의 감정적 신호를 이해하고 타인과의 관계를 의미 있게 만드는 것으로 생각한다. 따라서 원장은 관리자적 경향보다는 지도자로서의 성향이 요구되며 영유아교사도 미래의 잠재적 교육 관리자로서 이를 인식하고 자신의 태도를 변화시킬 필요가 있다.

Activity 3 관리자와 지도자의 차이

다음의 표를 통해 자신의 성향이 관리자 또는 리더자의 성향 중 어떠한 것인지를 확인해 보자.

관리자	나의 성향	지도자	나의 성향
단순히 비전을 이해한다.		비전을 창조한다.	
일을 옳게 한다.		옳은 일을 한다.	
개인적 성취를 강조한다.		집단이나 팀의 성취를 강조한다.	
드러난 문제를 해결한다.		문제를 찾아 해결한다.	
억제나 통제에 중점을 둔다.		신뢰와 장려에 중점을 둔다.	
단기적 전망을 가진다.		장기적 전망을 가진다.	
현상유지에 관심이 많다.		변화와 혁신에 관심이 많다.	
관리자 성향	(　　)개	지도자 성향	(　　)개

출처 : 이상욱(2006). 21C 유아교사론.

3) 교사-원장의 갈등해결하기

영유아교사와 원장 간의 갈등이란 원장의 권위에 의한 교사들의 의견 차단, 지나친 간섭, 비공개적 · 비객관적인 평가방법, 기대에 못 미치는 원장의 역할수행 등으로 인하여 발생한다. 이와 같은 갈등의 해결을 위해서 원장은 관료주의적인 생각을 버리고 민주적인 태도로서 교사와 상호 협력할 수 있어야 한다. 또한 영유아교사는 원장의 제안이나 의견이 불만족스러운 경우, 개인적 차원의 불만으로 남겨두기보다는 기관의 효율적인 운영을 고려하여 넓은 시야를 가지고 적절한 해결방안을 찾아나갈 때, 진정한 갈등의 해결과 예방은 가능해진다.

Activity 4

다음의 사례는 원장과 교사와의 갈등상황이다. 1장의 역할놀이(role play) 수업모형 절차에 따라 친구와 내가 각각 원장과 교사가 되어 문제를 해결할 수 있는 방법을 제시해 보자.

사례 1

교사들마다 특징이 있고 교사들마다 반 운영하는 것은 좀 차이가 있잖아요. 그런데 원장님은 환경이 예쁜 반을 보시고 그 반처럼 바꾸라고 하셨어요. 저는 뭘 만들고 꾸미는 재주도 없어서 그냥 깔끔하게 반을 운영하고 있는데 원장님은 또 화려한 걸 좋아하시니 거기에 맞춰서 환경꾸미다 1년을 보낸 적이 많았어요. 그래서인지 수업 잘하는 교사보다 손재주가 많은 교사가 인정받는 교사가 되더라구요.

사례 2

저희 원에서 회의 형식은 원장님과 원감님이 먼저 의논하신 뒤 교사와 원감과 회의를 하는 형식이었어요. 그런데 너무 무리한 일들은 원감님이 원장님과 의논할 때 교사의 입장에서도 좀 생각을 해주셨으면 좋겠는데, 그런 원장님의 요구를 여과 없이 수용한 뒤 교사에게 일을 강요할 땐 많이 힘들었어요. 한번은 학기 말에 앨범정리로 정신없이 바쁜데 각 학급마다 교구를 만들어 주말에 제출하라 했을 때 정말 당황했어요.

출처 : 김혜윤(2010). 유치원교사의 인간관계 이야기.

4. 부모와의 관계 형성

교사와 부모, 그리고 영유아교육기관과 가정의 협력은 교육기관에서 이루어지는 공식적인 학습경험과 가정 및 지역사회에서 이루어지는 비공식적인 학습경험이 영유아의 발달에 미치는 영향력을 고려할 때 매우 중요하다. 따라서 영유아교사가 부모를 협력자co-partner로 여겨 동반자 의식partnership을 가지고 유아를 돌보며 교육활동에 함께 참여하는 것은 전문가로서의 정신이자 행복하게 교사역할을 다할 수 있는 길이라 할 수 있다.

1) 교사-부모관계의 특성

영유아기는 발달의 결정적 시기로 부모의 관심과 사랑이 절실히 요구되는 시기이다. 이로 인해 부모는 자녀가 유치원과 어린이집에서 교육과 돌봄을 받지만 관심을 늘 기울여야 하며 부모가 책임을 져야 하는 부분이 있기 때문에 영유아교사와 부모의 협력적인 관계는 필요하다. 부모-교사의 협력적 관계 형성이 갖는 교육적 가치를 살펴보면 다음과 같다(이은상, 2013).

첫째, 영유아가 갖는 교육적 가치이다. 영유아의 학습발달 및 학업 성취를 향상시키는 데 있어 도움을 줄 수 있다. 부모와 교사는 협력관계를 통하여 가정과 학교 간의 상호 보완적인 교육환경을 조성하고 유아에게 일관된 메시지를 전달함으로써 효과적으로 유아를 양육하고 안내할 수 있다(Epstein, 1978).

둘째, 부모가 갖는 교육적 가치이다. 부모-교사 간의 긍정적인 관계는 부모의 정서적 측면을 지지해 줌으로써 부모의 심리적 안녕을 돕는다. 현대의 부모들은 급격한 사회 · 경제 변화로 인해 앞으로 자녀들이 활동하게 될 미래사회를 예측하며, 자녀교육을 수행하는 것이 더욱 어려워지고 있다(정갑순, 2006). 이와 같은 문제로 부모와 교사가 긍정적인 관계를 유지하면서 유아와 관련된 이야기를 발전적으로 나누게 될 때 부모는 그들의 역할에 대해 지지받는 느낌을 받게 되며, 부모로서의 역할수행에 있어 심리적인 안정감을 갖게 된다.

셋째, 교사가 갖는 교육적 가치이다. 교사는 부모로부터 긍정적인 반응과 적극적인 협력을 통해 자신의 노력이 인정받고 존중받는다는 느낌을 받으며, 전문가로서 역할을 수행하는 것에 대해 자신감과 긍정적인 정서를 느낄 수 있다(Gestwicki, 2007). 또한 부모는 그들 나름의 개인적 재능과 능력을 가진 인적 자원이므로 부모의 지원을 강화함으로써 교육 프로그램이 더욱 유용하게 발전될 수 있다(Decker & Decker, 2005).

이상과 같이 교사와 부모의 상호보완적인 관계는 교육의 질을 극대화하는 데 있어 긍정적 영향을 미치므로 부모의 참여와 협력은 절대적으로 필요하다. 이로 인해 최근에는 부모가 영유아교육기관의 교육활동을 돕고 정책이나 인사채용 등과 같은 운영에까지 참여하는 포괄적 의미의 부모 참여가 확대되고 있다.

2) 교사-부모의 관계 증진시키기

가정은 아동발달에 있어서 가장 중요하므로 가정과 기관은 원활한 의사소통의 기회를 가져야 한다. 특히, 초임교사의 경우는 부모와의 관계 형성에 있어 가장 많은 어려움을 겪는 것으로 보고되고 있어 예비영유아교사가 교사-부모와의 관계를 증진시키기 위한 방안을 살펴보는 것은 교직생활 준비에 있어 매우 중요한 일이라 할 수 있다. 이러한 교사-부모(가정) 상호 간에 조화로운 관계를 맺기 위한 구체적인 방안들을 제시하면 다음과 같다(민성혜 외, 2013).

(1) 신뢰로운 첫 만남을 준비하기

교사가 학부모와의 성공적인 관계 맺기와 협력을 이끌어 내기 위해서는 공식으로 최초의 만남인 오리엔테이션을 활용하도록 한다. 오리엔테이션은 시설의 보육철학 및 보육과정의 내용에 대해 설명하고, 신입원아의 초기 적응을 위해 시설과 가정에서 해줄 수 있는 지원 등에 대해 서로 의견을 나누는 과정이다(김혜영, 2008). 이때 초임교사는 학부모들에게 자신의 교육관을 소개함으로써 학부모가 교사를 충분히 신뢰하도록 하고 상호 간의 역할에 대한 기대를 나누어 협력을 이끌어 내도록 한다. 이를 위해서는 다음과 같은 내용에 대해 이야기하는 것이 바람직하다.

- 학급을 맡은 영유아의 발달적 특징
- 담임교사가 가지고 있는 교육관

- 발달적 특징에 적합한 교육 프로그램의 방향
- 학부모와의 교류 방향

안녕하세요? 저는 이번에 ○○반 담임을 맡게 된 ○○○입니다. 담임을 처음 맡아 여러 부분이 염려되지만 그동안 열심히 공부하고 경험을 쌓은 것에 기초하여 ○○반 친구들을 교육하려고 합니다. 특히, 저는 만 ○세가 얼마나 중요한지 배워왔습니다. 그리고 또한 유아들이 얼마나 서로 다른지 그리고 그 서로 다름을 인정하고 또한 아이들이 가진 장점을 극대화하는 것이 얼마나 중요한지를 익혀왔습니다. 이제 제가 쌓은 경험과 지식을 우리 ○○반 친구들에게 실현하고자 합니다. 많이 도와주시고 또한 어떤 말씀이시더라도 항상 나누어 주시기 바랍니다.

출처 : 민성혜 외(2013). 보육교사론.

(2) 지속적인 의사소통의 기회 갖기

부모는 자녀의 발달상황뿐만 아니라 기관에서 자녀가 어떠한 경험을 하였는지, 활동에 어떻게 반응하였는지, 특별한 행동은 보이지 않았는지에 이르기까지 영유아와 관련된 모든 것을 알기를 원한다. 교사는 이러한 부모의 관심, 의견, 질문들이 서로를 이해하고 소통하는 과정임을 인식하고 공식적 · 비공식적으로 부모와 교류해야 한다. 이러한 교사와 부모 간의 교류는 유아와 관련된 문제에 대한 발견 및 대응을 이끌어 내어 부모와의 갈등상황을 예방하고 지속적인 신뢰관계가 유지될 수 있도록 돕는다.

영유아교사는 부모와 교육기관의 홈페이지 및 카페, 메일 또는 전화 상담 등을 통하여 다양한 상호작용을 활발히 나누고, 개별 영유아의 경험은 알림장 또는 대화수첩 등을 통해 유기적인 의사소통이 가능해질 수 있도록 한다. 또한 영유아교사는 부모들의 직장생활 여부와 특성을 고려하여 적합한 의사소통방법을 적용하도록 하며 정기적인 상담의 경우는 기간을 충분히 안내하여 상담의 기회를 놓치지 않도록 해야 한다.

(3) 영유아교사로서의 전문성 나타내기

교사와 부모와의 교류는 영유아를 중심으로 교육에 대한 공동의 목표를 가지고 실현하기 위한 과정으로서 보다 전문적인 정보의 교류가 필요하다. 따라서 앞서 제시한 효과적인 의사소통이 이루어지기 위해서 교사는 영유아를 정확히 관찰하고 주의 깊게 반응한 결과를 기록하며 수집한 다양한 자료를 부모에게 제공하여야 한다.

이와 같은 과정에서 부모는 교사를 전문가로서 인정하게 된다. 그러나 초임교사들은 부모로부터 자녀에 대한 구체적인 발달 정보 혹은 문제행동에 대한 질문을 받을 때 당황하여 적절한 답변을 하지 못하는 경우, 교사로서의 전문성에 회의감을 느끼는 것으로 나타났다(우민정 · 김지혜 · 한지희, 2009). 따라서 영유아교사는 부모와 전문적인 협력관계에 들어서기 이전에 상담을 위해 다음과 같은 준비를 해둘 필요가 있다.

- 영유아 개별 정보인식(입학 시 학부모가 작성한 입학원서, 영유아 건강검진 등)
- 교사 관찰문서 작성(일화기록, 체크리스트, 사회 · 정서 평정기록지 등)
- 영유아 포트폴리오 구성(영유아 발달과정의 특징이 나타나는 놀이와 관련된 사진 또는 에피소드를 기록한 자료, 주제 관련 작품 등)

Activity 5 부모 면담 일지

작성 Tip

▶ 부모와의 개별면담은 연 2회 이상 정기적으로 개최하고 이를 문서로 기록한다.

▶ 면담 전에 부모가 면담일지를 미리 작성하도록 하면 면담을 보다 효율적으로 할 수 있다.

<table>
<tr><td colspan="2">면담일시</td><td>년 월 일
00 : 00 ~ 00 : 00</td><td>면담
교사</td><td></td></tr>
<tr><td colspan="2">영유아 이름</td><td></td><td>생년월일</td><td>20 년 월 일 (만 세)</td></tr>
<tr><td colspan="2">면담 참여자</td><td></td><td>면담형태</td><td>방문( )
전화( )</td></tr>
<tr><td colspan="2">구 분</td><td colspan="2">교사의견</td><td>부모의견</td></tr>
<tr><td rowspan="5">현
행
수
준</td><td>생활습관</td><td colspan="2"></td><td></td></tr>
<tr><td>대인관계
(어른, 형제, 또래)</td><td colspan="2"></td><td></td></tr>
<tr><td>발달 정도
(언어, 신체 등)</td><td colspan="2"></td><td></td></tr>
<tr><td>행동특성</td><td colspan="2"></td><td></td></tr>
<tr><td>기타</td><td colspan="2"></td><td></td></tr>
<tr><td colspan="2">면담하기를
원하는 내용</td><td colspan="2"></td><td></td></tr>
<tr><td colspan="2">종합의견</td><td colspan="3"></td></tr>
<tr><td colspan="2">건의사항</td><td colspan="3"></td></tr>
</table>

(4) 지원과 협력의 태도 갖기

교사와 부모 사이의 상호 협력적인 관계는 서로의 인격을 존중하고 지원하고자 하는 마음가짐이 바탕이 될 때 동반자로서 상호 협력할 수 있게 된다. 이를 위해 교사는 부모가 유아에게 있어 '최초의 교사'이자 유아에게 매우 중요한 존재라는 점을 인정하고 부모가 제시하는 의견을 유아지도에 최대한 활용해야 한다. 부모 역시 교사에 대해 우호적이고 참여적인 태도를 가져야 한다. 부모는 교사 보조자가 되어 수업활동, 각종 행사, 환경구성, 안전지도 등으로 교사를 도울 수 있으며, 주제를 학습할 때 그 주제와 관련된 일에 종사하는 학부모는 일일교사가 되어 직접 수업을 진행할 수도 있다. 이로써 부모가 자녀교육을 유치원과 어린이집에 의존하거나 일임하고자 하는 태도는 변화될 수 있으며 교사와 부모 간의 조화로운 협력을 이룰 수 있다. 영유아교육현장에서 이루어지는 부모참여의 다양한 유형은 표 10-3과 같다.

표 10-3 | 부모참여의 유형과 방법

유형		방법
집단	강연회	• 입학 초기에 새로운 환경에 진입하는 부모들에게 유치원의 교육목적, 교육과정, 활동, 교사의 학습운영, 부모의 역할 등에 대한 내용을 강연회를 통해 알려준다. • 대집단으로 유치원에 대한 일반적인 내용을 알린 후 학급별 소집단으로 나누어 학급에 관한 사항을 구체적으로 알린다. 부모들은 소속감을 느끼고 교사들은 강연회에 대한 반응도 들을 수 있다.
	토론회 좌담회 독서회	• 토론회, 좌담회는 자녀교육의 특정 문제를 주제로 관심이 있는 부모들이 모여서 자신의 문제나 경험을 서로 이야기하거나 토론을 하는 방법이다. • 독서회는 공통의 관심사를 가진 부모들이 책을 선정하여 읽고 의견을 교환하는 방법이다.
	실습 워크숍 형태	• 부모들이 유아교육과 유아발달에 유용한 자료나 교구를 직접 만들어 보는 모임이다. • 유아들과 함께 할 수 있는 언어 및 수 놀이 활동, 노래 부르기, 책 읽기 등을 부모들이 직업 배우고 실습하는 것으로, 부모 자신들의 여가선용이나 취미활동의 한 방편이 된다.
	비디오 영화 시청	• 유아발달에 관한 비디오 · 영화를 비롯해서 유치원을 소개하는 비디오, 슬라이드 등을 부모들에게 보여 주는 방법이다.

개별적	면담 또는 협의	• 부모나 교사의 요청으로 이루어지며 계획적 또는 수시로 이루어진다. • 유아의 부적응행동을 예방, 치료하고 유치원과 가정의 자연스러운 교육연계가 가능하다.
	방문	• 지역사회나 가정의 환경이 열악하거나 도서벽지 지역, 또는 특별한 사정으로 부모들이 유치원에 모이기 어려운 경우 방문하여 부모교을 실시한다.
통신	인쇄물	• 안내서, 편지, 쪽지 등의 방법이 있다. • 안내서는 유치원에 대한 전반적인 정보를 제공하거나 연간교육계획이나 월간교육계획을 알리기 위해서 만든다. • 교육계획안의 교육주제, 학습활동 등의 자세한 기술은 부모가 유아교육기관의 교육을 이해하고 협력할 수 있는 교육적 효과가 있다.
	전화 및 컴퓨터 통신	• 전화는 직장으로 인해 바쁜 부모들에게 매우 효과적인 방법으로 사용된다. • 유치원이 웹사이트를 개설하여 정보를 올리면 부모들이 수시로 방문하여 정보를 공유하거나 의견을 개진하고, 유아들이 유치원 일과활동을 컴퓨터 통신으로 보내어 중계한다(최근 들어 더욱 많이 이용하는 방법).

출처 : 이상욱(2006). 21C 유아교사론.

3) 교사-부모의 갈등해결하기

부모는 영유아교육기관에서 자신의 자녀를 교육하고 돌보는 교사에 대하여 믿음을 가져야 하며 이러한 믿음에 기초하여 영유아교사는 책임 있는 역할을 수행하게 된다. 따라서 학부모와 교사 간에 신뢰가 쌓이지 않으면 여러 가지 갈등들이 일어나고 이러한 오해들은 교사의 소진을 가져올 위험성이 있으므로 상호 간의 이해와 존중을 바탕으로 갈등을 사전에 막을 수 있도록 지속적인 노력을 기울여야 한다.

Activity 6

다음의 사례는 부모와 교사와의 갈등상황이다. 1장의 역할놀이(role play) 수업모형 절차에 따라 친구와 내가 각각 부모와 교사가 되어 문제를 해결할 수 있는 방법을 제시해 보자.

사례 1

부모님과 상담할 때 가장 어려웠던 것은 지적사항을 말해주고 싶은데, 그것을 어머니가 들으면 속상해 하실 것 같아 나쁜 행동을 돌려가면서 얘기해야 하는 것이었어요. 엄마가 알고 있는 아이와 제가 본 아이의 성품은 정반대였어요. 친구를 때리기도 하고, 마음으로 상처를 주는데, 어머니 기분을 상하지 않게 말하는 것이 정말 어려웠어요.

출처 : 배지희 · 방혜경 · 권미혜(2012). 유치원 초임교사의 부모참여 경험분석.

사례 2

A교사 반에는 매우 내성적인 성격을 가지고 있는 아이가 있었다. 말도 잘 하지 않고 친구들과의 놀이에도 적극적으로 참여하지 않으며 놀이시간에도 늘 혼자 책을 보거나 퍼즐 맞추기를 좋아한다. 교사가 관심을 보이면 빙그레 웃다가 이내 다시 혼자 놀이에 빠진다. 대그룹시간에도 집중은 하고 있으나 발표를 하거나 직접 참여하지는 않는다. 귀가 후 부모는 전화를 걸어 유아가 집으로 돌아오면 매일 혼자서 놀았다고 이야기 하는데, 우리 아이가 선생님으로부터 방치되어 외톨이처럼 지내는 것이 아니냐고 항의하였다.

출처 : 장선희(2012). 유치원 초임교사의 교직적응을 위한 멘토링 사례 탐색을 재구성.

5. 지역사회와의 관계 형성

영유아교사는 지역사회와의 유대관계를 긴밀하게 형성하는 것이 매우 필요하다. 이를 위해 영유아교사는 지역사회를 좋은 이웃good neighbor으로 여기고 공동체의식community sprit으로 유아, 자신, 유아교육기관을 위할 수 있는 열린 마음의 소유자가 되어야 한다.

1) 교사-지역사회관계의 특성

지역사회는 영유아들이 주변 성인을 관찰하며, 다양한 경험을 할 수 있는 사회적 환경이라는 점에서 중요한 의미를 갖는다. 즉, 영유아는 지역사회의 특성에 영향을 받으며 성장하게 되므로 영유아교육기관은 지역사회의 성격을 반영한 교육과정을 계획하고 실행하는 것이 바람직하다.

영유아교사는 지역사회에 긍정적 영향력을 미치는 요인이라 할 수 있다. 지역사회 내에서 교사의 역할과 영향력에 대해 이상욱(2006)은 첫째, 지역사회 시민으로서 교사는 지역사회가 가지고 있는 사회 · 문화적인 전승, 적응, 동화 등 지역사회의 안정과 유지 그리고 재생산을 위해 지역사회가 요구하고 필요로 하는 교육적 역할을 하고 있다. 둘째, 지역사회 지도자로서 교사는 사회를 갱신하고 개혁하는 기능을 가지고 있다.

이상과 같이 교사, 지역사회는 영유아의 발달과 성장을 목표로 하는 동반자적 관계라 할 수 있다. 따라서 영유아교육기관의 교직원은 지역사회단체 및 지역 주민들과 원만한 관계를 형성하고 인적 · 물적 자원을 교류하며, 지역사회 내에서 영유아교육기관에 대한 인식을 제고시킴으로써 질 높은 교육활동이 가능하도록 노력할 필요가 있다.

2) 교사-지역사회의 관계 증진시키기

영유아교사는 영유아의 건전한 성장과 발달을 보장하고 교육기관이 가지고 있는 자원의 한계를 극복하기 위해서 지역사회가 보유하고 있는 인적 · 물적 자원을 최대한 활용할 수 있도록 지역사회와 협력해야 한다. 이를 위해 교사는 아동의 복지와 보호에 대한 책임을 지역사회와 함께 공유할 수 있도록 관계기관, 전문가와의 협력을 추진하며 가정이 관계기관과 전문가와 접촉할 수 있도록 돕고 가능한 지역사회에 필요한 프로그램을 계발하고 발전시킬 수 있도록 해야 한다. 영유아교사 또는 교육기관이 지역사회와 교류를 증진시킬 수 있는 구체적인 방안을 제시하면 다음과 같다.

(1) 지역사회의 이해와 요구 분석하기

교사와 영유아교육기관이 지역사회와 협력적인 관계를 맺기 위해서는 지역사회의 요구를 경청하여 반영하는 것이 무엇보다 우선되어야 한다. 이를 위해 교사는 가족 및 유아 수, 가정의 사회 · 경제적 지위, 영유아의 연령, 유아교육기관의 위치, 가족이 원하는 운영형태 등과 같은 지역사회의 특성을 고려하여 프로그램을 운영하여야 한다.

(2) 인적 자원을 발굴하고 활용하기

교사는 지역사회의 인적 자원을 영유아교육기관의 운영에 참여시키기 위해서 지역사회의 기대나 요구를 교육과정운영에 반영하고 지역사회의 다양한 지원을 받도록 한다. 예를 들어, 다양한 직업 관련 주제를 전개하기 위하여 소방관, 경찰관, 사서, 큐레이터, 노인정의 어르신 등과 같은 지역사회의 인사에게 협조를 구한 후 적극적으로 참여하도록 요청한다.

- 지역사회 대학의 참관생 및 실습생 수용하기
- 지역주민을 유치원이나 어린이집의 자원봉사자로 위촉하기
- 영유아 관련 전문가(의사, 상담전문가, 특수교육전문가, 사회복지사 등)와의 협조관계 유지

(3) 물적 자원을 발굴하고 활용하기

교사는 지역사회의 각종 공공기관, 사회단체, 공장 등의 현장관찰을 통하여 유아에게 지역사회를 이해할 수 있는 기회를 제공하며, 지역대학, 연구소 등과 협력관계를 맺어 유아교육에 대한 이론 · 실제적 지식과 정보를 얻을 수 있다. 또한 지역사회 언론기관은 유아교육의 중요성을 홍보하고 유아교육 및 보육의 제도와 정책의 문제를 개선하는 데 선도적 역할을 기대할 수 있다(이상욱, 2006). 이 외에 지역사회의 물적 자원을 활용할 수 있는 구체적 방안은 다음과 같다(이경화 · 김정원, 2010).

- 지역사회도서관 프로그램
- 경찰서와 연계한 교통안전 프로그램
- NGO(굿네이버스 등)의 성폭력, 아동학대예방 프로그램
- 보건소와 연계한 건강 · 위생교육 프로그램
- 관공서와 연계한 체험학습 프로그램
- 다문화 이해 프로그램

(4) 지역사회와의 관계 유지방안

교사는 지역사회의 다양한 자원 및 기관을 발굴하여 활용한 후에 교육과정과 연계하여 영유아들에게 의미 있는 경험을 제공하였는지의 여부를 평가하고 차후에 지속적인 연계가 이루어지도록 한다. 또한 교직원은 지역사회 봉사자로서의 자세를 가지고 지역주민들과 친밀감과 연대감을 가져야 하며 지역사회에서 나타나는 현안문제 해결과 주민들의 실생활 개선에 적극적으로 관심을 기울여야 한다.

예를 들어, 지역주민에게 자녀교육에 대한 강연과 상담을 해줌으로써 유아기 경험의 중요성이나 바람직한 양육방법에 대한 지식을 제공할 수 있다. 또한 저녁시간에 보육시설을 지역주민의 회의장소 등으로 개방하거나 지역아동을 위한 놀이마당 개최, 놀이터 개발, 장난감 및 도서대여, 결식아동의 급식사업, 지역주민에 대한 육아정보 제공과 상담을 제공하도록 한다.

3) 교사-지역사회 협력에 대한 개선 방향

최근 영유아교육 분야에서 지역사회와의 연계에 대한 중요성은 보육시설 평가인증 지표를 통해서 보다 강조되고 있다. 이러한 영향으로 영유아교사는 지역사회와의 협력에 대한 필요성을 보다 높게 인식하고 있으나 교사와 관계를 맺는 유아, 동료, 부모에 비하여 미미한 수준의 협력관계를 맺고 있다. 따라서 영유아교사는 지역사회 내의 인적 · 물적 자원을 끊임없이 개발하여 연계를 강화할 수 있는 방안을 탐구하고 이를 교육과정에 반영시킬 수 있어야 한다.

이를 위해 첫째, 영유아보육시설은 지역사회의 특성과 실정을 바탕으로 교육과정을 구성하고 지역의 자료를 활용함으로써 영유아교사와 지역사회의 협력을 강화할

뿐만 아니라 지역사회에 대한 유아의 관심을 증대시킬 수 있도록 하여야 한다. 둘째, 교사양성대학은 예비영유아교사가 지역사회와 연관을 맺고 협력을 주도적으로 추진할 수 있는 능력을 갖추기 위해 지역사회복지(론), 자원봉사(론), 보육정책(론) 등의 교과목을 개발하여 지도하여야 한다. 이를 통해 지역사회에 대한 깊이 있는 이해와 애착, 기존 프로그램에 대한 비판적 분석, 자신의 교육철학과 역량에 대한 반성을 이끌어 낼 수 있다(윤갑정, 2012).

Activity 7 지역사회와의 연계

보육실습 및 근무 기관의 위치를 고려하여 다음의 연간계획안의 주제에 따라 영유아교육기관과 지역사회의 연계방안을 수립해 본다.

연간주제 월	연간주제 주제	연계기관	내 용	나의 연계방안
3	어린이집과 친구	어린이집 주변의 기관들	• 협력기관과 협약 맺기 • 인근 놀이터 활용하기	
4	봄	협력병원, 지역 보건소	• 협력병원(보건소) 구강교육 실시 • 협력병원(보건소) 견학 및 공중보건의 초빙	
4-5	동·식물과 자연	인근 공원, 꽃시장	• 어린이집 주변공원 산책 및 등산 • 꽃시장 견학(모종 구입)	
5	나와 가족	노인정	• 노인정(노인대학, 노인시니어클럽)과 교류 : 책 읽어 주기	
6	우리 동네	우리 동네 축제 및 행사, 공공기관	• 우리 동네 역사(위인) 알기 • 소방서, 경찰서, 도서관, 박물관, 보육정보센터 등 견학	
7	여름	보건소	• 건강습관 인터뷰 • 영양교육	
8	교통기관	어린이교통공원/ 도로교통안전 관리공단 의뢰	• 교통신호 익히기 • 교통안전 체험하기 (견학 또는 원내 실시)	
9	우리나라	한옥마을	• 우리나라 가옥구조 돌아보기 • 전통문화 체험	
10	가을과 열매	인근 숲	• 숲 체험 • 지역 숲 해설가 초빙	
11	환경과 생활	하수처리장	• 깨끗한 물로 정화되는 과정 견학 • 수질오염을 예방하는 방안 모색	
12	겨울과 놀이	아름다운 가게, 소방서 견학	• 벼룩시장 개최 및 기부 • 화재대피훈련	
1	생활도구	TV 안보기 운동	• 지역사회와 연계한 문화활동전개 • TV 안보기 운동을 지역사회에 홍보	
1-2	형님이 되어요	NGO (굿네이버스 등)	성폭력, 아동학대 예방 프로그램	

출처 : 서영숙 외(2013). 보육과정을 재구성.

참고문헌

국내문헌

강문숙 · 황해익(2008). 보육교사의 직무에 대한 인식조사. **한국보육지원학회, 4**(2), 57-80.

강영삼(2005). 1980년 이후 장학의 문제추이와 과제. **교육논집, 25**(1), 3-30.

강영욱(2011). 예비 영유아 교사의 자아개념, 자아효능감, 보육교사 전문성, 교직관에 대한 인식. **한영논총, 15**, 257-278.

강인수(2004). 학교공동체의 안정적 발전을 위한 교원단체의 역할과 과제. **교육법학연구, 16**(1), 1-36.

고동섭(2001). 유아교육과 신입생의 특성. 이화여자대학교 대학원 석사학위논문.

고미경(2007). **전문성 향상을 위한 유아교사론**. 창지사.

고정자(2009). 교사들의 직장스트레스에 영향을 미치는 직무스트레스 원인과 자아존중감의 매개효과. **한국가족관계학회, 13**(4), 247-268.

곽노의 · 배종호(2012). 멘토링을 통한 초임 남자유아교사의 교직적응과정 탐색 : 관계형성을 중심으로. **한국영유아교원교육학회, 16**(2), 31-60.

곽영우 · 권상혁 · 서정화 · 신통철 · 최성락 · 하상일 · 황희일(1997). **예비교원을 위한 교사론**. 교육과학사.

교육인적자원부(2005). 교사의 전문성 신장을 위한 동료장학자료.

구은미 · 김광웅(2005). 영유아보육 프로그램의 질에 영향을 미치는 교사관련 변인의 인과분석. **열린유아교육연구, 10**(3), 139-157.

권영희(2010). 사회적 지지, 스트레스 대처방식이 보육교사의 직무스트레스에 미치는 영향. **한국생활과학회지, 19**(3), 487-498.

권용은(2011). 전문대학 3년제 유아교육과 교직교육과정 운영에 관한 연구 : 교과목의 내용을 중심으로. **영유아교육연구, 14**, 87-102.

권정숙(2002). 유아교사의 반성적 사고 및 반성적 사고수준과 교수능력. 서울여자대학교 박사학위 청구논문.

권혜진(2008). 보육교사의 직무스트레스가 이직의도 및 전직의도에 미치는 영향과 개인적성취감의 조절효과. **한국지역생활과학회지, 19**(4), 579-609.

권혜진(2013). 현장에서 요구되는 보육교사 자질에 대한 시설장의 소회(所懷). **한국영유아보**

육학회, 77, 151-178

길경숙 · 노수남(2004). 유아 교사의 자아개념과 직무만족이 교사효능감에 미치는 영향. **대한가정학회, 42**(11), 123-136.

김경희 · 김신영 · 김성숙 · 반재천 · 김수동(2006). 교사의 학생평가 전문성 기준 개발. **교육평가연구, 19**(2), 89-112.

김기태 · 조평호(2006). **미래지향적 교사론**. 교육과학사.

김대욱(2013). 초임 남자유치원 교사가 겪는 적응의 어려움과 이직 탐색. **유아교육학논집, 17**(1), 339-365.

김민정(2006). e-포트폴리오의 설계 및 활용에 관한 연구: 설계 기반 연구의 관점으로. **교육공학연구, 28**(2), 1-26.

김민정 · 박은정(2011). 유아과학교육에서의 실행연구를 통한 교사의 변화, **유아교육학논집, 15**(6), 41-61.

김수영(1992). 유치원 교사의 교육신념과 교수행위에 관한 연구–대구지역을 중심으로-. 이화여자대학교 대학원 박사학위논문.

김언아(2001). 예비유아교사의 자아개념, 학습스타일과 자기효능감과의 관계. 이화여자대학교 대학원 석사학위논문.

김영옥 · 윤경선 · 이현경(2011). **유치원 교직실무**. 학지사.

김우식(2002). 유치원 원장의 변혁적지도성과 교사의 직무성과의 관계 연구. 인하대학교 교육대학원 석사학위논문.

김유정 · 박수경 · 임정진 · 안선희(2011). 보육교사–원장 간의 관계의 질과 근무기관 내에서 경험하는 사회적 지지가 교사효능감에 미치는 영향. **한국영유아보육학, 9**(1), 189-213.

김은설 · 최윤경 · 김문정(2011). 보육 인력 전문성 제고를 위한 영유아교사 자격제도 개선방안. **한국교원교육연구, 28**(3), 256-286.

김은영(2013). 어린이집 교사의 직무분석에 기초한 전문성 제고 방안. 육아정책연구소. 이슈페이퍼 2013-01.

김은정(2013). 누리과정 운영에 관한 유아교사 자기평가척도 개발 기초연구. 부산대학교 석사학위 청구논문.

김정한(2002). **장학론**. 학지사.

김종운 · 김효은 · 이태곤(2010). **예비교사를 위한 교직실무**. 동문사.

김종철 외(1994). **교사론**. 교육과학사.

김진한(2012). **교사를 위한 교직실무**. 학지사.

김창복(2000). 유아교사 평가 : 과제와 전망에 대한 토론. 열린유아교육학회, **2000년 춘계학술대회 논문집**, 121-125.

김현자(2007). 실천적 지식 형성에 비추어 본 예비유아교사의 보육실습 경험. **영유아교육연구, 10**, 77-102.

김혜선(2006). 교사되기를 향한 유치원 초임교사들의 교육이야기. **유아교육연구, 26**(2), 283-308.

김혜윤(2010). 유치원 교사의 인간관계 이야기. **현상 · 해석학적 교육연구, 7**(3), 51-70.
김희수(2011). 교원양성과정에서의 교육공학의 위상. 한국교육학회 춘계학술대회 자료집. 119-150.
노길영(2000). 경력 유치원 교사를 통해 본 교사발달의 제요인 및 유형. 이화여자대학교 대학원 석사학위논문.
류진희(2000). **유아교사를 위한 교육실습과 교육활동**. 양서원.
문태형(2003). 유치원 교사의 사회성 효은감과 스트레스대처양식 및 내외통제소재간의 관련성 연구. **유아교육학논집, 7**(1), 27-42.
문혁준 · 김경희 · 김영심 · 김혜연 · 배지희(2010). **유아교사론**. 창지사.
문혁준 · 백혜리 · 김정희 · 김혜연 · 김민희(2008). **보육실습**. 창지사.
문혁준 · 안효진 · 김경희 · 김영심 · 김정희 · 김혜연 · 배지희 · 서소정 · 이미정 · 이희경 · 조혜정 · 한민경(2011). **보육교사론**. 창지사.
민라영(2004). 어린이집 교사의 발달을 저해하는 요인에 관한 연구. 인천대학교 석사학위논문.
박상희 · 이효숙(2007). 예비 유아교사의 협동적 개념도 활동이 동작 개념도의 구성과 특성에 미치는 효과. **한국영유아보육학, 50**, 183-204.
박선해(2012). **영유아교사론**. 공동체.
박성미 · 김정신(2007). 예비보육교사의 성격유형 및 자아효능감에 관한 연구. **한국영유아보육학, 50**, 253-273.
박성연 · 박응임 · 서소정 · 안지영 · 이주연 · 임희수 · 장혜성 · 한세영(2007). **영유아교수법**. 교문사.
박승순 · 이수정 · 홍희숙(2004). 유아교사의 실천적 지식 평가방식의 타당화 연구. **열린유아교육연구, 9**(4), 193-218.
박신영 · 박은혜(2011). 유치원 교사가 인식하는 심리적 안녕감과 협동적 조직문화, **한국교원교육학회, 28**(2), 167-189.
박안수(1999). 교사발달을 저해하는 요인에 관한 연구. 인천대학교 교육대학원 석사학위논문.
박영란 · 고연경(2005). 교육실습 후 유아예비교사가 바라는 실습지도교사 역할 내용분석-실습지도교사 역할개념도를 중심으로. **한국유아교육 · 보육행정연구, 9**(4), 81-101.
박영신(2011). 유치원 조직문화에 대한 교사의 인식 연구. 미래유아교육학회, 18(4), 423-443.
박은혜 (2013). **유아교사론**. 창지사.
박은혜 · 고재천(2008). 유아교사의 부모, 원장, 동료교사에 대한 정서적 지형도 분석. **유아교육학논집, 12**(4), 139-166.
박은혜 · 김수연 · 김희진 · 김희태 · 박정선 · 이대균 · 이희경 · 조부경 · 조형숙 · 김미석 · 황해익(2010). "유아교육선진화 기반조성사업5. 유치원 교원 양성 및 임용 체제 개선 방안". 육아정책연구소.
박은혜 · 김은심 · 김난실 · 곽아정 · 최혜진 · 이혜경(2010). **유치원 교사를 위한 교직실무**. 창지사.

박은혜 · 신은수(2012). 2011 국제표준교육분류(ISCED)에 의한 유아교육단계의 교원제도 분석. **열린유아교육연구, 17**(3), 265-282.

박은혜 · 조운주(2013). **유아교육실습**. 창지사.

박의수(2006). 교직의 특수성과 교사의 지혜. 새교육. 2006년 3월호.

박재황 · 김순업(2004). 내부-외부통제 척도개발. **좋은인간관계학회, 2**(1), 62-79.

박제일 · 조희성(2005). 예비교사들의 교직과목에 대한 인식도 조사 연구. **한국교육논단, 4**(2), 73-91.

박지호(2011). 청소년의 스트레스가 자살행동에 미치는 영향 : 사회적 지지와 스트레스-대처양식의 매개효과를 중심으로. 서울대학교 대학원 석사학위 청구논문.

박혜경(2004). 임상장학에 대한 유아교사들의 인식 및 실시 현황. **교육과학연구, 35**(2). 141-156.

박혜경(2006). 유치원에서의 장학요원 효능감에 따른 원내 임상장학의 특성에 관한 연구. 이화여자대학교 박사학위논문.

박화윤 · 마지순 · 안라리 · 신순희 · 임경례(2010). **유아교직실무**. 공동체.

배소연(2001). 4년제 대학교의 유아교사 양성 교육과정 연구-전공과목을 중심으로. **유아교육연구, 39**(4), 271-290.

배지희 · 방혜경 · 권미혜(2012). 유치원 초임교사의 부모참여 경험 분석. **아동교육, 21**(3), 49-66.

백승선(2010). "좋은 교사"의 특성에 대한 보육교사의 인식. 중앙대학교 대학원 석사학위논문.

백혜리 · 이순영 · 신혜령(2010). 보육교사 양성을 위한 가족 및 지역사회 협력 영역 표준교과개요개발. **육아정책연구, 4**(1), 30-62.

보건복지부(2008). 2세 보육프로그램.

보건복지부(2012). 5세 누리과정에 기초한 어린이집 프로그램 1권.

보건복지부(2013). 2013년도 보육사업안내.

삼성복지재단(2003). 삼성어린이집 영유아 프로그램 : 2세. 다음세대.

서경혜(2004). 좋은 수업에 대한 관점과 개념 : 교사와 학생 면담 연구. **교육과정연구, 22**(4), 165-187.

서기원(2013). 특성화고등학교의 체육 교사가 직무 수행 중에 경험하는 정서 탐구. 한국교원대학교 교육대학원 석사학위 청구논문.

서문희 · 이상헌 · 임유경(2000). 보육인력 자격관리 현황과 제도 개선방안. **보건사회연구, 20**(2), 123-159.

서영숙 · 천혜정 · 윤매자(2006). **보육실습**. 학지사.

서울대학교 교육연구소(1995). **교육학 용어사전**.

서울특별시교육연구정보원(2008). 교사의 생애주기별 직무연구 교육과정 개발연구.

서정림(2006). 유아교사의 초임 교직적응 경험의 의미 탐색. 중앙대학교 석사학위논문.

서정아(2010). 유치원 현장에서 교사의 긍정적 정서와 부정적 정서, **한국교원교육연구, 27**(2),

229-262.

서혜성 · 김경화 · 신지현(2007). **보육실습**. 공동체.

성은영(2008). 예비유아교사의 교육신념 특성 및 교수수행 과정에서의 어려움 탐색. **열린유아교육연구, 13**(2), 137-163.

성지훈 · 김태인(2012). 유아교육과 교직과목 연계 강화를 위한 개념도/반성적 저널 활용 사례 연구 : 교육방법 및 교육공학을 중심으로. **한국교원교육연구, 29**(4), 177-205.

손영민(2011). **교육혁신을 위한 교사 교육**. 춘명

손원경 · 조혜진 · 김옥주 · 이현숙(2010). 현장중심 미술수업을 통한 예비유아교사의 지식 변화 탐색. **유아교육연구, 30**(4), 319-339.

송미섭 · 나동환(2002). **교육행정 및 교육경영론**. 형설출판사.

송인섭(2002). 자아개념형성에 미치는 교사의 영향. **사회교육과학연구**, 3-21.

신강현 · 이랑 · 허창구 · 김재연(2006). 정서노동 예측시 성격 5요인과 직무환경변수의 역할: 미국 호텔업 종사자를 대상으로. **한국심리학회지 : 산업 및 조직, 19**(2), 105-124.

신은수 · 박은혜(2012). 2011 국제표준교육분류(ISCED)에 의한 유아교육단계의 교원제도 분석. **열린유아교육연구, 17**(3), 265-282.

심의보(2009). 영유아교사 양성기관의 교육과정 개선방향. **한국유아교육 · 보육행정연구, 13**(2), 389-410.

안선희 · 김지은(2010). 영아 보육교사의 자질 및 역할과 전문성에 관한 심층사례 연구, **대한가정학회, 48**(3), 87-97.

안우철(2013). 남자 유아교육전공자의 삶. 덕성여자대학교 석사학위논문.

안혜준(2010). 유아교사의 반성적 정서저널쓰기 과정의 의미 탐색. **유아교육학논집, 14**(4), 287-314.

안효진(2005). 교육실습상황에서 실습교사들이 느끼는 갈등과 그 의미에 대한 이해. **유아교육연구, 25**(3), 289-309.

양옥승(2002). 유아교사의 정체성과 전문성, 어디에서 찾을 수 있을까. **교육개발, 133**, 26-33.

양옥승 · 임승렬 · 박은혜 · 조부경(1997). 유치원 교사 양성기관의 교육과정 개선방안 연구. 교육인적자원부.

염지숙(2001). 유아교육에서의 질적 연구. 교과교육과 수업에서 질적 연구. 김영천 편저. 문음사, 423-453.

염지숙(2005). 유아교육현장에서 돌봄의 실천과 한계. **유아교육연구, 25**(5), 147-171.

오선영 · 이옥임(2006). 예비유아교사의 현장적응이 변화과정연구-사전실습을 중심으로. **한국보육학회지, 6**(2), 139-156.

우영혜(2006). 자율장학을 통한 교수 실제 변화에 관한 질적 연구: A 유치원을 중심으로. 창원대학교 대학원 박사학위 청구논문.

위미숙(2005). 교원의 권리와 의무에 관한 분석적 연구. **한국인사행정학회보, 4**(1), 127-151.

유미림 · 탁수연(2010). 예비 영유아교사의 교직선택동기와 만족기대의 인식. **한국보육학회지,**

10(1), 127-141.

유수경 · 황해익(2006). 유아교사의 전문성 신장을 위한 교사 포트폴리오 적용 프로그램 개발. **열린유아교육연구, 11**(6), 219-249.

유흥옥(2005). 반성적 사고에 기초한 유치원 교육실습과 예비교사의 발달적 변화. **유아교육학론집, 9**(1), 257-277.

육아정책연구소(2013). 어린이집 교사의 직무분석에 기초한 전문성 제고 방안.

윤갑정(2012). 예비보육교사의 지역사회에 기반한 보육프로그램 개발 리더십 경험에 대한 연구. **한국보육지원학회, 8**(6), 275-300.

윤갑정 · 우호정(2012). 예비보육교사의 개인적 변인, 전문성 발달 목표와 걱정이 자기효능감과 우울에 미치는 영향. **한국영유아교원교육학회, 16**(3), 161-185.

윤숙현(2009). 보육시설 예비교사의 보육실습 전후 자기평가에 관한 연구. **학국보육학회, 9**(3), 41-67.

윤종건(1996). 포스트모더니즘의 교육적 재해석과 학교경영에의 시사점. **한국교육행정학회, 14**(2), 280-297.

윤희경 · 임미혜 · 김애옥 · 이분려 · 장미아 · 고영희(2003). **현장중심 유아교수-학습방법**. 창지사.

윤희경 · 임미혜 · 김애옥 · 이분려 · 정미아 · 고영희(2006). 현장중심 유아교수학습방법. 창지사.

윤희경 · 최경애 · 조유나 · 조혜경 · 황혜경 · 오애순 · 이정란(2012). **보육실습**. 창지사.

이경하 · 석은조(2010). 예비교사와 현직교사가 생각하는 좋은 유아교사의 자질. **열린유아교육연구, 15**(5), 167-187.

이기숙 · 이연섭 · 이영자(1986). 유아교사 양성대학의 교육과정 모형에 대한 이론적 고찰. **유아교육연구, 6**, 33-50.

이부미(2010). 공동육아 교사들의 협력적 실행연구 경험에 대한 탐색. **유아교육학논집, 14**(3), 123-171.

이상욱(2006). **21C 영유아교사론**. 창지사.

이선경 · 이은정(2007). **보육실습**. 창지사.

이성희 · 박은혜(2012). 유치원 교사의 교육과정 계획 · 실행 · 평가에 나타난 실천적 지식 분석. **열린유아교육연구, 17**(4), 319-353.

이세나(2004). 유치원 교사의 반성적사고 경험이 반성적 사고 능력과 문제해결 시 미치는 영향. 성균관대학교 박사학위청구논문.

이순영 · 박해미(2008). 영유아교사 제도의 발전 방향 : 영유아교사 양성 교육과정 및 현직 보수교육내용을 중심으로. **아동교육, 17**(2), 231-242.

이순자(2004). 유치원의 유아평가에 관한 사례연구. **유아교육연구, 24**(5), 225-268.

이영석(2003). 유아의 발달에 적합한 유아 수업모형 탐색 연구. **미래유아교육학회지, 10**(1), 167-206.

이영자 · 이기숙 · 이정욱(2009). **유아 교수 · 학습 방법**. 창지사.

이운성(2013). 유아교사의 정서노동, 자아탄력성, 직무만족도에 관한 구조모형분석. 숙명여자대학교 원격대학원 석사학위 청구논문.

이윤식 외 13인(2007). **교직과교사**. 학지사.

이윤식(1999). **장학론 : 유치원 · 초등 · 중등 자율 장학론**. 교육과학사.

이윤식(2001). **학교경영과 자율장학**. 교육과학사.

이윤식 · 강호경(2007). "초등학교 교사의 자기장학 참여와 전문적 발달간의 관계". **한국교원교육연구, 24**(1), 55-76.

이은상 · 김명희 · 김보현 · 민광미 · 배정호 · 성소영 · 이소정 · 이완희 · 홍자영(2012). **보육교사론**. 공동체.

이은해 외(1995). **어린이집 영아반 운영의 실제**. 교육과학사.

이은해(1999). **아동발달의 평가와 측정**. 교문사.

이재일(2010). 자아효능감, 교육조직 특성, 교사의 전문적 발달이 교사 소진에 미치는 영향. **교육행정학연구, 28**(1), 57-82.

이정민(2010). 유치원 초임교사의 교직적응 경험에 관한 연구.

이정현(2010). 어린이집 교사의 발달을 저해하는 요인에 관한 연구. 인천대학교 석사학위논문.

이정환(2009). **교사들을 위한 유아 관찰 워크북**. 아이코리아.

이정환 · 김희진(2013). **영유아 교육의 교수학습 방법**. 파란마음.

이종승(2011). 교원양성과정에 있어서 교육학의 위상. **한국교육학회 춘계학술대회**, 3-21.

이주한(2009). 초등교원원의 교육철학적 사고 경향에 관한 연구. 교육연구, 27(1), 166-198

이지혜(2009). 예비교사들의 자아개념, 자기결정성과 교사신념과의 관계. **한국교원교육연구, 26**(3), 119-139.

이지혜(2013). 예비교사의 외현적 자기애, 자기성찰, 자기통제력이 진로동기에 미치는 영향. **교원교육, 29**(1), 91-110.

이진화(2007). 보육교사의 정서노동과 개인 및 기관의 정서변인, 직무만족도, 소진과의 관계. 이화여자대학교 석사학위 청구논문.

이형행 · 권영성(2010). **교육학개론**. 공동체.

이혜상 · 정유정 · 김규수(2007). 유아교사의 교직사회화 관련 변인 연구. **열린유아교육연구, 12**(4), 165-184.

이효신 · 조한무(2005). 반성적 교수가 초등학교 교사의 체육수업 개선에 미치는 영향 : 게임활동을 중심으로. **한국홀리스틱교육학회, 9**(2), 57-83.

임명희 · 한석실(2006). 예비보육교사 신념과 보육관련 교과목 이수 간의 관계. **한국보육학회지, 6**(1), 117-141.

임승렬(1990). 전문성을 키워나가기 위한 현장의 조건 : 교사의 전문성과 역할. 한국어린이교육협회 1990년도 가을 세미나 자료.

임승렬(2000). 교사교육에서 포트폴리오 개발과 활용. **한국교사교육, 17**(1), 315-335.

임승렬(2001). 유아교사 평가의 새로운 접근. **유아교육연구, 21**(1), 87-116.
임승렬(2002). 유아교사의 교직 윤리의식에 관한 연구. **한국교원교육연구, 19**(1), 157-173.
임승렬(2007). 교원의 권리와 의무에 관한 유치원 교원의 인식 수준에 관한 연구. **열린유아교육연구, 12**(3), 1-18.
임승렬(2009). 유아교사 수업전문성 신장의 실제. 2009 한국열린유아교육학회 춘계학술대회 논문집.
임승렬(2012). **보육실습**. 공동체
임승렬 · 김선희(2006). **보육실습**. 형설출판사.
임승렬 · 김희진(2002). 유치원 교사의 장학정책과 기능 인식에 관한 연구. **교육과학연구, 33**(1), 149-169.
임정수 · 이완정(2009). 유아교사 윤리강령을 토대로 분석한 동료관계에서의 스트레스와 대처방식. **아동과 권리, 13**(4), 529-554.
임종률(2012). **노동법**. 박영사.
정계숙 · 손환희 · 하은실(2012). 전문성 강화를 위한 영유아교사 양성과정 개선 방안 탐색. **생애학회지, 2**(1), 21-37.
정태범(2002). **장학론**. 교육과학사.
정혜옥 · 이옥형(2011). 초임 유아교사와 경력 유아교사의 직무스트레스, 자아탄력성 및 사회적 지지가 직무만족도에 미치는 영향. **유아교육연구, 31**(3), 31-54.
조경자 · 이현숙(2004). 유아교사가 되려는 남자 대학생에 대한 연구. **한국유아교육학회, 24**(1), 187-215.
조덕주 · 곽덕주 · 진석언(2008). 예비 교사의 반성적 사고 수준 향상을 위한 실제적 맥락 안에서의 저널쓰기 연구. **교육학연구, 46**(1), 231-259.
조부경 · 고영미(2004). 유아교육 실습지도를 위한 대학과 유치원과의 협력모형 개발. **유아교육연구, 24**(3), 47-77.
조부경 · 백은주 · 서소영(2001). **유아교사의 발달을 돕는 장학**. 양서원.
조성연 · 이정희 · 김온기 · 황혜정 · 나유미 · 박진재 · 송혜린 · 임연진 · 나종혜 · 권연희(2004). **영유아보육론**. 학지사
조수정(2007). 역할놀이 모형 구안을 적용한 인권교육. **교육연구, 42**, 7-37.
조운주(2004). 유아교육실습생의 특성 및 지원맥락에 대한 이해. **한국교원교육연구, 21**(2), 5-25.
조운주(2007). 유아교사와 유아가 인식한 유아교사의 이미지 이해. **한국유아교육학회, 7**(3), 315-335.
조운주 · 최일선(2004). 사립 유아교육기관 초임교사들의 갈등 및 안정에 대한 이해. **유아교육연구, 24**(1), 71-93.
조평호(2003). 학교장의 지도성, 의사결정 및 조직효과성간의 관계 연구. 교육행정학 연구, 17(2).

조형숙(2009). 유아교사의 교직윤리관련 딜레마에 나타난 갈등요인. **유아교육학논집, 13**(2). 243-276.

조형숙(2012). 유아교사의 교직윤리 의식 함양을 위한 교육과정 모형 개발. **유아교육학논집, 16**(4), 373-394.

조혜경(2006). 어린이집 보육교사를 위한 장학에 대한 연구. **일립논총, 12**, 107-118.

조혜선(2009). 유치원 교직문화 분석 : 경력교사 10인의 인식을 중심으로. 이화여자대학교 대학원 박사학위논문.

주삼환(1999). **교육행정 강독**. 원미사.

진병춘(2000). 교사 윤리로서 배려의 가치. 전남대학교 교육대학원 석사학위논문.

천혜정 · 서영숙(2010). 영아반 보육실습 체험에 대한 의미. **한국보육지원학회, 16**(1), 177-199.

최석란(1998). 영유아 교육평가: portfolio를 중심으로. **아동연구, 3**, 67-81.

최석란 · 이경희 · 이상화 · 서원경(2012). **놀이지도**. 공동체.

하은옥 · 허우정(2006). 포트폴리오 활용 수업이 예비유아교사의 수학에 대한 신념과 수학교수효능감에 미치는 영향. **열린유아교육연구, 11**(4), 381-404.

한국교육교원학회 편(2007). **교직과 교사**. 학지사.

한국보육시설연합회(2011a). 어린이집 원장 · 교사 윤리 강령.

한국보육시설연합회(2011b). 보육인 윤리 선언.

한국보육진흥원(2012). 보육교직원 자격기준 변경사항 안내.

한미양 · 이순례(2009). 사립유치원 초임교사의 교직적응에 관한 연구. **인문과학논집 제19집**, 203-237.

한진원(2011). 상호교류분석 이론에 기초한 유아교사교육 프로그램이 유아의 자아존중감 증진에 미치는 효과. **한국영유아보육학, 70**, 127-154.

홍계옥 · 강혜원(2011). 예비유아교사의 의사결정과 자아존중감 및 교사효능감과의 관계. **영유아교육연구, 14**, 5-17.

홍춘희(2006). 부모와의 관계 형성에 대한 초임유아교사의 경험. 건국대 사회과학대학원 석사학위논문.

황기우(2005). 현대 교직관의 분석적 연구. **총신대논업, 25**.

황해익(2002). **유아교육평가**. 양서원.

황해익 · 송연숙 · 정혜영(2003). **유치원 교육과정에 따른 유아행동 관찰법**. 정민사.

황해익 · 최혜진 · 김남희(2003). 유아교사의 자기평가척도 개발 연구. **열린유아교육연구, 7**(4), 69-93.

황현정(2005). 대학생의 자기성장과 대인관계 향상을 위한 집단미술치료 프로그램. 서울신학대학교 대학원 석사학위논문.

국외문헌

Abbott-Chapman, J.(2005). Let's keep our beginning teachers! *Principal Matters: the official journal of the Secondary Principals' Associations of Australia, Summer 2005*, 2-4.

Baber, L. W.(1990). Self-assessment, *The new handbook of teachereducation*. In J. Millman, & L. D. Hammond (ed). Newbury Park, CA: Sage.

Bandura, A.(1997). *Self-efficacy: The exercise of control*. New York: W. H. Freeman and Company.

Bauch, P. A.(1984). *The impact of teacher's instructional beliefs of their teaching: Implications for research and practice*. Annual Meeting of the American education reserch Association. LA: New Orleans.

Baumeister, R. F., Campbell, J. D., Krueger, J. I., & Vohs, K. D.(2003). Does high self-esteem cause better performance, interpersonal success, happiness, or healthier lifestyles? *Psychological Science in the Public Interest, 4(1)*, 1-44.

Beaty, J.(1995). *Observing Development of the Young Child*. New Jersey: Merrill Prentice Hall.

Beijaard, D. & Verloop, D.(1996). Assessing teachers' practical knowledge. *Studies in Educational Evaluatio*n, 22(3), 275-286.

Bowman, B. T.(1995). The professional development challenge: supporting young children and family. *Young Children*, 51(1), 30-34.

Bright, B. P.(1996). Reflecting on reflective practice. *Studies in the Education of Adults*, 28, 162-184.

Brughton, S.(1965). *Increasing your accuracy in teacher evaluation*. NJ: Printice-Hall.

Burden, P, R.(1983). Implication of teacher career development: new roles for teachers, administrators, and professor. *Action in Teacher Education*, 4(4), 21-25.

Burke, P., Christensen, J., & F essler, R.(1986). Teacher Career Stage: Implications for Staff Development. *Bloomington*, IND: Phi-Delta Kappa. Festback No. 214.

Cartwright, S.(1999). What makes good early childhood? *Young Children*, 54(4).

Cater, K.(1990). Teacher knowledge and learning to teach. In W. R. Houson(Ed.), *Handbook of research on teacher education*. NY: Macmillan.

Cherster, M. & Fox, R.(1996). *Role Playing Methodes in the Classroom*. Chicago: Science Research Associates.

Christensen & Hensen(1987).

Cladinin, J. D., Cornelly, F. M., & Roulet, G.(1998). Teachers' professional knowledge landscape. *Canadian Journal of Educatio*n, 23(2), 224-226.

Clark, C.(1995). *Thoughtful teaching*. New York: Teachers College Press.

Cohen, S.(1989). After effects of stress on human performance and social behavior. *Psychological Bulletin*, 88, 82-108.

Decker, C. A. & Decker, J. R.(1976). *Planning and administering early childhood programs*. Columbus, OH: Charles E. Merrill Publishing Company.

Dewey, J.(1993). *How we think: A restatement of the relation of reflection of reflective thinking to the educative process*. Boston: D. C. Health & amp; Co.

Duttweiler, P. D.(1984) The internal control index: A newly developed measure of locus of control. *Educational and Psychological Measurement, 44(2)*, 209-221.

Elbaz, F.(1981). The teacher's "practical knowledge": Report of a case study. *Curriculum Inquiry*, 11(1), 43-71.

Elbaz, F.(1983). *Teacher Thinking: A study practical knowledge*, NY: Nichols.

Folkman, S., & Lazarus, R. S. (1984) *Stress, appraisal, and coping*. New York: Springer Publishing.

Folkman, S., & Lazarus, R. S.(1986). If it changes it must be a process: Study of emotion and coping during three stages of a college examination. *Journal of Personality and Social Psychology*, 48, 150-170.

Francis, D.(1995). The refelction journal: A window to preservice teachers' practical knowledge. *Teaching and Teacher Education*, 11(3), 229-241.

Fuller, F. F.(1969). Concerns of teachers: a development conceptualization. *American Educational Research Journal, 6*, 207-226.

Fuller, F., & Brown, O.(1975). Becoming a teacher. In K.Ryan (Ed.), *Teacher education: Seventy-fourth yearbook of the National Society for the Study of Education*. Chicago: University of Chicago Press.

Glasser, W.(1998). *Choice theory A new psychology of personal freedom*. New York : HarperCollins.

Glatthorn,A.A.(1986). 장학론: 선택적 장학 체제(주삼환 역). 문음사. (원서 1984년 출판)

Goldstein, L. S.(2005). Becoming a teacher as a hero's journey: Using metaphor in preservice teacher education. *Teacher Education Quarterly*, 32(1), 7-24.

Grandey, A. A.(2000). Emotion regulation in the workplace: A new way to conceptualize emotional labor. *Journal of Occupational Health Psychology*, 5, 95-110.

Gregorc, A. F.(1973). Developing plans for professional growth. *NASSP Bulletin*, 57, 1-8.

Halpin, A. W. & Winer, B. J.(1981). A factorialstudyoftheleaderbehavior descripions. In R. MStogdill& A. E.Coons(eds.), Leader Behavior : Its Descriptionand Mesaurement. Columbus: The Ohio State University Bareauof Business Research Monograph.

Hargreaves, A.(1994). *Changing teachers, changing times: Teachers' work and culture in the postmorden age*. London: Casell.

Hargreaves, A.(1998). The emotional practice of teaching. *Teaching and Teacher Education*, 14(8), 835-854.

Hargreaves, A.(2002). Teaching in a box: Emotional geographies of teaching. In C. Surgue & C. Day(Eds.), *Developing teachers and teacher practice*(pp. 2-25). London: Routledge Falmer Press.

Hipps, E. Haplin, G.(1991). The Relationship of Focus of Control, Stress Related to Performance - Based Accreditation, and Job Stress to Burn out in Public School Teachers and Principals, Paper Presented at the Annual Meeting of the American Educational Research Association. Chicago. April 3-7.

Hochschild, A.(1983). The managed heart: Commercialization of human feeling. Berkeley, CA: University of California Press.

Hoy, C. & Gregg, N.(1994). Assessment : *the special educator's role*. Pacific Grove, CA : Brooks/Cole Pub. Co.

Huberman, M.(1993). The Lives of teachers. NY: Teachers College Press.

Jensen & Winitzky(2002).

Johnston, J, McKeown, E., & McEwen, A.(1999). Choosing primary teaching as a career: The perspectives of males and females in training. *Journal of Education for aching, 25*(1), 56-64.

Jorde-Bloom, P.(1989). *Avoiding burnout: Strategies for managing time, space, and people in early childhood education*. Illinois: New Horizons.

Joyce, B. R. & Weil, M.(1992). Model of teaching. 김재복 외(편역)(1995). 수업모형. 형성출판사.

Kaczmarek, P.(2001). *Experiental teaching strategies applied to an ethics and professional issues course*. Speeches.Meeting Papers. Eric Document Reproduction Service No. Ed 458-493.

Katz, L, G.(1972). Developmental stages of preschool teachers. *The Elementary School Journal, 73*(1). 50-54.

Katz, L. G.(1981). *Mothering and Teaching: Some significant distinctions*. In Ferguson Lecture in Education. Evanston IL: National College of Education.

Katz, L. G.(1989). 유아교사를 위한 제언. 이차숙(역), 양서원.

Kettle, B., & Sellars, N.(1996). The development of student teachers' practical theory of teaching. *Teaching and Teacher Education*, 12(1), 1-24.

Kinchin & Hay(2000).

Knowles, J. G. & Holt-Renolds, D.(1991). Shaping pedagogies through personal histories in preservice teacher education. *Teacher College Record*, 93(1), 87-113.

Larger, G. M. & Colton, A. B.(1994). Reflective discison making: The cornerstone of school reform. *Journal of Staff Development*, 15, 16-21.

Lortie, C. D.(1975). Schoolteacher. A sociological study. Chicago: University of Chicago press. 진동섭 역. 교직사회 : 교직과 교사의 삶. 양서원.

McAfee, O. & Leong. D. J.(2007). Assessing and guiding young children's development and learning (4th ed). Boston: Allyn and Bacon.

McCarthy, J.(1990). The content of early childhood teacher education programs : Peadagogy. In B. Spodek & O. N. Saracho (Eds.), Early childhood teacher preparation. New York: Teacher College Press(82-101).

Mergendoller, J. R. & Sacks, C. H.(1994). Concerning the relationship between teachers's theoretical orientation toward reading and their concept maps. *Teaching and Teacher Education*, 10(6), 589-599.

Morine-Dershimer, G.(1989). Pre-service teacher' conceptions of content and pedagogy: Measuring growth in relective, pedagogical decision-making. *Journal of Teacher Educatio*n, 40(5), 46-52.

Morine-Dershimer, G.(1993). Tracing conceptual change in presercive teachers. *Teaching and Teacher Education*, 9(1), 15-26.

Murray, J.(2002) Between the chalkface and the ivory towers · A study of the professionalism of teacher educators working on primary Initial Teacher Education courses in the English education system. *Collected Original Resources in Education (CORE) 26*(3): 1-530.

NAEYC(2009). NAEYC Standards for Early Childhood Professional Preparation Programs.

Noddings, N.(2003). Caring: A Feminine Approach to ethics and Moral Education, 한평수(역)(2009). 윤리와 도덕교육에 대한 여성적 접근법: 배려. 천지.

Novack, J. D. & Gowin, D. B.(1984). *Learning how to learn*. New York: Cambridge University Press.

OECD(2012). Education at a Glance 2012.

Partin, R.(1995). *Classroom teacher's survival guide: Practical strategies, management techniques, and resources for new and experienced teachers*. NY: The Center for Applied Reseachr in Education.

Peters, D. L., Neisworth, J. T., & Yawkey, T. D.(1985). *Early childhood education: From theory to practice*. Brooks & Cole Publishing Company.

Peters, D., & Klinzing, P.(1990). The content of early childhood programs: Child development. In B. Spodek & O. Saracho (Eds.), *Yearbook in early childhood education, volume* 1(pp. 67-81). New York: Teachers College.

Quisenberry, N. L., & Partridge, E.(1993). Preparation of elementary teachers, *Childhood Education*, 70(1), 34-35.

Rose, J. S., & Medway, F. J.(1981). Measurement of teachers' beliefs in their control over student outcome. Journal of Educational Research, 74, 185 · 90.

Ross, D. D.(1989). Preparing the reflective practitionor: Transformong the appentice trough dialectie. *Journal of Teacher Education*, 40(2), 31-35.

Saifer, S.(2005). 유능한 유아교사의 학급운영. (임승렬 역). 다음세대.

Schickedanz, J. A.(1994). Early children education school reform: Consideration of some philosophical barriers. *Journal of Education*, 176(1), 29-47.

Shaftel, F. & Shaftel, G.(1982) *Role playing in the curriculum*. Englewood Cliffts. NJ:Prenice-Hall, Inc.

Spodek B., Saracho, O., & Peters, D. L.(Eds.)(1988). Professionalism and the early childhood practitioner, New York : Teachers College Press.

Steffy, B., Wolfe, M., Pasch, M., & Enz, B.(2000). Life cycle of the career teacher. CA: Corwin Press. Inc.

Sullivan, S., & Glans, J.(2000). Supervision that improves teaching-stratage and techniques. Thousand O만 California: Corwin Press, Inc.

Tangney, J. P., Baumeister, R. F., & Boone, A. L.(2004). High self-control predicts good adjustment, less pathology, better grades, and interpersonal success. *Journal of Personality, 72*, 271-322.

Tasi, C. T.(1990). A survey study of Chinese kindergarten teacher concerns. Unpublished doctoral dissertation, University of Ilinois.

Walsh, H. M.(1980). *Introducing the young child to the social world*. NY: Macmillan.

Woolfolk, A.(2004). Educational Psychology (9th ed). Boston: Allyn and Bacon.

Wortham, S. C.(1984). *Organizing instruction in carly childhood*. Boston: Allyn and Bacon.

Zaslow M. & Martinez-Beck l.(2006). Critical issues in early childhood professional development. Baltimore, ML:Paul H. Brooks.

Zeichner, K. M. & Liston, D. P.(1987). Teaching student teachers to reflect. *Harvard Educational Review*, 57, 23-48.

Zembylas, M.(2004). The emotional characteristics of teaching: an ethnographic study of one teacher. *Teaching and Teacher Education*, 20(4), 185-201.

Zembylas, M.(2007). Emotional ecology: the intersection of emotional knowledge and pedagogical content knowledge in teaching. *Teaching and Teacher Education*, 23(4), 355-367.

찾아보기

저자 소개

임 승 렬
고려대학교 대학원 교육학과 졸업
University of Illinois Urbana-Champaign 철학박사
현재 덕성여자대학교 유아교육과 교수

김 연 미
덕성여자대학교 일반대학원(유아교육전공) 졸업
덕성여자대학교 일반대학원(유아교육전공) 수료
현재 덕성여자대학교 유아교육과 강사

이 은 정
덕성여자대학교 교육대학원(유아교육전공) 졸업
덕성여자대학교 일반대학원(유아교육전공) 수료
현재 신구대학교 사회복지전공 겸임교수

영유아 교사를 위한
보육교사론

2014년 3월 5일 초판 인쇄
2014년 3월 10일 초판 발행

지은이 | 임승렬 · 김연미 · 이은정
발행인 | 유제구
발행처 | 파워북
주 소 | 서울 마포구 독막로 291-5 대동빌딩 4층
전 화 | (02) 730-1412
FAX | (02) 730-1410
등 록 | 1997. 1. 1 제 300-1997-13

정 가 18,000원
ISBN 978-89-8160-226-0(93590)